AF885131

# DESENTERRANDO EL CONFLICTO

EMPRESAS MINERAS, ACTIVISTAS Y EXPERTOS EN EL PERÚ

FABIANA LI

# DESENTERRANDO EL CONFLICTO

## Empresas mineras, activistas y expertos en el Perú

Traducción de Aroma de la Cadena y Eloy Neyra

IEP
INSTITUTO DE ESTUDIOS PERUANOS

Serie: Minería y Sociedad, 8

© 2015 by Duke University Press
*Unearthing Conflict: Corporate Mining, Activism, and Expertise in Peru*

© IEP Instituto de Estudios Peruanos
Horacio Urteaga 694, Lima 11
Telf.: (51-1) 332-6194
Correo-e: libreria@iep.org.pe
www.iep.org.pe

ISBN: 978-9972-51-630-6

ISSN: 1994-2966

Impreso en Perú

Primera edición: mayo de 2017
1000 ejemplares

Hecho el depósito legal en la Biblioteca Nacional del Perú: 2017-05942
Registro del proyecto editorial en la Biblioteca Nacional: 31501131700545

*Asistente editorial:* Yisleny López
*Corrección:* Rossanna Alva
*Diagramación:* Silvana Lizarbe
*Arte final de carátula:* Gino Becerra
*Cuidado de edición:* Odín del Pozo

*Prohibida la reproducción total o parcial de cualquier parte de este libro sin permiso de los editores.*

**BIBLIOTECA NACIONAL DEL PERÚ**
**Centro Bibliográfico Nacional**

338.20985 Li, Fabiana, 1976-
L62 [Unearthing conflict: corporate mining, activism, and expertise in Peru. Español]
Desenterrando el conflicto: empresas mineras, activistas y expertos en el Perú / Fabiana Li; traducción de Aroma de la Cadena y Eloy Neyra.-- 1a ed.-- Lima: Instituto de Estudios Peruanos, 2017 (Lima: Tarea Asociación Gráfica Educativa).
347 p.: il., mapas; 23 cm.-- (Minería y sociedad; 8)

Traducción de: Unearthing conflict: corporate mining, activism, and expertise in Peru.
Incluye índice.
Bibliografía: p. [315]-337.
D.L. 2017-05942
ISBN 978-9972-51-630-6

1. Industria minera - Aspectos sociales - Perú 2. Industria minera - Aspectos políticos - Perú 3. Industria minera - Aspectos ambientales - Perú 4. Minas y recursos minerales - Perú 5. Conflicto social - Perú I. Cadena, Aroma de la, 1956-, traductora II. Neyra, Eloy, traductor III. Instituto de Estudios Peruanos (Lima) IV. Título V. Serie

**BNP: 2017-1546**

# Índice

# Agradecimientos

Este libro es el producto de una serie de viajes entre el Perú, Canadá y los Estados Unidos, y de las muchas personas que marcaron las rutas recorridas.

Mi trabajo no hubiera sido posible sin la generosidad de líderes comunales, activistas, ingenieros, representantes de las empresas, investigadores, periodistas y trabajadores de las organizaciones no gubernamentales (ONG), quienes se dieron el tiempo para compartir sus puntos de vista conmigo y contribuyeron a mi comprensión de las controversias de la minería. En situaciones que, con frecuencia, estuvieron plagadas de tensión y desconfianza, ellos me facilitaron el acceso a archivos, documentos, reuniones y eventos, razón por la que quedo muy reconocida. Estoy especialmente agradecida a todo el equipo de Grufides, a su personal, voluntarios, practicantes y amigos de la organización, quienes fueron parte integral de mi experiencia en Cajamarca, y, en particular, mi más profundo aprecio va para Marco Arana, Pablo Sánchez, Patricia Rojas, Mirtha Vásquez, Jorge Camacho, Ofelia Vargas e Ivette Sánchez. Desde mis primeras exploraciones en La Oroya y Tambogrande hasta etapas posteriores de mi trabajo de campo en Cajamarca, Anthony Bebbington, Denise

Humphreys Bebbington, Stephanie Boyd, Maribel Chávez, Mariluz Chávez, José de Echave, Hunter Farrell y Martin Scurrah compartieron sus amplios conocimientos y experiencia, y fueron fuentes importantes de ideas acerca de las industrias extractivas.

Agradezco profundamente la amabilidad y generosidad de quienes me acogieron en sus casas durante mi trabajo de campo, en particular a Dolores, Rosario, José y María, Eriberto, Víctor, Bremilda, Samuel, Maritza, Gaby y Miriam, y a sus respectivas familias, por su calidez y atenciones. Un conjunto de amigos enriqueció mi investigación y mi vida cotidiana en Cajamarca y en Lima: Gina Alvarado, Karin Anchelía, María Annala, Florian Aschinger, Víctor Bardales, Fanny Briceño, Andrés Caballero, Oswaldo Cepeda, Molly Clinehens, Daniel Cotrina, Ryan Culp, Nilton Deza, Rosa Díaz, Nancy Fuentes, Alfredo Mires, Angélica Motta, Hortensia Muñoz, Brando Palacios, Milagros Salazar, Reinhart Seifert, Chiky Tafur, Yorcka Torres y Fátima Valdivia. También agradezco a mis familiares en Lima por su hospitalidad durante mi estadía en la ciudad, y a Susan Vincent por ofrecerme la oportunidad de explorar por primera vez la sierra central.

En la Universidad de California, Davis, fui muy afortunada por contar con dos asesores excepcionales. Quedo muy reconocida por los valiosos aportes, estímulo y atenta orientación de Suzana Sawyer a lo largo de mis estudios de postgrado y también posteriormente. Marisol de la Cadena me brindó un apoyo constante y su compromiso generoso con mi trabajo jamás dejó de ser tanto un reto como una inspiración. Asimismo, el amplio conocimiento y la reflexiva asesoría de Ben Orlove me dieron claridad y perspectiva, y ampliaron mi punto de vista más allá de las fronteras disciplinarias. Joe Dumit se incorporó a mi comité de tesis cuando este proyecto ya había tomado forma; sin embargo, sus penetrantes comentarios fueron indispensables. Patrick Carroll, Alan Klima y Tim Choy aportaron útiles retroalimentaciones en diferentes momentos del desarrollo de este proyecto. También deseo expresar mi gratitud a los otros profesores del Departamento de Antropología y a los estudiantes graduados, con quienes compartí durante el tiempo que estuve allí y que posteriormente constituyeron una comunidad académica solidaria.

La investigación para este libro fue posible gracias al apoyo del Pacific Rim Research Program de la Universidad de California y a la International Dissertation Research Fellowship del Social Sciences Research Council. La ayuda de la Newton International Fellowship de la British Academy y de la Royal Society me permitió llevar a cabo la investigación posdoctoral sobre los conflictos mineros en Sudamérica y trabajar en la finalización de este manuscrito. Le agradezco a Penny Harvey por darme la oportunidad de trabajar con ella en Manchester como parte del Centre for Research on Socio-Cultural Change (CRESC) y por su generosa lectura de los borradores de este trabajo.

Muchas otras personas han brindado su tiempo para leer versiones de los artículos y capítulos, y me he beneficiado de las ideas de copartícipes en paneles y talleres donde presenté mi trabajo, entre los que se incluye el coloquio "Engaging Resources", organizado por Tanya Richardson y Gisa Weszkalnys, la conferencia "Nature Inc." en La Haya, y las reuniones de la Asociación Americana de Antropología. Un agradecimiento especial a Mario Blaser, Jessica O'Reilly y Teresa Velásquez por su retroalimentación constructiva, y a los lectores de la Duke University Press, cuyas sugerencias me ayudaron a mejorar el manuscrito. Al igual que cualquier trabajo académico, este libro es necesariamente una historia inconclusa. Confío en que otros estudiosos de la minería continuarán llenando los vacíos y omisiones de mi investigación.

A través de muchos años, muchos viajes y numerosas reubicaciones, mis amigos y mi familia han sido una constante fuente de estímulo, consejo, inspiración, humor y compañía. Agradezco también, especialmente, a Esa Díaz-León, Kregg Hetherington, Serenity Joo, Shawn Jordan, Amy Kung, Stephanie Kwan, Bernardo Li, Claudia Li, Rossio Motta, Erin Nelson, Gowoon Noh, Patricia Pinho, Rima Praspaliauskiene, Astrid Stensrud y Leslie Wu. Clinton Roberts llegó a mi vida cuando este libro estaba casi terminado, justo a tiempo para un nuevo comienzo.

La Universidad de Manitoba me ha brindado un entorno propicio donde terminar este trabajo. Les agradezco a mis colegas del

Departamento de Antropología y a la comunidad universitaria, así como a los estudiantes que se han interesado en mi trabajo y que estimulan mi investigación a través de los cursos que he enseñado. Mientras preparaba el manuscrito de mi libro para su publicación, he recibido el apoyo de la Oficina del Decano de la Facultad de Humanidades, del Global Political Economy Research Fund y del Departamento de Antropología, así como asistencia de investigación de David Landry, Daniel Leonard, Laura Hubert y Carolina Meneses. También deseo expresar mi gratitud a Valerie Millholland, Miriam Angress, Susan Albury y Kathleen Kageff de la Duke University Press por su ayuda en las diversas etapas del proceso de publicación, y a Brando Palacios, Alois Eichenlaub, Bill Nelson, Laura Lucio, Clinton Roberts, Grufides y CooperAcción por las imágenes y mapas incluidos en el libro. Igualmente, a la esmerada labor de Aroma de la Cadena y Eloy Neira, encargados de la traducción de este libro. Quiero dar las gracias al IEP por facilitar la publicación de este libro y ponerlo a disposición de un público de habla hispana.

Finalmente, les agradezco a mis padres, Luis y Graciela, por su paciencia y apoyo mientras llevaba a cabo lo que parecía una carrera inusual y de nunca acabar, que me llevó de regreso al país del que optaron por salir. Su trabajo arduo y búsqueda constante de nuevas oportunidades me abrieron las puertas para estudiar, viajar y encontrar el camino de regreso al Perú para llevar a cabo esta investigación.

Una versión previa del capítulo V fue publicada como "Documenting Accountability: Environmental Impact Assessment in a Peruvian Mining Project", en *Political and Legal Anthropology Review* (PoLAR) 32, n.° 2: 218-36. Una versión previa del capítulo III se publicó como "Relating Divergent Worlds: Mines, Aquifers and Sacred Mountains in Peru", *Anthropologica* 55, n.° 2: 399-411.

Partes del capítulo IV se incluyeron en el libro *The Social Life of Water*, Berghahn Books, 2013. Algunos fragmentos del capítulo I fueron publicados inicialmente en *Corporate Social Responsibility: Discourses, Practices, Perspectives*, Palmgrave Macmillan UK, 2010.

# Introducción

## Un país minero

*El Perú fue, es y será un país minero.*
*Decir lo contrario es una ilusión.*[1]

Desde los balcones que flanquean las estrechas calles de Cajamarca, los espectadores observaban con una mezcla de curiosidad y preocupación a medida que raudales de personas se dirigían a la plaza de Armas cerca de un mediodía de mayo de 2012. Organizados en grupos que representaban a sindicatos, comités vecinales, instituciones educativas y rondas campesinas, los manifestantes pasaban frente a las fachadas de las tiendas que habían sido cerradas a medida que sus dueños se preparaban para otra protesta. Estas escenas se habían tornado muy familiares para los residentes de esta ciudad serrana conocida por su industria láctea y, más recientemente, por la producción de oro en Yanacocha, la mayor mina aurífera de Sudamérica. Yanacocha era una empresa de riesgo compartido de la Newmont Mining Corporation, con sede en los Estados Unidos (que tiene el 51,35% de las acciones), la empresa peruana Buenaventura (con el 43,65% de las acciones) y la Corporación Financiera Internacional del Banco Mundial (con el 5% restante). Estos mismos actores estuvieron

1. Antonio Brack, biólogo y primer ministro del Ambiente.

involucrados en el desarrollo del proyecto minero Conga, el cual iba a extraer cobre y oro de un yacimiento a veinticuatro kilómetros al noreste de la mina Yanacocha.

La marcha era para expresar la oposición al proyecto minero Conga. Tan solo unos días antes, la empresa y sus aliados habían organizado su propia marcha en respaldo al proyecto. Por su parte, los residentes se habían acostumbrado a un clima cada vez más polarizado y a las movilizaciones masivas que, periódicamente, tomaban las calles de la ciudad. En efecto, los manifestantes se acercaron a la plaza gritando "¡Agua sí, oro no!", el eslogan omnipresente que se repetía en pancartas y en el coro de una canción que chirriaba desde los altavoces colocados en el exterior de la iglesia de San Francisco. Monjas vestidas con hábitos marrones y mujeres campesinas con coloridas faldas de lana preparaban una olla común para los manifestantes que habían viajado desde las comunidades rurales y que tenían la intención de permanecer en la ciudad para lo que decían que sería una huelga indefinida. Sentados en el patio de la iglesia, protegían sus rostros del sol con sus sombreros de paja o con periódicos sensacionalistas que cubrían las últimas novedades del conflicto.

Las controversias respecto al proyecto minero tenían lugar en las calles de Cajamarca, en los controles de carretera y en enfrentamientos con la Policía, pero también estaban siendo debatidas por expertos cuyos informes hicieron del estudio de impacto ambiental del proyecto un tema central de confrontación en el conflicto. Los actores que estaban tanto a favor como en contra del proyecto recurrieron a ingenieros, hidrólogos y otros especialistas para evaluar los efectos de la actividad minera sobre la calidad y la cantidad del agua. Los manifestantes argumentaban que si se excavaba para buscar minerales se destruirían cuatro lagunas; mientras, la empresa prometía mitigar estos impactos mediante la construcción de cuatro reservorios para las comunidades locales. Las lagunas también se habían convertido en un sitio de protesta, donde campesinos conocidos como sus "guardianes" eran a su vez vigilados por agentes de Policía. La empresa había intentado lograr que las lagunas fueran comparables con reservorios, pero los manifestantes rechazaban las pretensiones de la compañía respecto de que las fuentes naturales de agua podían ser reemplazadas con agua tratada químicamente y por reservorios artificiales. Al rechazar el proyecto, también desafiaron la afirmación del Estado, relativa a que el desarrollo económico del país dependía de la extracción de recursos.

Desde fines de 1990, las marchas, protestas y bloqueos de carreteras se habían convertido en acontecimientos usuales en muchas partes del país, desde Cajamarca y Piura, en el norte, pasando por la ciudad-fundición de La Oroya, en la sierra central, hasta los departamentos sureños de Cusco y Arequipa. En el momento de las protestas por el proyecto Conga, la minería dominaba los titulares de los periódicos, el debate público y la agenda política del gobierno. Dada la larga historia de extracción de minerales que ostenta el país, el activismo político en las regiones mineras ciertamente no era algo sin precedentes. En las décadas de 1920 y 1930, los campamentos mineros fueron un foco de organización sindical y de la política de izquierda en torno a los derechos de los trabajadores (véanse DeWind 1987, Flores Galindo 1974, Long y Roberts 1984), mientras que, a principios de la década de 1970, las acciones se centraron en la nacionalización de las minas controladas por los intereses extranjeros. A partir de la década de 1990, sin embargo, las protestas que comenzaron a surgir en diversas partes del país parecían diferir de las huelgas mineras del pasado y de los esfuerzos por nacionalizar la industria. Los reclamos por mejores salarios, mejores condiciones de trabajo y la nacionalización continuaron aflorando junto con la demanda por una distribución más equitativa de los ingresos de la minería y una mayor inversión en las comunidades locales.[2] No obstante, tales demandas estuvieron acompañadas por (y con frecuencia subordinadas a) una serie de otros temas: la defensa de las tierras agrícolas, la disminución del caudal en los canales de riego, la contaminación de los ríos, el envenenamiento por mercurio y plomo, y

---

2. Para una revisión de la literatura sobre minería, incluida la organización y la resistencia a la extracción de recursos, véanse Godoy 1985, Gedicks 1994, Ballard y Banks 2003, y Bridge 2004a.

la desaparición de los manantes de agua. En ocasiones, las demandas de los manifestantes se expresaban en términos "ambientales", los cuales resonaban con los discursos ambientalistas mundiales, incluidas las preocupaciones por la contaminación, la biodiversidad y la escasez de agua. En otras, sus reclamos se articularon de manera más general como la "defensa de la vida", así como con consignas contra Conga y otros proyectos proclamando que "el agua es vida". Poco a poco, el agua —la protección de los acuíferos, la reducción del agua de riego, los recursos hídricos contaminados y la destrucción de las lagunas de montaña— surgió como una preocupación clave en las protestas en torno a la minería.[3]

Si bien otros países latinoamericanos, desde Ecuador hasta Guatemala, vieron también un incremento de los conflictos mineros en las décadas de 1990 y 2000, la intensidad y la frecuencia de estos en el Perú no tuvo parangón.[4] ¿Por qué fue que, en este llamado país minero, la actividad extractiva terminó en el centro de la controversia y la resistencia local? ¿Cómo fue que el agua y la contaminación surgieron como elementos centrales de contienda en estos conflictos?[5] Este libro aborda estas cuestiones mediante el análisis de

---

3. Los investigadores han documentado las consecuencias ambientales de la minería en el Perú (Bury 2005), prestando especial atención a los impactos de las operaciones mineras sobre los recursos hídricos (Bebbington y Williams 2008, Budds e Hinojosa-Valencia 2012).

4. Acerca del surgimiento de los conflictos sobre la minería en Latinoamérica, véanse Bebbington 2007, 2009; Kuecker 2007; Perreault 2008; Holt-Himenez 2008.

5. El término castellano más frecuentemente empleado es "contaminación", mientras que "polución" es utilizado muy rara vez. En inglés, ambos términos son a veces empleados indistintamente, aunque la polución y la contaminación no son necesariamente la misma cosa. La polución se refiere a la introducción de sustancias o productos dañinos en el ambiente, como en el caso de descargas tóxicas provenientes de una fábrica. La contaminación, de otro lado, se puede referir a la presencia de materiales extraños o sustancias no deseadas que no necesariamente caerían bajo el rótulo de "polución" (como en el caso de la contaminación de una muestra de laboratorio por una sustancia extraña). Sin embargo, en el Perú, "contaminación" abarca el significado de

las cambiantes tecnologías y prácticas de extracción de minerales, del despliegue de conocimientos especializados y no especializados en disputa sobre la naturaleza, y de las formas emergentes de activismo político que han acompañado a la actividad minera en el Perú.

A lo largo de la historia del país, las tecnologías mineras han tenido efectos transformadores sobre paisajes y formas de vida. Para los peruanos, la región de la sierra central es el lugar que simboliza el prolongado involucramiento del país en la actividad extractiva. Uno de los principales símbolos de la minería es el departamento de Cerro de Pasco, que le dio el nombre a la empresa estadounidense que monopolizó la actividad extractiva en la región a principios de la década de 1900. La Cerro de Pasco Corporation construyó una fundición en la ciudad de La Oroya para procesar los minerales de las minas cercanas. A principios del siglo XX, a partir de la fundición de metales, la actividad minera producía residuos líquidos y emisiones tóxicas que devastaron la producción agrícola y ganadera, lo que, a su vez, estimuló la migración y el crecimiento urbano. Sin embargo, en la ciudad-fundición de La Oroya, las emisiones tóxicas del complejo metalúrgico se convirtieron en un problema de salud pública y ambiental casi un siglo después de que la fundición entrara en funcionamiento. A finales de la década de 1990, las campañas locales e internacionales comenzaron a llamar la atención sobre los peligros del plomo y la propagación de contaminantes más allá de La Oroya y hacia los valles agrícolas vecinos y cuencas hidrográficas. El lenguaje y las herramientas de la ciencia medioambiental, y el activismo transnacional, convirtieron a la "contaminación" en un nuevo objeto de interés nacional y mundial.

En la provincia de Cajamarca, al norte de La Oroya (véase mapa 1), el desarrollo de la minería aurífera de gran escala condujo a otro tipo de transformaciones a medida que el gobierno acogió las reformas

---

las dos palabras inglesas, y es el término más comúnmente empleado para referirse a la polución antropogénica del aire, el agua y el suelo. Esta ambigüedad y el amplio rango de significados asociados con el término podrían contribuir a su naturaleza contenciosa.

*Mapa 1.* La sierra central, particularmente Cerro de Pasco y La Oroya, ha llegado a simbolizar la larga historia minera del Perú, mientras que Cajamarca, sede de la mayor mina de oro del Perú, es emblemática de los proyectos de "megaminería" desarrollados en la década de 1990.

económicas y la inversión extranjera en la minería en la década de 1990. Las tecnologías de la minería moderna —extensos tajos abiertos y procesos de lixiviación con cianuro— "desenterraron" nuevas entidades. La minería desvió arroyos y canales de riego, lo que transformó la organización colectiva, mientras que los sedimentos y metales pesados cambiaron las propiedades del agua, y se convirtieron, por ello, en un foco de estudio, monitoreo y planes de manejo. Una montaña sagrada galvanizó la oposición a la actividad minera y las lagunas se revelaron como protagonistas clave en las protestas para detener la expansión minera. La huella expansiva de las operaciones mineras ha hecho visibles y políticamente relevantes los cuerpos de agua, los canales y los contaminantes. Estas entidades —aunque no suelen ser reconocidas en términos analíticos como políticamente generadoras— movilizaron a las comunidades e ingresaron en los reclamos de los manifestantes por sus derechos, con lo que permitieron alianzas entre los diversos actores (o impidieron su colaboración).

En este libro, analizo la forma en la que las modernas tecnologías mineras han llevado las "cosas" (un término que utilizo para incluir elementos no-humanos del paisaje) al primer plano de la política peruana.[6] El carácter invasivo de las tecnologías extractivas ha hecho de estas nuevas entidades actores centrales en formas que "exceden la política tal como la conocemos" (De la Cadena 2010) y que han tomado por sorpresa tanto a los políticos como a las empresas. Al no saber cómo manejar la situación, han recurrido a la fuerza para reprimir a la oposición. Las protestas en contra de Conga y otros proyectos mineros en el país se han convertido en emblemáticas de un frente "antiminero"; sin embargo, los participantes en estas formas de organización no necesariamente comparten intereses comunes o una postura ideológica que defina su posición frente a la actividad

---

6. Mi aproximación se inspira en un corpus de estudios multidisciplinarios que problematizan la separación entre naturaleza y cultura (Descola y Palsson 1996, Ingold 2000, Latour 2005) y que hace hincapié en el poder de las cosas que usualmente no son reconocidas como fuerzas agentivas (e. g., Bennett 2010, Braun y Whatmore 2010).

extractiva. No pueden ser categorizados fácilmente como "pro" o "anti" mineros, ni encajan en grupos claramente definidos enfrentados entre sí (e. g., campesinos vs. capitalistas, izquierda vs. derecha, empresas vs. ambientalistas, etc.). Las movilizaciones se han organizado libremente alrededor de una variedad de demandas y han involucrado a un grupo diverso de actores, entre los que se incluyen campesinos, sindicatos, estudiantes, ambientalistas, profesionales urbanos, grupos religiosos varias ONG. De manera significativa, se han realizado manifestaciones en apoyo a las empresas mineras, y no solo en contra de ellas.

Los conflictos son *locus* de antagonismo y colaboración entre grupos de actores que no necesariamente encajan dentro de las categorías sociológicas habituales (partidos políticos, clases, etnias u otros grupos sociales) que se utilizan para analizar la organización política. En tales situaciones, el modelo de las partes interesadas (que en ocasiones presenta una visión monolítica de las empresas, los Estados y las comunidades) ha demostrado ser inadecuado para entender la dinámica de los conflictos por recursos (Ballard y Banks 2003). Alejándose de las descripciones del conflicto ambiental como un enfrentamiento entre grupos de intereses opuestos, Kim Fortun (2001) escribe sobre las "comunidades enunciativas" que surgen en respuesta a las contradicciones del desastre ambiental. Las comunidades enunciativas no preexisten, y no son inmutables o internamente coherentes; no están conformadas por miembros que comparten una identidad común, sino que más bien producen nuevas identidades.

En una línea similar, Anna Tsing (2005) analiza cómo la colaboración crea nuevos intereses e identidades a través de los tipos de encuentros locales-globales que caracterizan a la política ambiental. La colaboración no significa que los participantes estén impulsados por objetivos comunes; de hecho, podría ser que ni siquiera entiendan las agendas de cada quién. La colaboración no se refiere a construir consensos, sino que más bien mantiene la fricción en su núcleo. Sobre la base de estas ideas, no considero a las redes de activistas y a las redes empresariales como ideológicamente antagónicas, sino que destaco las alianzas cambiantes entre los diversos actores y la forma en la que trabajan a favor y en contra de los intereses empresariales. Analizo cómo las relaciones ambiguas y contradictorias entre las comunidades y las empresas mineras a veces producen colaboraciones no intencionales —pero sin negar las tensiones—, intereses divergentes y puntos de vista inconmensurables en su propio núcleo.

A comienzos del siglo XXI, las reformas económicas neoliberales, las innovaciones tecnológicas en la industria, las nuevas prácticas empresariales y las formas cambiantes de activismo acompañaron a una agresiva expansión de la actividad minera. Los capítulos que siguen analizan los colectivos de personas y cosas que animan las particulares controversias acerca de la extracción de recursos, y las maneras en las que los efectos de la minería moderna llegaron a cobrar importancia política a medida que la actividad minera surgía como uno de los asuntos más acaloradamente debatidos en el Perú. Mi objetivo es ampliar el concepto de "conflicto", de modo que revele las relaciones enmarañadas entre personas, lugares y cosas que abarcan estas controversias.

## La proliferación del conflicto

En el epígrafe inicial, Antonio Brack sugiere que las riquezas minerales del Perú están inextricablemente ligadas al pasado, presente y futuro del país.[7] Su declaración implica que el desarrollo del país depende, inevitablemente, de la extracción de recursos, y refleja la voluntad del gobierno de imponer un modelo extractivo de desarrollo, a pesar de la creciente oposición. Para comprender las tensiones que han surgido en respuesta a la actividad minera, este libro sitúa la aparición de los conflictos recientes en el contexto más amplio de la historia de la minería peruana. Comienzo con un capítulo sobre la minería y la actividad metalúrgica en la sierra central (capítulo 1), una región que fue fundamental para el desarrollo de la industria minera a comienzos

7. Esta declaración forma parte de una entrevista (Patriau 2007) publicada en el diario nacional *La República* ocho meses antes del nombramiento del señor Brack como ministro del Ambiente.

del siglo XX. El núcleo del libro (capítulos 2, 3, 4 y 5) se refiere a la mina Yanacocha, e ilustra los retos que plantea un proyecto que se ha convertido en emblemático de las "modernas" tecnologías mineras y prácticas empresariales. Concluyo con un capítulo en torno al conflicto de Conga (conclusión), dedicado a reflexionar acerca de la naturaleza de la organización de base en medio de la continua expansión de la minería.

Mi interés en la minería y su complicada herencia surgió al viajar a la sierra central por primera vez en 1999, cuando regresé al Perú a redescubrir mi país de nacimiento tras vivir trece años en Canadá. En ese momento, La Oroya me era un nombre familiar, el lugar donde nació y vivió mi abuelo materno hasta que se trasladó a Lima en su adolescencia. Sus padres habían migrado desde China a comienzos del siglo XX y establecieron un almacén de venta de diversos productos en su calle principal. Al igual que otros migrantes, conjeturo que ellos también se sintieron atraídos por este pueblo serrano dadas las nuevas oportunidades comerciales que ofrecían la construcción del ferrocarril, la fundición y las minas cercanas.

En el momento de esta primera visita, la minería no originaba titulares nacionales, y los políticos aún no estaban debatiendo sobre el agua o las regalías mineras. Pero fue por ese entonces que los problemas entre las comunidades y las empresas mineras empezaban a intensificarse. Un año más tarde, cuando regresé a La Oroya para llevar a cabo mi trabajo de campo como estudiante de maestría, las campañas en torno al envenenamiento por plomo estaban empezando a llamar la atención en los ámbitos nacional e internacional. El caso de La Oroya me mostró que los problemas ambientales —y cómo la gente reacciona frente a ellos— no son evidentes. La manera en la que el legado tóxico de la minería sería aprehendido por la población local, los científicos y los activistas tomó forma en el transcurso de un siglo de actividad extractiva. Una vez que la contaminación se hizo visible y fue reconocida como una amenaza, las nacientes campañas de activistas en La Oroya influyeron en los debates en torno a la salud y el medioambiente, justo cuando la minería comenzaba a generar oposición y conflicto en otras partes del país.

La evolución de las narrativas en torno a la minería y el medioambiente en la sierra central me permitieron ver procesos que apenas empezaban a tomar forma y a prefigurar las crecientes tensiones en otras zonas mineras. En mis posteriores visitas de investigación al Perú a principios de la década de 2000, la minería estaba pasando a ocupar un nuevo lugar en la escena política. Uno de los proyectos mineros que generó una significativa resistencia local fue el proyecto Tambogrande, en la costa norte de Perú, departamento de Piura. La empresa canadiense *junior* Manhattan Minerals buscó extraer un valor aproximado de $1000 millones a partir de minerales ubicados en el subsuelo del pueblo de Tambogrande, lo que hubiese requerido la reubicación de cerca de ocho mil personas. Al tener que desarrollarse en un valle agrícola productor de mangos y limones para el mercado local e internacional, el proyecto propuesto inspiró las protestas de los pobladores y agricultores afectados por los potenciales impactos de la mina sobre el agua y la producción agrícola. En un referéndum no vinculante realizado en 2002, el 93% de los votantes dijo "no" al proyecto (Alvarado Merino 2008), el mismo que fue detenido, en última instancia, cuando la empresa se retiró de Tambogrande, una decisión tomada supuestamente por razones financieras, pero sin duda influida por la oposición local. El referéndum de Tambogrande inspiró a otras comunidades que se oponían a la minería en Latinoamérica, y el conflicto fue uno de los primeros en recibir atención mediática nacional e internacional. Era solo el primero de una serie de conflictos por venir.

A principios de la década de 2000, la expresión "conflicto minero" se había convertido en omnipresente en los debates relacionados con la actividad extractiva en el Perú. De hecho, impregnó los medios de comunicación, los debates políticos, los análisis académicos e, incluso, las conversaciones cotidianas. Cuando llegué al Perú en enero de 2005 para comenzar una investigación doctoral sobre "los conflictos", un artículo en *El Comercio*, un diario de circulación nacional, ejemplificaba la creciente preocupación pública por la proliferación de las protestas en contra de la actividad minera. El artículo observaba que "el año 2004 fue particularmente problemático para las empresas mineras", con noventa y siete casos de conflictos que requirieron la intervención del Ministerio de Energía y Minas, y el artículo advertía que el año 2005 podría traer un aumento de los problemas sociales relacionados con la minería (*El Comercio*, 2005). El mapa que acompañaba al artículo fue titulado "Campo minado" (en referencia a un territorio minado, pero también en alusión a los campos mineros) y clasificaba los numerosos conflictos por todo el país en tres grupos: "resueltos" (con una marca de verificación verde), "inciertos" (con un signo de interrogación) y "solución pendiente" (con una "X"). A pesar de su pronóstico pesimista, las marcas de verificación del mapa daban a entender que una serie de conflictos se habían resuelto definitivamente.

El mapa tipificaba la imagen popular de los conflictos como habiéndose extendido por todo el país, y con el potencial de explosionar. El artículo correspondiente, por su parte, destacaba la ausencia de mecanismos de participación local y la falta de información, lo que les permitía a las empresas imponer su voluntad sobre la población. La nota sugería que lo que se necesitaba era que el Ministerio de Energía y Minas, y otras instituciones del Estado desempeñaran un papel más fuerte. En el discurso popular sobre la actividad minera, se hacía hincapié en estrategias que apuntaban a resolver los conflictos mediante el diálogo y los acuerdos alcanzados por los gobiernos, las empresas y las comunidades afectadas. Durante mis dos años de investigación de campo, en 2005 y 2006, los conflictos, efectivamente, parecían multiplicarse, pero las posibles "soluciones" parecían cada vez más esquivas.

Si bien los conflictos mineros figuraban regularmente en los titulares de la prensa, también comenzaron a aparecer en el trabajo de las agencias gubernamentales y de las ONG. En octubre de 2006, el Consejo de Ministros creó la Comisión Multisectorial para la Prevención de Conflictos con el fin de dar respuesta a los casos de conflictos sociales en varias partes del país.[8] Después de haber

8. La comisión estuvo conformada por representantes del Consejo de Ministros, el Ministerio de Energía y Minas, el Ministerio del Interior, el Ministerio de Agricultura y el Ministerio de Trabajo.

juramentado en el cargo en julio de ese año, el presidente Alan García necesitaba demostrar que su gobierno era capaz de controlar los problemas en las zonas mineras. Ese mismo año, la Defensoría del Pueblo creó la Unidad de Conflictos Sociales, encargada de monitorear y mediar en los conflictos, y proponer recomendaciones al gobierno. La Defensoría realizaba un seguimiento del número de conflictos activos por año y los clasificaba de acuerdo con diversos tipos, incluidos los "socioambientales", y aquellos inherentes a la actividad minera. Por el lado de las ONG, la Red Muqui,[9] una organización de segundo nivel que congrega a las ONG que trabajan temas de minería, creó el Observatorio de Conflictos Socioambientales, el cual producía informes y un boletín electrónico mensual con actualizaciones regionales sobre temas relacionados con la extracción de recursos. Estas y otras organizaciones contribuyeron a la labor permanente de seguimiento, conteo y clasificación de los conflictos.[10]

La discusión sobre los conflictos era abundante, pero el término parecía ser una especie de abreviatura empleada para hablar de problemas que desafiaban a las explicaciones simples. Se podría decir que los conflictos se habían convertido en una especie de "caja negra", un término cuyo significado se da por sentado, y cuyas historias y funcionamiento interno no necesitan ser conocidos (Latour 1988). En los análisis populares, el término "conflicto" pasaba por alto las complejidades de lo que estaba siendo descrito, a menudo oscureciéndolo antes que esclareciéndolo. Para explicar la causa del descontento popular con relación a la minería, los analistas (ya sea

---

9. Red Muqui está conformada por veinte organizaciones locales y nacionales, y fue creada en 2005 como respuesta al creciente número de conflictos mineros en todo el país. Muqui (*muki*, en quechua) es el nombre de un ser mítico que se dice habita en las minas andinas.

10. Desde fines del siglo pasado, las ONG, los académicos y los activistas han producido un amplio conjunto de publicaciones acerca de conflictos mineros, donde analizan las experiencias de varias comunidades afectadas por la minería, comparan experiencias en varias partes del país y ofrecen recomendaciones de política para prevenir problemas futuros (e. g., Observatorio de Conflictos Mineros 2007, Salas Carreño 2008, Scurrah 2008 y Gil 2009).

en representación del gobierno, las empresas, las ONG o los medios de comunicación) tendían a citar un conjunto similar de temas: la falta de transparencia de las operaciones mineras, los inadecuados procesos de consulta, las laxas o incumplidas regulaciones ambientales y los escasos beneficios económicos recibidos por las comunidades afectadas por la actividad minera (véase, por ejemplo, Defensoría del Pueblo 2005, Alayza 2007, CooperAcción 2006). Muchos de estos informes pedían la participación pública en la toma de decisiones, unas regulaciones ambientales más estrictas y una mayor inversión en las comunidades locales. En algunos casos, estas recomendaciones se formulaban en función de una mayor rendición de cuentas y un compromiso más sólido con la "responsabilidad social empresarial", otro concepto omnipresente en las discusiones en torno a la actividad extractiva.[11]

En el transcurso de mi trabajo de campo, las empresas, así como las instituciones del Estado, parecían adoptar gradualmente muchos de los mecanismos de rendición de cuentas recomendados. Invirtieron cantidades de dinero sin precedentes en la relación con la comunidad y el desarrollo local, implementaron programas de monitoreo ambiental participativo y organizaron asambleas públicas, así como sesiones informativas destinadas a fomentar el diálogo y la participación ciudadana. Se podría sostener que estas medidas no fueron suficientes, o que no se implementaron de manera adecuada, pero era evidente que las empresas estaban respondiendo a las críticas públicas y seguían, al menos, algunas de las recomendaciones formuladas por los órganos de gobierno y las ONG. Sin embargo, a pesar de que se adoptaron estas medidas, las tensiones parecían intensificarse y los conflictos continuaron multiplicándose. El hecho que estos esfuerzos no aliviaran los problemas entre las empresas

11. Los investigadores que han analizado la construcción de los discursos empresariales acerca de la responsabilidad social incluyen a Bendell 2004, Jenkens 2004, Frynas 2005, Raman y Lipschutz 2010. Sobre las relaciones empresa-comunidad en el contexto de la minería, véanse Welker 2009, Horowitz 2010, Kirsch 2010, Rajak 2011, Velásquez 2012 y Himley 2013.

mineras y las personas que vivían en las cercanías de las minas era algo que desconcertaba a las empresas, a los funcionarios públicos y a las ONG por igual.

Para explorar la aparente contradicción entre la proliferación de las protestas y el mayor énfasis en las prácticas de rendición de cuentas, me baso en estudios antropológicos de "culturas de auditoría" (Strathern 2000a, Potencia 1994, Hetherington 2011). Ambos conceptos ("auditoría" y "rendición de cuentas") se derivan de la contabilidad financiera, pero han sido introducidos en otros aspectos de la vida moderna y se han extendido tanto en el ámbito internacional que son a la vez omnipresentes y se dan por sentados. Según la antropóloga Marilyn Strathern (2000a: 2), estas prácticas son características de un periodo en el que la gobernanza se ha reconfigurado por una proliferación de las ONG y en el que la responsabilidad ambiental se ha convertido en un tema de interés mundial. Ella relaciona los regímenes de auditoría con el surgimiento del neoliberalismo y la evolución del papel de los gobiernos en la gestión de las empresas, entidades públicas e individuos. Una auditoría busca hacer explícitas las normas y procedimientos necesarios para monitorear los indicadores de desempeño, y la transparencia se equipara con la integridad. En última instancia, sin embargo, las auditorías no solo "monitorean" el desempeño, sino que llegan a "definir" la eficiencia, la calidad y las buenas prácticas.

Aporto estas reflexiones al análisis de los mecanismos que las empresas y el Estado emplean para monitorear el desempeño ambiental de las operaciones mineras, y que han acompañado a la expansión de esta actividad en el Perú. Estas prácticas no se circunscriben a imponer un modelo económico y a limitar el papel de los gobiernos; también contribuyen al uso de nuevos estándares éticos y morales que dan forma a las comprensiones del riesgo y la responsabilidad. En los conflictos mineros, las prácticas de rendición de cuentas, a menudo, apelan a valores tales como la participación democrática, la transparencia y la gestión ambiental, lo que hace que sean muy difíciles de criticar. Aquellos que desafían estas prácticas (o que tratan de redefinirlas) se enfrentan a un riesgo adicional: ser acusados de estar en contra del diálogo, la democracia y el desarrollo.

En vez de considerar la transparencia y la participación como el punto final del análisis (el resultado deseado que prevendrá o reducirá la incidencia de los conflictos), considero cómo los mecanismos de auditoría, gestión ambiental y responsabilidad toman forma y se entrampan en las controversias. Lo que propongo es un análisis que va más allá de las concepciones de sentido común de los "conflictos" como un fracaso del Estado y de las empresas en lo que respecta a la responsabilidad de rendir cuentas. No estoy sugiriendo que las empresas deban renunciar a la consulta pública, a las auditorías ambientales y a otras formas de demostrar su transparencia y rendición de cuentas ante la ciudadanía y el Estado; sin duda, estos mecanismos son necesarios, y los pedidos de medidas adicionales de rendición de cuentas han dado lugar a algunos cambios en la industria minera en respuesta a la presión pública. Antes de 2003, por ejemplo, las evaluaciones de impacto ambiental eran presentadas públicamente solo en la ciudad capital, Lima, y no en las comunidades más cercanas a una posible zona minera. En 2003, el Perú adoptó requisitos para el cierre de minas, los mismos que obligaban a las empresas a incluir medidas de recuperación más allá de la vida productiva de la mina. Estos son cambios significativos, y aún queda mucho por hacer para incorporar salvaguardas ambientales y la participación comunal en el marco jurídico.

Independientemente de las exigencias legales, sin embargo, las empresas mineras no son todas iguales y operan con diferentes estándares. Algunas empresas han adoptado voluntariamente lineamientos de "mejores prácticas" y han invertido en tecnologías destinadas a optimizar el desempeño ambiental (según la definición de la industria), mientras que otras no cumplen ni siquiera con los requisitos mínimos legales y han sido sancionadas por sus incumplimientos. Sin embargo, algunas empresas, como Newmont, han ganado premios de la industria, aun a pesar de que el público, en general, critica sus operaciones. Newmont ha ganado notoriedad por infracciones en otros países en los que opera, además de sus problemas en el Perú.

En Indonesia, una demanda del gobierno acusó a Newmont de contaminar el pueblo de pescadores de la bahía de Buyat y de afectar la salud de la población local, acusaciones que la empresa niega (Perlez 2005). En Ghana, en 2009, las autoridades multaron a Newmont por un derrame de cianuro, el cual dio lugar a la contaminación del agua y la muerte de peces (Earthworks 2010).

La evaluación caso por caso del desempeño empresarial puede conducir a resultados contradictorios, y puede obviar el contexto más amplio de la expansión de la minería y los mecanismos políticos, legales y técnicos que la favorecen. Por lo tanto, el análisis de los conflictos mineros requiere situar las prácticas de las empresas individuales dentro de un modelo económico hegemónico que ha puesto énfasis en la extracción de recursos como un camino necesario para el "progreso" y el "desarrollo". En el Perú, este modelo económico ha sido promovido por sucesivos gobiernos de turno, pero se ha topado con la indignación y la resistencia de un creciente sector de la población. Las tensiones en torno a la actividad extractiva han sacado a la luz las profundas desigualdades arraigadas en el paisaje socioeconómico del Perú.

## La promesa de la extracción

"El Perú es un mendigo sentado en un banco de oro".[12] Este dicho popular refleja lo que algunos peruanos ven como la contradicción entre la extensa riqueza natural del país y las condiciones de pobreza prevalecientes. Si bien algunos académicos han escrito acerca de la "maldición de los recursos" para resaltar las condiciones de subdesarrollo económico en los países que dependen de la extracción de recursos (e. g., Sachs y Warner 2001), estas teorías tienen una

---

12. Este dicho es atribuido, usualmente, al naturalista italiano Antonio Raimondi, quien visitó el Perú en el siglo XIX para estudiar la diversa flora, fauna y geología del país. Sin embargo, no existe una evidencia escrita que indique el origen de esta frase tan manida, la cual ha pasado a formar parte del imaginario popular nacional.

resonancia local específica en los debates actuales sobre la minería en el Perú. Los múltiples significados de este aforismo reflejan las tensiones, contradicciones y ambigüedades que impulsan las controversias sobre la extracción. Para algunos peruanos, la historia del "mendigo" proverbial se inició con la conquista española, continuó con la extracción de la riqueza mineral durante el periodo colonial (1550-1824) y cambió de forma a medida que los intereses coloniales fueron sustituidos por los de las empresas extranjeras durante el periodo republicano. A medida que la actividad minera se intensificó en la década de 1990, y conforme el aumento en el precio de los metales trajo ganancias extraordinarias a las empresas transnacionales, el aforismo adquirió un nuevo significado para aquellos que vieron esto como un nuevo tipo de saqueo. Para otros, sin embargo, el dicho tenía otro significado: culpaba a los peruanos que parecían no querer o no poder hacer un uso eficaz de los abundantes recursos del país. En el caso de la minería, el aforismo daba a entender que aquellos que protestaban en contra del desarrollo de esta actividad estaban condenando al país a una pobreza permanente a pesar de la riqueza de los recursos minerales del subsuelo.

El presidente Alan García manifestó este sentimiento de manera más explícita cuando, en un artículo editorial en el diario *El Comercio*, evocó otro dicho: "El perro del hortelano, que no come ni deja comer". Este proverbio se refiere a la fábula acerca del perro de un hortelano que, con mala intención, impide que otros tengan lo que él mismo no necesita. La moraleja de la fábula es que la gente, a menudo, les escatima a los demás y les impide tener algo que ellos mismos no usan. Muchos peruanos, argumentó García, no son capaces de hacer que la tierra sea productiva, o de comercializar los vastos recursos del país; sin embargo, también están dispuestos de manera obstinada a impedir que los demás (e. g., inversionistas privados) lo hagan. Atribuyó el subdesarrollo del país a que "la demagogia y el engaño dicen que esas tierras no pueden tocarse porque son objetos sagrados" y a los temores infundados sobre la contaminación de las tecnologías mineras, que calificó como un "tema del siglo pasado" e irrelevante para la actual industria minera limpia. Los pobladores locales que se oponen a la minería, o que argumentan que las tierras no pueden tocarse porque son sagradas, son como "el viejo comunista anticapitalista del siglo XIX [que] se disfrazó de proteccionista en el siglo XX y [que] cambia otra vez de camiseta en el siglo XXI para ser medioambientalista" (García 2007). En otras palabras, los manifestantes encubren sus argumentos en términos ambientalistas para ocultar sus verdaderas intenciones y, al hacerlo, se interponen en el camino del progreso de la nación. La evaluación de García refleja los puntos de vista polarizados que han impregnado la retórica política y pública: en concreto, la idea es que la minería moderna representa una ruptura con respecto a las prácticas contaminantes del pasado y una nueva visión para el futuro que los manifestantes no ven porque todavía están atrapados en otra era.

Los comentarios de García y gran parte del debate público en torno a la minería invocan la larga historia de actividad extractiva del país para sugerir tanto la ruptura como la continuidad. El legado de la minería en el Perú continúa dando forma al sentimiento popular y a los debates sobre ella. Estos imaginarios y debates mineros a menudo se basan en oposiciones simplificadas entre la "vieja" y la "nueva" minería para diferenciar las tecnologías y prácticas de las minas más antiguas, como aquellas de la sierra central, de los "megaproyectos" que comenzaron a operar en la década de 1990. Las empresas transnacionales se han mostrado particularmente adeptas al uso de esta distinción en sus campañas de relaciones públicas, insistiendo en que las minas "modernas" como Yanacocha operan de una manera más social y ambientalmente sostenible que las minas más antiguas. El reconocimiento de los "pasivos" ambientales de las minas más antiguas hace que esta distinción sea especialmente importante, puesto que los signos visibles de los residuos líquidos de las minas (los ríos muertos y los depósitos de residuos abandonados) no eran algo que las empresas querían que se asociara con sus operaciones.

Si bien las empresas transnacionales y el gobierno han estado ansiosos por sacar provecho de los beneficios de la "nueva" minería frente a las "antiguas" minas del pasado, no quiero abordar estas categorías como no problemáticas y mutuamente excluyentes. Los proyectos mineros en el Perú incluyen minas de gran escala a tajo abierto, minas más pequeñas de socavón y minería informal (también denominada "artesanal"). En ocasiones, estos diferentes tipos de minería pueden coexistir en un mismo distrito. Las tecnologías y prácticas laborales de los proyectos mineros actuales no corresponden necesariamente a las categorías de "antigua" y "moderna"; sin embargo, quiero analizar cómo los diferentes actores otorgan estos significados y los asignan estratégicamente en los debates actuales. También establezco una distinción entre la "vieja" y la "moderna" minería para examinar cómo las políticas neoliberales y la posterior expansión de la actividad minera han contribuido a la dinámica particular de los recientes conflictos.

Dada la larga historia del Perú como país dependiente de las industrias extractivas, las políticas económicas que fomentan la inversión en la actividad minera no pueden atribuirse únicamente al cambio neoliberal que tuvo lugar en la región de Latinoamérica en la década de 1990.[13] Al considerar el ingreso al siglo XXI como un marcador temporal significativo en esta larga historia, no pretendo sugerir una ruptura total con las anteriores políticas extractivas. Sin embargo, el cambio de siglo trajo consigo políticas de liberalización y desregulación económica que influirían significativamente en la actividad extractiva y en el surgimiento de reacciones locales a la misma, incluyendo una marcada proliferación de manifestaciones de protesta en respuesta a la extracción, algo que el neoliberalismo no había previsto (véase Sawyer 2004).

13. Los investigadores han analizado la relación existente entre el neoliberalismo y la extracción de recursos (Bridge 2004b, Ferguson 2006, Sawyer y Gómez 2008). Bebbington y Bebbington (2010) sugieren que los conflictos ocurren no solo bajo regímenes neoliberales, sino también en los llamados países posneoliberales, como Bolivia y Ecuador, que han adoptado políticas contrarias al modelo neoliberal.

En el Perú, las políticas neoliberales estuvieron unidas al controversial gobierno de Alberto Fujimori,[14] quien fue elegido en 1990 e implementó una serie de medidas destinadas a sacar al país de una aguda crisis política y económica. Para frenar la hiperinflación y revitalizar la economía, Fujimori introdujo un programa radical de liberalización que se centró en la eliminación de los subsidios, la privatización de las empresas estatales y la reducción del papel del Estado en la economía. Este programa de reestructuración se aplicó siguiendo los lineamientos neoliberales establecidos por el Fondo Monetario Internacional y el Banco Mundial como condición previa para recibir préstamos y asistencia técnica.

Cuando fue criticado por su liderazgo autoritario, Fujimori justificó estas reformas y su uso discrecional del poder (incluyendo un "autogolpe" en 1992 que disolvió el Congreso y suspendió la Constitución) como algo necesario para derrotar a los grupos subversivos Sendero Luminoso y el Movimiento Revolucionario Túpac Amaru (MRTA), y poner fin a la violencia que asoló al país desde 1980.[15] En consonancia con este objetivo más amplio de superar la agitación política y la inestabilidad económica, las reformas en el sector minero tenían como finalidad la creación de un clima favorable para las inversiones. Las reformas legislativas dieron lugar a la eliminación de las restricciones para las remesas de utilidades, regalías y

14. Fujimori fue presidente hasta el año 2000. Hijo de emigrantes japoneses, Alberto Fujimori huyó al Japón en el año 2000 en medio de un escándalo de soborno y de acusaciones por violaciones de los derechos humanos. Durante su estadía en Chile, fue extraditado en 2007 y sentenciado a veinticinco años de cárcel por peculado y por autorizar las matanzas y secuestros realizados por escuadrones de la muerte durante la insurgencia de Sendero Luminoso, incluidas las "desapariciones" de un profesor y nueve estudiantes de la universidad La Cantuta.

15. Según el informe final de la Comisión de la Verdad y Reconciliación, 69.280 personas murieron durante este periodo de violencia. Masacres, desapariciones forzadas y otras violaciones de los derechos humanos fueron perpetradas por Sendero Luminoso y los militares peruanos (así como por otro grupo subversivo, el MRTA) (Comisión de la Verdad y Reconciliación 2003).

capital; cambios en la tenencia de las tierras indígenas; la reducción de impuestos, y la eliminación de regalías. Más aún, los acuerdos de estabilización tributaria garantizaron tasas impositivas fijas y la aplicación de estatutos actuales sobre la normativa ambiental por un periodo de entre diez y quince años. Con estas reformas, el papel del Estado se vio limitado a la organización de los asuntos técnicos y de las recientemente introducidas regulaciones ambientales requeridas por el Banco Mundial a través de sus incentivos de préstamos y programas de asistencia técnica (Szablowski 2007, De Echave y Torres 2005). Por ejemplo, la evaluación de impacto ambiental fue presentada como parte de la legislación ambiental implementada en la década de 1990.

Las reformas neoliberales introdujeron también una nueva legislación laboral que redujo la influencia de los sindicatos, los que ya se habían visto debilitados por la lucha armada de Sendero Luminoso. Por un lado, este grupo armado intimidó y asesinó a líderes sindicales y a otros activistas que se negaron a unirse a su movimiento, mientras que, por otro lado, el gobierno de Fujimori reprimió toda actividad sindical como parte de sus esfuerzos por eliminar la actividad subversiva. Atrapados entre Sendero Luminoso y las campañas antiterroristas del gobierno, el movimiento sindical y las organizaciones populares, en general, sufrieron un duro golpe que tendría repercusiones de largo plazo para la organización política y el activismo de base en el país (Boyd 1998).

A medida que se fueron implementando las reformas económicas a principios de 1990, hubo una desaceleración general en la industria minera mundial y una caída en los precios de los minerales, pero la liberalización de la economía, en última instancia, trajo los resultados deseados. El periodo entre 1993 y 1997 se caracterizó por un "auge minero" mundial, y el interés en los yacimientos mineros peruanos dio lugar a una expansión de seis veces la superficie asignada a la actividad minera (de 4 a 24 millones de hectáreas) (De Echave y Torres 2005: 10). Entre 1990 y 1997, la inversión en la exploración minera creció un 90% en el ámbito mundial, en un 400% en Latinoamérica y en un 2000% en el Perú (Banco Mundial 2005, citado en Bebbington 2007). En la década de 2000, el alto precio de los metales continuó impulsando la expansión de las fronteras mineras y empujó la actividad extractiva hacia zonas anteriormente utilizadas para la agricultura y la ganadería; se afectó así a más de la mitad de las aproximadamente seis mil comunidades campesinas del Perú (De Echave y Torres 2005) (véase el mapa 2). Durante el auge minero, la única gran empresa minera peruana fue Antamina, una mina de cobre y zinc ubicada en el departamento de Áncash, la que fue desarrollada en 1998 con una inversión de $2300 millones por parte de un consorcio de empresas canadienses. Otra inversión importante involucró a la empresa canadiense Barrick Gold, que se estableció en la mina de oro Pierina (en el departamento de Huaraz), también en 1998.

El cambio hacia políticas neoliberales que hicieron de Latinoamérica un lugar especialmente atractivo para la inversión minera coincidió con la diversificación de la industria minera mundial de oro, lo que llevó a un incremento en la producción de este metal en el Perú. Una mirada a los principales productores de oro del mundo desde la década de 1970 muestra la magnitud de las modificaciones en la industria. En 1970, Sudáfrica representó por sí sola el 67,7% de la producción mundial, con la antigua Unión Soviética en un distante segundo lugar. Canadá, Estados Unidos y Australia eran los siguientes productores más grandes, mientras que el resto del mundo representaba menos del 9% de la producción total. Para el año 2000, la situación había cambiado drásticamente, con estos cinco países representando en conjunto poco más del 50% de la producción mundial total. Esta tendencia a la diversificación continuó a medida que la producción mundial de Sudáfrica bajó a 10,8% en 2006. Ese año, Sudáfrica, Estados Unidos, Australia, China, Perú, Indonesia, Rusia, Canadá, Papúa, Nueva Guinea y Ghana se ubicaron como los diez principales productores, mientras que otros países (entre ellos Chile, Uzbekistán, Tanzania, Malí y Brasil) dieron cuenta del 30% de la producción mundial (Johnson 2013).

A comienzos del siglo XXI, el Perú era el país productor de oro más importante de Latinoamérica, en gran medida debido a la

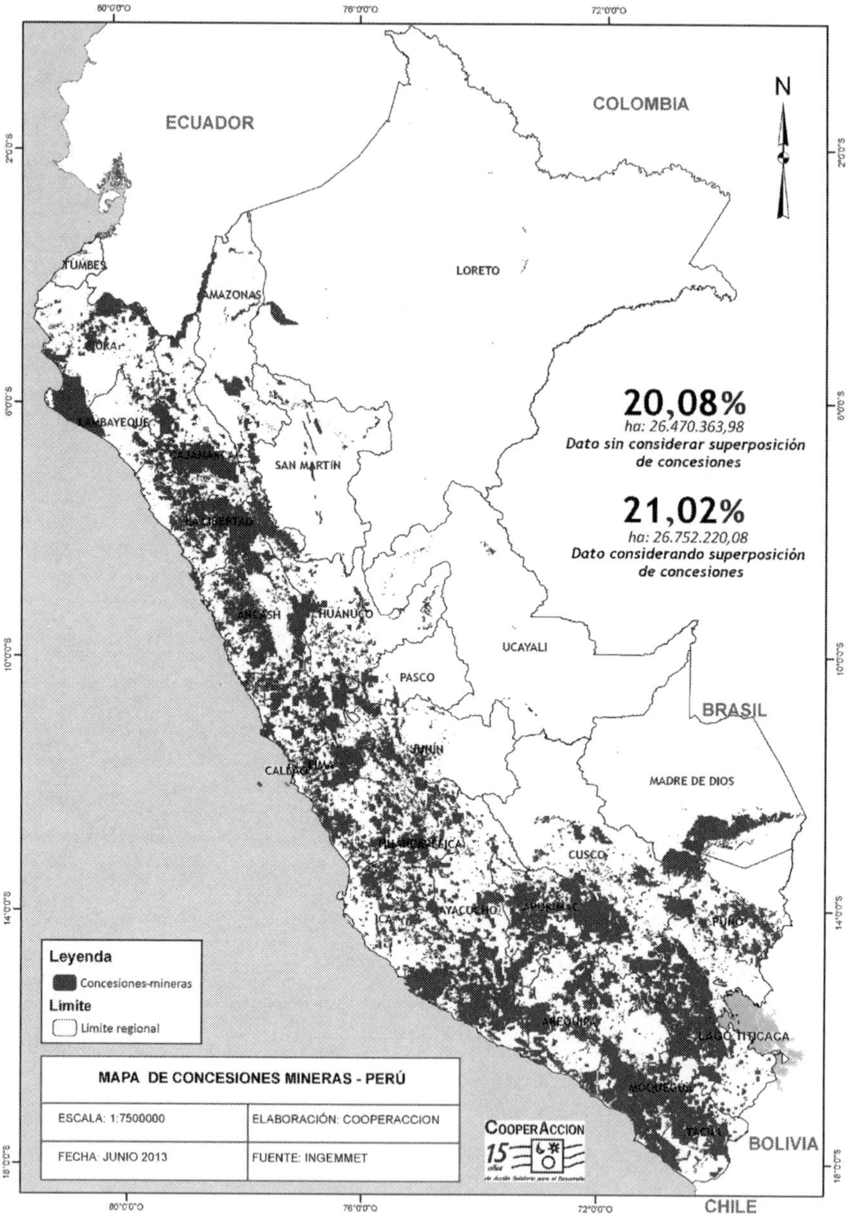


*Mapa 2.* Las ONG han llamado la atención sobre la rápida expansión de la actividad minera. Este mapa muestra que las concesiones mineras constituían, en 2013, aproximadamente el 20% del territorio del país. Cortesía de CooperAcción.

producción de la mina Yanacocha, en Cajamarca. Al margen de su trascendencia económica, la importancia simbólica de la mina Yanacocha no puede ser pasada por alto: la mina era, en parte, propiedad de Newmont, una de las empresas mineras más grandes del mundo, y tenía el aval y el respaldo financiero del Banco Mundial. Para el gobierno de Fujimori, este proyecto fue una oportunidad para mostrar una nueva estabilidad y el atractivo del país para los inversionistas extranjeros. Para destacar este punto, en 1993, el presidente Fujimori se presentó en los medios nacionales para recibir la primera barra de oro producida por la empresa minera Yanacocha.

Mientras tanto, el Estado se embarcó en un programa de privatización que incluía las empresas y concesiones de Centromin, el consorcio minero estatal formado a mediados de la década de 1970 a partir de las participaciones expropiadas a la Cerro de Pasco Corporation. Entre las empresas de Centromin que volvieron a manos privadas estaba el complejo metalúrgico de La Oroya, que fue comprado por la empresa estadounidense Doe Run (véase la imagen 1). Mientras que los proyectos mineros como Yanacocha simbolizaban una nueva era de las prácticas mineras "modernas", la fundición de La Oroya representaba la "vieja" minería de décadas pasadas, aunque con un nuevo disfraz "verde" que acompañó a los esfuerzos de Doe Run por modernizar el complejo metalúrgico y proyectar una imagen de responsabilidad social y ambiental.

Las empresas transnacionales como Newmont y Barrick Gold trataron de diferenciar la minería moderna de aquella de los socavones subterráneos y a pico de las minas tradicionales, y del legado de contaminación en lugares como La Oroya y la sierra central. En un esfuerzo por liberarse de estas imágenes, las empresas argumentaron que la nueva minería se basaba en procesos químicos, maquinaria poderosa y sofisticados laboratorios que hacían que sus operaciones fueran más seguras y eficientes. Pero había otras diferencias significativas con respecto a las minas del pasado. A diferencia de las minas subterráneas, las nuevas minas requerían poca mano de obra y creaban pocas oportunidades de empleo directo, en términos relativos, para la población presente en su zona de influencia. Y en comparación

*Imagen 1*. La fundición de La Oroya, construida en 1922, testimonio de las consecuencias de la actividad minera en la sierra central.

con las minas anteriores, las modernas minas a tajo abierto dejaban una enorme huella en las áreas que se superponían con comunidades campesinas, praderas y tierras agrícolas (véase la imagen 2). Los activistas emplearon el término megaminería para describir la minería química de gran escala que caracterizó a estos proyectos y que trajo nuevos retos, riesgos e incertidumbres, aun cuando prosiguió con una larga historia de extracción en este "país minero".

## Transformando los paisajes

A medida que la inversión extranjera, la privatización y la expansión minera se intensificaron a finales de la década de 1990, las respuestas a la actividad minera reflejaron una nueva serie de preocupaciones. En La Oroya, la calidad del aire (particularmente por sus altos niveles

*Imagen 2.* La mina de oro Yanacocha en Cajamarca, ejemplo de un proyecto "megaminero" a tajo abierto. Fotografía de Brando Palacios.

de plomo) se convirtió en un objeto de estudio, monitoreo y activismo transnacional. En Cajamarca y otros centros mineros, los temas en torno a la calidad y cantidad del agua se convirtieron en el foco de las campañas contra la minería y de los esfuerzos de las empresas para demostrar un compromiso con la responsabilidad social y ambiental. Los efectos de la minería no siempre podían ser medidos y cuantificados (tal como los estipulaba la nueva cultura de auditoría), convirtiéndose en el foco principal del cuestionamiento. Determinar qué era un "impacto" o qué constituía "contaminación" se convirtieron en temas controvertidos, en la medida en que diversos actores trataron de hacer perceptibles (o imperceptibles) las amenazas indeterminadas y, con frecuencia, imprevisibles de la actividad minera.

Conforme las tecnologías mineras transformaron, cortaron o realinearon las relaciones entre la gente y el paisaje, "el medioambiente" surgió como un terreno cada vez más controvertido de la acción política. Al considerar el medioambiente como un terreno político, me baso en el trabajo fundacional de la ecología política (véanse, por ejemplo, Bunker 1985, Peluso 1992, Peet y Watts 1996, Bryant y Bailey 1997). Esta disciplina busca combinar la economía política con una preocupación por el medioambiente, incluidas las relaciones desiguales de poder que caracterizan a los conflictos ambientales y que dan forma al surgimiento de los movimientos sociales. Al ampliar el campo de la ecología política, los investigadores han producido estudios críticos de paisajes que consideran sus cualidades materiales y agentivas (e. g., Kosek 2006, Cruikshank 2005, Raffles 2002). Otros han sugerido que los conflictos por recursos no son solo conflictos en torno a la producción de conocimientos, sino también conflictos ontológicos sobre la construcción (o destrucción) de mundos (Escobar 2008, De la Cadena 2010, Blaser 2009). Me inspiro en este corpus de documentación para analizar "cómo" es que asuntos como la contaminación toman forma y se hacen tangibles, "cuándo" importan y "para quién" se convierten en políticamente significativas. Estas preguntas nos alejan de la idea de la naturaleza como una mercancía o una realidad externa fija, al tener en cuenta el proceso continuo mediante el cual una sustancia llega a ser y al considerar su potencial para reconfigurar terrenos políticos.

Los contaminantes y otras entidades (como una montaña sagrada o una laguna amenazada) no son fijos o constantes, sino que son un efecto de prácticas que crean estabilidad y fijeza, o que perpetúan la inestabilidad de su forma material. "El medioambiente" y sus elementos constitutivos no son parte de una realidad externa-ahí-afuera (Law 2004), sino que son el efecto de las relaciones entre un colectivo de actores. De manera similar, una entidad como la contaminación también emerge de prácticas y *performances* históricamente situadas, y es solo a través de su continua puesta en escena que se estabiliza y se concreta (y en algunos casos, puede no llegar a hacerlo). Estas entidades no existen antes o de forma independiente de las prácticas que giran en torno a ellas, sino que se producen a través de "procesos de historia, de acuerdos sociales y técnicos concretos, y de los efectos del poder" (Murphy 2006: 15). Las acciones de protesta, los reclamos por compensación y las campañas de relaciones públicas empresariales contribuyeron a hacer que la contaminación se materializara como una entidad, pero mantener la estabilidad de los objetos requiere un esfuerzo continuo (Mol 2002). Lo que generalmente se glosa como "conflictos", sugiero, consiste en estos esfuerzos continuos de estabilización, los que están llenos de tensiones y que no siempre producen los efectos buscados.

Mi análisis sobre la materialización se basa en la distinción de Bruno Latour entre "cuestiones de hecho" y "cuestiones de interés". Latour (2004) cuestiona la certeza científica acerca de la naturaleza y señala que —tal como se evidencia en la minería— las crisis ecológicas abren controversias que impiden el establecimiento de las "cuestiones de hecho" indubitables que pueden servir como base para las decisiones políticas. Ante esta situación, son posibles dos actitudes: "Podemos esperar a que la ciencia logre pruebas adicionales que pongan fin a las incertidumbres, o podemos considerar la incertidumbre como el ingrediente inevitable de la crisis en el medioambiente y en la salud pública. La segunda actitud tiene la ventaja de sustituir algo que no está abierto a la discusión con algo que puede ser objeto de debate, y de unir entre sí las dos nociones de la ciencia objetiva y la controversia: cuantas más realidades existan, hay mayor número de argumentos. Las cuestiones de interés han sustituido a las cuestiones de hecho" (Latour 2004: 63). Latour emplea el término "controversias" para describir este cambio de cuestiones de hecho a cuestiones de interés, a través del cual los "hechos" indiscutibles, obstinados y autoevidentes se convierten en hechos desestabilizados, contenciosos y conectados a una gama cada vez más amplia de actores. Una cuestión de interés es "lo que le sucede a una cuestión de hecho cuando uno le añade toda su escenografía, al igual que lo que uno haría al desplazar su atención desde el escenario a toda la maquinaria de un teatro" (Latour 2008: 39). El análisis de los "conflictos" como cuestiones de interés requiere desplazar nuestra atención a las redes de relaciones y a la construcción de conocimientos que dan forma a las controversias.

En el caso de la extracción de recursos, los efectos a largo plazo de la actividad minera son indeterminados e inciertos, y se han convertido en la base de un acalorado debate, que ha producido controversias que no pueden resolverse a través del consenso o la negociación. Las cuestiones de interés desafían la idea de una naturaleza indiscutible, monolítica, por la que los científicos deben levantar la voz. En su lugar, el compromiso de Latour con la multiplicidad ontológica sugiere que no solo hay muchas culturas (multiculturalismo) que producen diferentes representaciones para una naturaleza unitaria, sino una multiplicidad de actores y agencias que ponen en escena distintos mundos socionaturales.

El agua, la tierra y otras entidades son, a menudo, consideradas como "recursos", y aunque su valor podría ser controvertido, nada parece ser más sólido y evidente que estos elementos del paisaje que son tan cruciales para la supervivencia humana. Sin embargo, los conflictos por la minería revelan las múltiples formas de configurar lo que normalmente concebimos como "naturaleza" y sus elementos constitutivos.[16] Las propiedades físicas del paisaje no son naturales o no controversiales; más bien, son producto de una constante negociación, que en ocasiones supera la intencionalidad humana. Las relaciones de las personas con el paisaje no se basan solo en su valor utilitario, ni pueden, estas relaciones, entenderse necesariamente en función de una ética ambientalista. En los Andes, por ejemplo, las personas se involucran en actividades que "ponen en práctica el respeto y el afecto necesarios para mantener la condición relacional entre los seres humanos y los seres otros-que-humanos" que hacen posible la vida (De la Cadena 2010).[17] La idea de que la naturaleza es

---

16. Los investigadores han sugerido que nada es un recurso en términos autoevidentes, enfatizando así las dimensiones sociales y políticas de la construcción de recursos (Ferry y Limbert 2008). Para una revisión de la literatura antropológica que se centra en la socialidad, significado y valor de las sustancias constituidas como "recursos" véase Richardson y Weszkalnys (2014).

17. Desde una perspectiva diferente, los trabajos clásicos de Nash (1993) y Taussig (1980) exploran cómo los mineros bolivianos y colombianos negocian cambios en los modos de producción a través de relaciones con un paisaje que

ontológicamente plural desafía la concepción de los "recursos" como blancos, ya sea de proyectos de extracción o de conservación.[18] La multiplicidad de la naturaleza también permite un tipo diferente de política y abre la posibilidad de que "la realidad pueda ser de otro modo" (Law 2004).

La aparición de nuevos actores e intereses en los conflictos por la minería ha abierto el espacio de las desafiantes representaciones políticas dominantes de la naturaleza. Al mismo tiempo, la atención centrada en el agua y la contaminación en los conflictos recientes ha llevado, en ocasiones, a una dependencia de las soluciones técnicas y los argumentos científicos que pueden alejar de la vista otras formas de conocimiento (y otros mundos socionaturales). La gestión tecnocrática de los conflictos incluye una atención a los mecanismos de rendición de cuentas destinados a promover la transparencia, la gestión ambiental y la participación. Tales iniciativas pueden tomar la forma de diálogo con la comunidad, monitoreo ambiental participativo y otras iniciativas que caen bajo el rubro de "responsabilidad social empresarial".

Los esfuerzos dirigidos a resolver los conflictos a través de estos mecanismos de rendición de cuentas se basan en el conocimiento de los expertos, que están llamados a evaluar y monitorear las prácticas de las empresas mineras. Con frecuencia, la mayor transparencia es presentada como una solución a los conflictos, pero el hacer "explícito" el desempeño empresarial puede tener el efecto de volver invisibles otras cosas (cfr. Strathern 2000a, Barry 2009). Sobre lo que quiero llamar la atención es acerca de lo que se mantiene al margen de los marcos de visibilidad: aquellos elementos que no forman parte abiertamente de las discusiones políticas sobre la minería pero que, sin embargo, contribuyen y perpetúan las controversias en torno a ella. Para llegar a este trasfondo utilizo el concepto de "equivalencia"

tiene sentimientos, el cual incluye al "tío", un ser no-humano que habita las minas subterráneas.

18. Sobre la pluralidad de la naturaleza, véanse Latour 2004, Viveiros de Castro 1998 y Haraway 1997.

como instrumento analítico para examinar cómo se conceptualizan, por un lado, las soluciones a los conflictos y, por otro, las tensiones subyacentes que se mantienen debajo de la superficie. El término "equivalencia" pretende capturar dos procesos relacionados: en primer lugar, la *equivalencia* se refiere a las formas de conocimientos y herramientas técnicas que se utilizan para hacer que las cosas sean cuantificables y comparables; en segundo lugar, la asumo como una relación política que involucra una negociación constante sobre lo que se considera conocimiento fehaciente.

## Equivalencias controvertidas

Mi interés en la equivalencia surgió de los esfuerzos dedicados a comprender cómo los ingenieros y funcionarios de una empresa racionalizan sus planes de gestión ambiental, incluso cuando estos fueron rechazados por la población local, presentando un conjunto diferente de argumentos para apoyar sus afirmaciones acerca de los efectos negativos de la mina. En términos más generales, algunos políticos, representantes de la industria y residentes locales buscan justificar la expansión de la minería como una actividad que contribuirá al bien común, neutralizando cualquier daño potencial. Los cálculos de costos y beneficios, entradas y salidas, daños y reparaciones, estaban integrados en sus respectivos argumentos. Aunque la gente no necesariamente utilizaba el término, estaba implícita una lógica de la equivalencia en muchos contextos que observé en mi trabajo de campo: en acuerdos que asignaban un valor monetario a los daños causados por las operaciones mineras, en los planes de gestión ambiental que buscaban equilibrar las entradas y salidas de agua, y en los esfuerzos por medir la calidad del agua, comparándola con los estándares legales nacionales e internacionales.

Mi abordaje de la equivalencia se superpone con, pero también difiere de, la forma en la que este concepto ha sido empleado en la literatura. La equivalencia ha sido una preocupación de larga data en la antropología, habiéndose centrado, por lo general, en cómo las cosas se vuelven comparables e intercambiables. Rhoda Halperin

(1994) ofrece una visión general de esta literatura y rastrea el concepto de equivalencia en la obra de Karl Polanyi acerca de la evolución de la economía de mercado y los modelos interculturales de organización económica. Este y otros trabajos de antropología económica se centran en las estructuras sociales e ideológicas que condicionan las equivalencias, y consideran los procesos de formación-de-equivalencias como fundamentales en todas las economías y para todos los aspectos de la producción, distribución y consumo. Mi propio uso de la equivalencia, por el contrario, no se limita a los mercados y al intercambio. En mi concepción, las equivalencias implican procesos de negociación que pueden ayudar a dilucidar la dinámica de los conflictos contemporáneos, precisamente porque lo que se está negociando a menudo queda fuera de la lógica del mercado y del cálculo racional.

Cualquier discusión sobre la equivalencia nos lleva inevitablemente a cuestiones de valor, un concepto que se refiere al significado o la importancia que la sociedad atribuye a una cosa.[19] Tal como Miller (2008) señala, el valor puede aludir tanto a las cualidades alienables como inalienables de un objeto: el trabajo de otorgarle valor monetario calculable (i. e., precio), así como lo que lo hace imposible. Sin embargo, si nos fijamos en la literatura clásica sobre el valor, este implica una comparación de las entidades, y el intercambio de mercancías es visto como el establecimiento de una equivalencia cuantitativa de valor entre los objetos. Según Maurer (2006), la historia siempre contada en los libros, desde Karl Marx, Max Weber y Georg Simmel hasta obras más recientes en las ciencias sociales, es que el dinero moderno transforma aquello que está socialmente incorporado en formas económicas abstractas. El dinero, se nos dice, vuelve conmensurable lo inconmensurable, y crea una métrica común para las cosas. El dinero es, a menudo, visto como el objetivador final que transforma todos los aspectos de la vida —desde lo

19. Para una revisión más amplia de las teorías del valor y el intercambio, véanse Graeber 2001, Guyer 2004, Ferry 2005 y Guyer et ál. 2010.

material hasta lo afectivo— en equivalentes numéricos de efectivo. Sin embargo, los investigadores han demostrado que este no es necesariamente el caso y han llamado la atención sobre la forma en la que la gente crea o asigna valor a las cosas dentro de diversos contextos sociales, políticos y económicos. En un estudio sobre el dinero doméstico, por ejemplo, Zelizer (1989) muestra que el dinero se diferencia a través de los distintos significados y usos que le asignamos (por ejemplo, el dinero por compensación, las ganancias de la lotería y un cheque de pago ordinario no son todos dinero del mismo tipo).

Al hacer hincapié en los factores culturales y sociales estructurales que le dan valor a las cosas, estos estudios apuntan a cuestiones que también son fundamentales para los conflictos que abordo en este libro. ¿Cómo se asigna valor a las cosas que se consideran inconmensurables? ¿Cómo se hace que las cosas sean comparables? Zelizer (1989) y Maurer (2006) problematizan el argumento sobre que el dinero homogeneiza todas las distinciones cualitativas como cantidad abstracta. A diferencia de muchas teorías académicas y suposiciones populares, el dinero (y, de manera más general, la cuantificación) no nivela, empareja las relaciones sociales o borra las dinámicas culturales de conmensuración. Sobre la base de estas ideas, quiero explorar cómo los intentos de formular y cuestionar equivalencias crean "nuevas" relaciones sociales de colaboración y antagonismo. Más específicamente, quiero examinar qué se considera como equivalencia en el cálculo y la evaluación de los efectos de la actividad minera. Para ello, me centro en las prácticas del conocimiento y los mecanismos de comparación que hacen posible las equivalencias (o generan su rechazo).[20]

---

20. Lakoff (2005), Turnbull (2000) y Verran (2001) han analizado la conmensurabilidad de las prácticas de conocimiento. La equivalencia es también analizada en la literatura de los estudios acerca de la ciencia. Por ejemplo, la equivalencia es necesaria para las inscripciones (documentos, mapas, cuadros de datos) y la referencia circular que "convierte mundos en palabras", o para convertir la materia en conocimiento (Latour 1999).

Las equivalencias que analizo incluyen, pero no se limitan a, el intercambio monetario y la cuantificación. Me pregunto también: ¿cómo interpretan y negocian las personas las prácticas de conocimiento y formas de razonamiento ético radicalmente incompatibles (cfr. Povinelli 2001)? ¿Cómo ayudan los mecanismos de comparación a lograr que algunos problemas o lugares sean visibles y dignos de atención? ¿Cómo es que una lógica de la equivalencia proscribe a las diferentes formas de conocer y habitar el paisaje que no se corresponden con el lenguaje técnico, los sistemas de medición o los marcos legales? ¿Cómo los dispositivos técnicos (por ejemplo, los estándares legales ambientales, las directrices internacionales y los códigos de conducta empresariales) permiten evaluar y comparar la calidad de los diferentes objetos y prácticas (Barry 2001)?

Las demandas y las contrademandas acerca de la equivalencia yacen en el núcleo de las controversias sobre la minería y las estrategias de resolución de conflictos, pero permanecen inexploradas en las maneras en las que los conflictos son analizados y "resueltos". Algunos de los capítulos que siguen analizan cómo es que se promulga y disputa esta lógica de la equivalencia, pero también estoy interesada en lo que se excluye de las equivalencias y en lo que cae fuera de los marcos legales y científicos que dan forma a las estrategias para la gestión ambiental y la resolución de conflictos. En tales casos, quizás sea útil pensar acerca del "resto", de eso que no puede ser subsumido por la medida de equivalencias (Obarrio 2010). Los conflictos a los que presto atención en este libro nunca están absolutamente resueltos, dado que los dramáticos cambios producidos por la actividad minera en la tierra y los medios de sustento no pueden ser plenamente compensados. El "resto" representa lo que no puede ser reembolsado, y esta "sobra" tiene ramificaciones que abren un circuito de deudas (Obarrio 2010: 164). Las comunidades en las inmediaciones de la mina Yanacocha continúan exigiendo mayores compensaciones, oportunidades de empleo, servicios y beneficios que ellos consideran su derecho, aunque no siempre pueden recurrir a la ley para fundamentar sus demandas. El "resto" está fuera de las directrices que dan forma a las estrategias para la gestión ambiental y la resolución de conflictos. En algunos casos, el "resto" también está fuera de cualquier ámbito político identificable, ya que las tensiones que brotan de él no se traducen fácilmente en intereses políticos establecidos (e. g., política izquierdista, ambientalismo o activismo sindical).

En mi trabajo de campo, estuvo implícita una lógica de la equivalencia en la discusión acerca de la actividad extractiva, y también estuvo insertada en los cálculos, comparaciones e intercambios que dieron forma a la dinámica de los conflictos mineros. Por ejemplo, los acuerdos de compensación pueden ser vistos como una forma de conmensuración, un proceso de transformación de diferentes valores o unidades en una métrica común (Espeland 1998). Los precios, las ratios costo-beneficio y otras formas de cuantificación y estandarización vuelven comparables diferentes entidades. En otras palabras, dos valores o bienes pueden decirse que son conmensurables si se considera que son equivalentes sobre la base de un estándar común de valor (como el dinero), una unidad de medida (e. g., la tasa de flujo de agua) o un sistema de clasificación (e. g., la composición química).

Una disputa sobre los efectos de la mina en un canal de riego es uno de los casos que uso para mostrar cómo se utilizó una lógica de la equivalencia para relacionar entidades dispares con el propósito de comparar (y, en última instancia, reconciliar) diferentes formas de valor. A los usuarios del canal se les otorgaron compensaciones monetarias y recibieron agua tratada químicamente, la cual era bombeada desde la planta de tratamiento de la mina hasta su canal con el fin de compensar los flujos reducidos de agua. Estas negociaciones reflejan una lógica de la equivalencia que depende de una serie de supuestos. En primer lugar, implicaba que el agua de una fuente natural era intercambiable con el agua proveniente de una planta de tratamiento. En segundo lugar, la empresa minera consideró que la calidad del agua era aceptable si se demostraba que satisfacía los estándares legales establecidos para trazas de minerales y otras sustancias. En tercer lugar, la empresa afirmó que los efectos de la mina en el canal podían ser revertidos "devolviendo" la misma cantidad de agua que se perdía y compensando a los usuarios del canal con pagos monetarios, oportunidades de empleo y proyectos de desarrollo.

En la controversia del canal, las equivalencias permitieron que la empresa minera pudiera convertir las demandas de los manifestantes en paquetes y programas de compensación, con el fin de demostrar un compromiso con la responsabilidad social empresarial. Sin embargo, las equivalencias deben ser negociadas y, por lo tanto, siempre están abiertas a la apelación. En algunos casos, los usuarios del canal actuaron dentro de la lógica de la equivalencia universal para obtener beneficios de la compañía minera: puestos de trabajo, desarrollo comunitario, paquetes de compensación y más agua en sus canales. En otras ocasiones, sin embargo, emplearon una lógica diferente de la equivalencia, una que no dependía de monedas y medidas universales. Sostuvieron que las clasificaciones legales y los estándares de calidad del agua para el canal no se correspondían con el uso diario que los campesinos hacen de ella para el consumo doméstico, interno, y que los "acuerdos de compensación" no compensaban su inversión en la construcción, mantenimiento y administración del canal. En estos casos, los usuarios del canal argumentaron que algunas cosas eran inconmensurables. El agua del canal no era solo un recurso para ser utilizado, y no podría ser simplemente "devuelto" en la forma de agua tratada químicamente y bombeada al canal. Más bien, el canal abarcaba cosas, personas y experiencias que eran definidas como únicas y, por lo tanto, inconmensurables con la oferta de compensación propuesta por la mina (cfr. Espeland 1998).

Si bien se utilizaron estos procesos de producción-de-equivalencias para medir y comparar la calidad del agua y el aire, o en las negociaciones entre los usuarios del canal y la empresa minera, también estaba en juego la equivalencia de los conocimientos. Subyacentes a las disputas sobre la minería estaban los desacuerdos acerca de qué es lo que cuenta como evidencia y el conocimiento de quién (los expertos en minería, los científicos, las ONG o los campesinos) era creíble y legítimo. El lenguaje y las herramientas de la ciencia y la experticia le dan legitimidad al conocimiento y posibilitan que este se proyecte. Los dispositivos técnicos y los regímenes regulatorios, desde mapas e instrumentos de medición hasta leyes y estándares ambientales, permiten que los conocimientos, bajo otras circunstancias inconmensurables y aisladas, se muevan en el espacio y el tiempo desde el sitio local y el momento de su producción (Turnbull 2000).

Entrar en equivalencias fue crucial para la validación de argumentos a favor y en contra de la actividad minera. Una lógica de la equivalencia da forma a los supuestos acerca de cuándo las sustancias tóxicas o alteraciones en el paisaje superan el umbral en el que un "impacto" se convierte en irreversible. Este umbral se establece a través de la conmensuración con las normas legales —por ejemplo, los límites legalmente permisibles establecidos para trazas de minerales en el agua y el aire—. Estos estándares ambientales, a su vez, sirven como base de comparación con las directrices internacionales que los activistas pueden utilizar para impugnar la validez de las normas existentes. El principio de equivalencia proporciona una poderosa herramienta para el ambientalismo, el cual insiste en los estándares internacionales para la protección del medioambiente. Por ejemplo, el establecimiento de la equivalencia entre La Oroya y el sitio de Estados Unidos donde se ubica una fundición de propiedad de la misma empresa reveló las discrepancias existentes entre los estándares ambientales peruanos y los internacionales. En este caso, el involucrar lo político a través de la equivalencia sirvió como una estrategia para crear redes regionales y transnacionales de solidaridad.

Según el antropólogo Tim Choy (2011: 11), la política ecológica, así como nuestras propias formas de análisis académico, funcionan mediante comparaciones, "actos de relaciones —de la naturaleza, la cultura, la política y más— a través de los cuales un animal, una planta, un problema de salud, un paisaje o una pregunta dados llegan a ser importantes en términos epistémicos y políticos". En los capítulos que siguen, exploro cómo se producen y se disputan las equivalencias. Al hacerlo, busco hacer visibles las relaciones entre personas, cosas, lugares y temas desenterrados por procesos intensivos de extracción. El lente de la equivalencia dilucida las políticas de comparación que son centrales para las controversias acerca de la extracción, incluidas las posibilidades para la acción que permiten y las condiciones que contribuyen a la perpetuación del conflicto.

## Desenterrando el conflicto

Este libro se basa en un compromiso de largo plazo con los temas ambientales y mineros en el Perú, incluyendo dos años de investigación etnográfica entre enero de 2005 y diciembre de 2006. Durante este tiempo, viví principalmente en la ciudad de Cajamarca, ubicada en la provincia norteña del mismo nombre. El foco de atención de mi análisis fue la mina Yanacocha. En Cajamarca, dividí mi tiempo entre la ciudad y las comunidades rurales ubicadas en los alrededores de la mina. Mis sitios de investigación fueron variados: una audiencia pública para presentar un estudio de impacto ambiental, la inspección de un canal de riego, protestas y bloqueos de carreteras, oficinas de las ONG, estudios de agua participativos, sesiones de información y otros eventos relacionados con la minería. Al realizar mi trabajo en un contexto de creciente polarización, fue necesario que yo fuera explícita acerca de mis lealtades, siendo, al mismo tiempo, cautelosa acerca de la información que se compartió conmigo.[21] Mis contactos iniciales se realizaron a través de redes de ONG y me condujeron a las oficinas del Grupo de Formación e Intervención para el Desarrollo Sostenible (Grufides), una organización local que se convirtió en protagonista clave en los conflictos. Gran parte de mi tiempo lo pasaba entre un círculo de activistas y líderes que adoptaron una postura crítica sobre la minería. No tuve el mismo nivel de acceso a los actores empresariales o sus aliados, pero mi posición como investigadora académica me permitió entrevistar a algunos representantes de Yanacocha y a

21. Debido, también, al clima de conflicto, me he abstenido de nombrar a la mayoría de personas citadas en este libro para proteger su anonimato. Con la excepción de personajes muy públicos que podían ser fácilmente identificados a partir de sus roles de liderazgo, declaraciones a la prensa y en otros foros públicos, he utilizado seudónimos, incluso para el caso de líderes y funcionarios menos conocidos públicamente.

otros que apoyaban a la empresa. También asistí a los muchos eventos públicos organizados por la empresa minera y otras instituciones, que tuvieron lugar en Cajamarca, y viajé a las comunidades donde las lealtades estaban lejos de ser claras.

En términos empíricos, mi investigación se basa en Cajamarca, pero siguió las reverberaciones del conflicto más allá de sus fronteras. Viajes cortos a la ciudad de Lima me permitieron prestar atención al contexto nacional mientras seguía los debates sobre la minería a medida que se desarrollaban en conferencias y círculos de las ONG. Además, viajé a otras zonas mineras, incluida la sierra central. En este libro, el caso de La Oroya brinda algunos antecedentes sobre la historia de la minería en la sierra central, lo que demuestra que los conflictos no están aislados de los debates nacionales e internacionales más grandes, o desconectados de las fuerzas y procesos de extracción globales.

Volví a Cajamarca en 2009 para la investigación de seguimiento y, de nuevo, en 2012 para examinar el desarrollo de otro conflicto, sobre el proyecto minero Conga, el cual permite atisbar el futuro de las controversias mineras y el activismo relacionado.

Los capítulos de este libro están divididos en tres partes. La primera parte, "Minería, pasado y presente", examina cómo la minería transformó el paisaje y las formas de sustento en las sierra central y en la sierra norte. Me concentro en las tecnologías mineras, el activismo político y las prácticas empresariales en dos periodos: el comienzo del siglo XX y el cambio de milenio. El capítulo I traza la historia de La Oroya desde inicios de 1900 y la llegada de la Cerro de Pasco Corporation hasta la primera década de 2000, cuando una organización ambiental norteamericana calificó a La Oroya como uno de los diez lugares más contaminados del mundo. Esta notoriedad mundial permitió una expansión de las alianzas a medida que los residentes, las ONG, los científicos, los activistas de la solidaridad y otros partidarios trabajaron para hacer visible la contaminación. Al mismo tiempo, los programas empresariales que buscaban controlar la contaminación cambiaron el peso de la responsabilidad de la empresa a la comunidad en general. Al explorar el surgimiento del activismo, los cambios en las prácticas empresariales y los procesos mediante los cuales la contaminación adquiere importancia, este capítulo sitúa las recientes controversias sobre la minería dentro de los debates nacionales y los procesos históricos.

En el capítulo II examino las tecnologías de la megaminería usadas en la mina de oro Yanacocha. Para alejar sus operaciones del problemático legado de la degradación ambiental en las zonas mineras, como en la sierra central, las empresas transnacionales han tratado de crear una nueva imagen de la minería moderna, a la que han puesto el sello de ser más social y ambientalmente responsable que las operaciones anteriores. Mientras tanto, los manifestantes sostuvieron que la mina reduciría la cantidad y calidad del agua disponible para las comunidades locales. Me centro en un programa participativo de monitoreo del agua para mostrar cómo diferentes actores utilizan el lenguaje y las herramientas de la ciencia y la participación para respaldar sus demandas.

La segunda parte, "Agua y la vida", se centra en la capacidad del agua para provocar la política, inspirar protestas y activismo internacional a gran escala contra la mina, así como los altercados del día a día que caracterizan a las relaciones entre la mina y las comunidades vecinas. En el capítulo III discuto una de las protestas más importantes en oposición a la actividad minera en años recientes: las protestas contra la expansión de la mina aurífera Yanacocha hacia el cerro Quilish. En las campañas contra el proyecto minero, el cerro Quilish entró en las luchas como un acuífero (un depósito de agua para mantener la vida) y un *Apu* (generalmente traducido del quechua como "montaña sagrada"). Fundamentalmente, en los argumentos que dieron forma a las campañas, el Quilish no formaban parte de una ya existente "tradición indígena", ni era simplemente un conjunto de significados que los ecologistas, científicos y manifestantes le asignaron a una cosa preexistente. Más bien, sus prácticas discursivas y la forma material del cerro (como un depósito de minerales, acuífero y *Apu*) se articulaban entre sí a medida que la controversia tomaba forma. La forma cambiante del cerro Quilish ilustra las consecuencias políticas de la multiplicidad de la naturaleza. Sus múltiples definiciones no necesitaban ser reconciliadas en una sola identidad, puesto que su multiplicidad fue precisamente lo que posibilitó la creación de alianzas a través de la diferencia.

En el capítulo IV describo cómo un canal de irrigación y las fluidas relaciones construidas alrededor del mismo se convirtieron en el núcleo de los desacuerdos acerca de los efectos de la mina sobre la cantidad y calidad del agua. El prestarle atención a las conexiones materiales y afectivas entre las personas y los paisajes me inspiró para pensar acerca de los canales de riego como sitios de historias sociales y naturales entrelazadas. Los canales conectaban a la gente y los paisajes a través de relaciones que abarcaban, pero que no se reducían a, las preocupaciones económicas o utilitarias. Pensar relacionalmente acerca de un canal y de quienes hicieron uso de él, reveló cómo se producen los paisajes a través del compromiso y las interacciones constantes entre las personas, la tierra y otros elementos del medioambiente. Estas diversas relaciones —hechas a través del afecto y el parentesco, de antagonismos y necesidades— fueron cruciales para comprender las disputas con la empresa minera.

La tercera parte, "Activismo y experiencia", examina el papel de la experticia en los conflictos, centrándose en los mecanismos de rendición de cuentas que a veces reducen los conflictos a sus dimensiones técnicas. En el capítulo V examino un proceso clave en la construcción de la rendición de cuentas en términos sociales y ambientales en los proyectos mineros: la evaluación de impacto ambiental (EIA). Sostengo que la forma de los documentos producidos por la EIA (i. e., sus componentes obligatorios, tal como están establecidos en el marco legal) y el proceso de hacerlos públicos (reuniones participativas y foros públicos) pueden tener prioridad sobre su contenido. Dos aspectos de la EIA permiten que esto sea posible. En primer lugar, los riesgos que se identifican en la EIA son aquellos que una empresa considera que son técnicamente manejables sobre la base de soluciones e intervenciones que tiene para ofrecer. En segundo lugar, el proceso de participación de la EIA crea relaciones colaborativas entre los agentes del Estado, las empresas, las ONG y las comunidades. Estas formas de colaboración fortalecen las pretensiones de la EIA de rendición de cuentas, mientras que, al mismo tiempo, circunscribe los espacios de oposición a un proyecto propuesto.

La deslegitimización de la oposición a la actividad minera (y la criminalización de la protesta) ha contribuido a la persistencia del conflicto en un clima de permanente expansión minera. En las conclusiones, analizo los constantes problemas presentes en Cajamarca y sus implicancias para pensar acerca de la rendición de cuentas, la transparencia empresarial y el activismo político. Pongo en relación los capítulos del libro con las protestas de 2012 por causa del proyecto minero Conga, el cual, una vez más, trajo a la conciencia nacional la extracción de recursos y produjo un marcado giro en la opinión pública. La conclusión del libro ofrece una reflexión acerca de la creciente expansión de las fronteras de la extracción en el Perú, los regímenes tecnopolíticos y económicos que la hacen posible, y el potencial de los movimientos de base para reconfigurar la política nacional.

## Primera parte

# MINERÍA, PASADO Y PRESENTE

# 1

# Legados tóxicos, activismo naciente

En 2006, La Oroya, la ciudad-fundición ubicada en la sierra central del Perú, fue considerada como uno de los diez lugares más contaminados del mundo por el Instituto Blacksmith, un grupo medioambiental sin fines de lucro con sede en Nueva York. Esta dudosa distinción la colocó, junto a Chernobyl y otros lugares tóxicos del planeta,[1] como un punto de atención (e indignación) de los peruanos y otras personas en todo el mundo. Esta creciente atención a La Oroya coincidió con la aparición de conflictos en torno a la actividad minera en varias partes del país, y contribuyó a los debates sobre la contaminación y la salud que darían forma a discusiones nacionales en torno a la actividad minera. Las nuevas historias de "niños de plomo"[2] de La Oroya —con la sangre envenenada por la constante

1. Las diez ciudades más contaminadas de la lista fueron las siguientes: Chernobyl, Ucrania; Dzerzhinsk, Rusia; Haina, República Dominicana; Kabwe, Zambia; La Oroya, Perú; Linfen, China; Mailuu-Suu, Kyrgyzstan; Norilsk, Rusia; Ranipet, India, y RudnayaPristan/Dalnegorsk, Rusia (Blacksmith Institute 2006).
2. La periodista Marina Walker Guevara (2005) publicó un artículo con este título y recibió el Premio al Periodismo Ambiental 2006, otorgado por Reuters

exposición a las emisiones tóxicas de la fundición— proliferaron en los medios de comunicación nacional e internacional; sin embargo, los problemas que estas historias captaban no eran nuevos. La fundición de La Oroya venía operando desde 1922 por la Cerro de Pasco Copper Corporation, y los residentes habían estado viviendo con las emisiones tóxicas emanadas de sus chimeneas durante casi un siglo.

La ciudad-fundición de La Oroya —a 174 kilómetros, subiendo desde Lima hacia la sierra— se ubica en una profunda quebrada en la confluencia de los ríos Mantaro y Yauli, y en el cruce de las principales carreteras que conectan la costa con la sierra central y las regiones amazónicas.

Los viajeros deben pasar por este lugar cuando se dirigen a otros destinos, pero pocos tienen un motivo para quedarse en esta fría ciudad industrial a 3700 metros de altitud. Claramente visible desde la carretera principal (que también es la calle principal de La Oroya), el complejo metalúrgico está compuesto por fundiciones y refinerías que transforman minerales polimetálicos en diez metales (cobre, zinc, plata, plomo, indio, bismuto, oro, selenio, telurio y antimonio) y nueve subproductos.[3] Las instalaciones de la fundición son una regresión a otra época, pero cuando se construyó se jactaba de la tecnología más sofisticada que pudiera tener cualquier fundición en

---

y la Unión Internacional para la Conservación de la Naturaleza (IUCN, por sus siglas en inglés).

3. Estos subproductos son sulfato de zinc, sulfato de cobre, ácido sulfúrico, trióxido de arsénico, oleum, bisulfito de sodio, óxido de zinc, polvo de zinc y concentrado de zinc-plata. La mina de cobre Cobriza (adquirida por Doe Run en 1998), en el departamento de Huancavelica, suministra la mayor parte del concentrado de cobre procesado por la fundición. Los proveedores más importantes están constituidos por las más importantes empresas mineras del Perú, como Buenaventura, El Brocal, Milpo y Atacocha, así como minas más pequeñas que dependen de la fundición para procesar su concentrado, dado que el complejo de La Oroya es una de las pocas instalaciones en el mundo capaces de tratar los minerales (mixtos) "sucios" característicos de los Andes centrales. Por ejemplo, se puede procesar concentrados de plomo y cobre con un alto contenido de antimonio, arsénico, bismuto y metales preciosos, además de una variedad de residuos (Doe Run 2001).

el mundo. A principios del siglo XX, el complejo metalúrgico fue un testimonio del desarrollo industrial en la región, de oportunidades de empleo y de una economía en crecimiento impulsada por la actividad minera —imagen de progreso que, a pesar del paso del tiempo, para algunos peruanos aún no se ha desvanecido—.

A finales de la década de 1990, sin embargo, La Oroya comenzó a portar otro conjunto de asociaciones: la contaminación, el envenenamiento por plomo, el subdesarrollo y una población condenada a vivir en uno de los entornos más degradados del país. En 1997, durante el gobierno de Alberto Fujimori, la fundición fue privatizada y transferida por la empresa estatal Centromin a la corporación Doe Run, con sede en los Estados Unidos.[4] El activismo en La Oroya fue creciendo lentamente a medida que un pequeño grupo de residentes, ONG y defensores internacionales denunciaban la contaminación. Una serie de estudios e informes publicados fueron los que proporcionaron la evidencia necesaria para llamar la atención sobre los problemas, en particular el impacto del plomo en los niños y las mujeres embarazadas. Una de las primeras investigaciones fue el estudio presentado por la División de Salud Ambiental (DIGESA 1999) del Ministerio de Salud del Perú, el cual mostró que el 99% de los niños tenían niveles de plomo en la sangre que excedían los límites recomendados por la Organización Mundial de la Salud (OMS).

A medida que los problemas fueron recibiendo mayor atención de los medios de comunicación, muchos trabajadores de la fundición y otros residentes organizaron marchas y mítines en apoyo a Doe Run. Incluso, algunas personas que vivían justo enfrente de la fundición, y que eran los que estaban más expuestos a las emisiones tóxicas, se opusieron a la sugerencia hecha por algunas organizaciones acerca de que debían ser reubicados en las afueras de la ciudad. Temían que las quejas sobre la contaminación pudieran poner en riesgo sus medios de sustento, así como a la industria metalúrgica. En medio de la política volátil y contradictoria de La Oroya, los

4. Doe Run Perú es propiedad de la Doe Run Resources Corporation, que a su vez forma parte del Grupo Renco, con sede en la ciudad de Nueva York.

residentes locales arrojaron piedras a los científicos visitantes que estaban realizando un estudio sobre la contaminación por plomo (Mellado 2005), y los activistas locales enfrentaron el hostigamiento y las amenazas de simpatizantes de Doe Run.

En este capítulo, La Oroya y la sierra central sirven como un lente a través del cual se puede analizar las prácticas y discursos pasados y presentes relacionados con la actividad minera y la contaminación en el Perú, así como la dinámica cambiante de los conflictos por recursos a lo largo de la prolongada participación del país en la industria extractiva. A partir de la historia de la fundición de La Oroya y de la Cerro de Pasco Corporation, analizo la manera en la que las emisiones tóxicas de la fundición —aunque presentes desde el momento en que la fundición comenzó a funcionar— adoptaron diversas formas en diferentes momentos, y produjeron respuestas disímiles de parte de las empresas a cargo de la fundición, así como de la población local.

La contaminación en La Oroya cobró importancia (en términos sociales, económicos, políticos y materiales) a través de prácticas históricamente específicas. Estas prácticas incluyen programas empresariales de monitoreo de la salud de los trabajadores, los cuales se centran en el control de los riesgos en los lugares de trabajo, estudios científicos que comenzaron a medir la toxicidad fuera de la fundición y sus efectos en la población, en general, y la defensa local e internacional del medioambiente. Por momentos estas diversas formas de conocimiento hicieron que la contaminación fuera perceptible y, en otros, invisible, de maneras que tanto animaban como restringían la acción política. En mi análisis, los contaminantes no son "cuestiones de hecho" indiscutibles u objetos que existen como elementos independientemente de la "naturaleza" para que sean medidos y controlados por científicos e ingenieros. En cambio, sugiero que la contaminación se debe tratar no como un objeto único a ser analizado desde diferentes perspectivas, sino como múltiples objetos en sí y por sí mismos (Mol 2002). La existencia de la contaminación depende de las prácticas particulares que le dan existencia. Más que algo detectado a través de un estudio y un análisis objetivo, es mejor abordarla como un efecto de relaciones, o un conjunto de asociaciones dentro de un colectivo de personas, tecnologías y "cosas" de la naturaleza. Reconocer la multiplicidad de un objeto como la "contaminación" nos permite ver los cambios en los colectivos que la traen a la existencia y en el trabajo constante que se requiere para estabilizar su cambiante identidad.

La nueva visibilidad de la contaminación permitió la constitución de alianzas que involucraron a una amplia gama de participantes, desde partículas de plomo que llegaron a los campos de los agricultores del valle hasta científicos estadounidenses que llevaron a cabo un estudio de salud facilitado por el arzobispo católico de la región. Los efectos incontenibles de la contaminación transformaron lo que generalmente se había considerado un problema "de La Oroya" en un problema que afectó a toda una cuenca, un valle y a una región. En respuesta, Doe Run colaboró con las instituciones gubernamentales y los grupos comunitarios para implementar una serie de programas de salud y ambientales que recurrieron a una noción de responsabilidad compartida para los problemas del lugar. Los eventos que tenían lugar en La Oroya repercutieron más allá de la región y son ilustrativos de las dinámicas que toman forma en otras comunidades afectadas por la industria minera. A finales de 1990, la creciente visibilidad de la contaminación y sus efectos en el aire, el suelo, el agua y los cuerpos, inspiraron un activismo social en otras partes del país, permitieron diferentes formas de comprensión de los impactos de la actividad minera y contribuyeron a nuevas formas de organización. Las incipientes formas de activismo centradas en la salud y el medioambiente, junto con las estrategias empresariales que pusieron énfasis en la participación comunal y el cuidado ambiental, contribuyeron a un clima de polarización. En este capítulo, analizo los cambios en las prácticas empresariales y el activismo a lo largo del tiempo, con el fin de dilucidar cuándo (y para quién) son importantes los asuntos de la contaminación y cuándo no lo son —en otras palabras, la naturaleza contingente de su relevancia local, nacional e internacional—.

## Ciudad de humos y chimeneas

*Valle estrecho en profundas gargantas,*
*Con amor te llamamos así,*
*Ciudad de humos y chimeneas,*
*El sustento de nuestra nación.*[5]

"Un dulce aroma". Estas eran las palabras que Alfonso solía mencionar acerca del aire en La Oroya. No son las palabras que vienen a mi mente para describir el olor a dióxido de azufre que, junto con el plomo y otras sustancias tóxicas, salían de las chimeneas de la fundición. El recuerdo que me viene a la mente es la sensación de ardor que se apoderaba de mi garganta y me hacía toser cuando salía en las mañanas. Sin embargo, tal vez uno tiene que haber pasado toda una vida viviendo en La Oroya, trabajando en la fundición, como Alfonso, para notar los sutiles cambios ocurridos en el olor y el sabor del aire.

Para Alfonso, la fundición y sus altas chimeneas eran simplemente parte del paisaje, al igual que las aguas pardas del río Mantaro y las brillantes rocas blancas de las montañas que rodean la ciudad, resultado de años de exposición a las emisiones y la lluvia ácida de la fundición. Yo había escuchado de otros residentes que crecieron en La Oroya, o que habían vivido allí la mayor parte de su vida, que habían aprendido a tolerar las nubes nocivas que a veces se cernían sobre la ciudad y el olor de los minerales que impregnaba el aire. Cerraban las puertas y ventanas cuando el humo estaba en su peor momento, se acostumbraban a la picazón en los ojos y la garganta, y llevaban un pañuelo para cubrirse la cara cuando los gases se volvían intolerables. Las cosas eran mucho peor antes de Doe Run, insistió Alfonso, cuando el aire venía lleno de escamas blancas que "caían como caspa —y nadie decía nada—".

Nos sentamos en la sala de estar del pequeño apartamento que compartía con su esposa, Josefina, quien pertenecía a la Asociación de Promotoras de Salud, un grupo comunitario de salud auspiciado

5. Estrofa del himno de La Oroya.

por Doe Run, el cual reunía a las esposas de los trabajadores de la fundición, cuyos miembros se habían ganado la reputación de ser algunos de los más acérrimos partidarios de Doe Run. La pareja de mediana edad vivía en Marcavalle, un barrio conocido como "La Oroya Nueva", compuesto por bloques de departamentos multicolores que eran el hogar de trabajadores de la fundición lo suficientemente afortunados como para tener derecho a viviendas proporcionadas por la empresa, basados en un sistema de puntos. Construidos en la década de 1970, los departamentos, de ninguna manera eran de lujo pero brindaban las comodidades para una vida urbana, a diferencia de aquella vivienda de una comunidad campesina o de los campamentos de los trabajadores ahora demolidos: construcciones de cemento, muebles y comodidades modernas, y un pequeño jardín al aire libre alrededor de cada bloque. En agudo contraste con La Oroya Vieja, con sus casas ruinosas construidas de manera precaria en la ladera del cerro ubicado justo frente al complejo metalúrgico, La Oroya Nueva estaba más alejada de las emisiones de la fundición.

Pensando que yo podía ser una reportera, Alfonso y Josefina inicialmente se mostraron renuentes a hablar conmigo porque estaban molestos por la gran cantidad de artículos en los medios de comunicación que pintaban un cuadro negativo de Doe Run y de la situación en La Oroya, pero su renuencia pronto dio paso a un afán por manifestarme su versión de los hechos. Lo que ellos querían que yo tuviera en cuenta era que todo lo dicho recientemente sobre la contaminación que amenazaba la salud en La Oroya era, simplemente, exageración e información errónea. No era que la contaminación hubiera empeorado en los últimos años, explicó Alfonso. Se trataba tan solo de que el reciente cambio de petróleo a gas para hacer funcionar la fundición había modificado el aire, dándole un aroma dulce. Claro, La Oroya está contaminada, concedió, pero, ¿qué lugar no lo está?

Haciendo eco de las declaraciones comúnmente mencionadas por los funcionarios de la compañía y sus partidarios, Alfonso culpó a las ONG, a los periodistas y a otras personas ajenas por inculcar temor y desconfianza en la gente. Percibía que estaban alejadas de la realidad de La Oroya, y que si yo quería entender esa realidad tenía que conocer la historia de la minería en la región. Lo que Alfonso quería que yo comprendiera era la razón de la existencia de La Oroya: la ciudad surgió en forma paralela a la fundición y a la Cerro de Pasco Corporation, la empresa minera que dominó la economía regional en los albores del siglo XX. Para Alfonso, una mirada al pasado también revelaría lo que él llamó los "nuevos paradigmas" que acompañaron a cada etapa de la historia de la fundición y que provocaron cambios en las prácticas empresariales y en la vida de los trabajadores y sus familias. Haciendo caso a las palabras de Alfonso, voy a empezar con la historia de la fundición, que es también la historia de la Cerro de Pasco Corporation.

## *Un siglo de minería*

Hacia finales del siglo XIX, un grupo de ingenieros norteamericanos llegó a la sierra central para llevar a cabo exploraciones mineras y descubrieron en Cerro de Pasco yacimientos de plata e inmensas reservas de cobre. En 1901, un consorcio minero de Nueva York formado por inversionistas de los Estados Unidos compró aproximadamente el 80% de las concesiones mineras de Cerro de Pasco y el área circundante[6], y, en 1915, la empresa inversionista fue constituida como la Cerro de Pasco Copper Corporation. Aunque la empresa cambió su nombre en varias ocasiones para reflejar la naturaleza cambiante de su producción y estructura empresarial, me voy a referir a ella como la Cerro de Pasco Corporation (CPC), nombre con el que fue conocida durante la mayor parte de sus años de operación, o simplemente como

6. Para una historia más detallada de la industria minera, véanse Kruijt y Vellinga 1979, Flores Galindo 1983 y Dore 1988. Los intereses mineros fueron controlados por las empresas estadounidenses hasta que fueron nacionalizadas por el gobierno a mediados de la década de 1970. Aparte de la Cerro de Pasco Mining Corporation, las compañías más importantes fueron la Marcona Mining (que comenzó a operar en 1953) y la Southern Perú Copper Corporation (que abrió la mina de Toquepala en 1960) (Laite 1981).

"la compañía", como la llamaban los lugareños. Durante décadas después de su creación, la CPC sería la empresa más influyente en la industria, puesto que poseía las minas más ricas del Perú y monopolizaba la fundición y el refinado de minerales (poseía las tres refinerías del país y dos de las cuatro fundiciones).[7]

A medida que la CPC comenzó sus operaciones en los difíciles territorios de la cordillera andina, el transporte se planteó como su mayor desafío, ya que era costoso mover grandes cantidades de mineral sin procesar alrededor de la sierra. El cobre, en particular, era más voluminoso y menos valioso que la plata, y necesitaba ser fundido para reducir su peso y hacer que su extracción fuera rentable. A pesar de que la compañía ya operaba una fundición en Tinyahuarco, cerca de Cerro de Pasco, la construcción de una fundición central podía permitir la expansión de la producción y reducir al mínimo los costos de flete y combustible. La Oroya constituía un lugar ideal para el proyecto: un terreno plano, un río para abastecerse de agua y eliminar los residuos, una oferta de mano de obra de las comunidades cercanas y espacio para ubicar a los trabajadores.

Antes de que se construyera la fundición, La Oroya ya estaba bien integrada a la economía nacional e internacional como consecuencia de la llegada del ferrocarril en 1893. La construcción de la vía férrea requirió una gran cantidad de mano de obra que incluyó a muchos trabajadores chinos, dada la dificultad de reclutar población local como mano de obra industrial. Por estos años, la comunidad de San Jerónimo de La Oroya estaba compuesta por unos 150 adultos;[8] la mayoría de ellos eran campesinos y pastores, y un número menor se dedicaba a la minería y al comercio. Fue también una zona donde los migrantes (muchos de ellos provenientes de las comunidades del valle del Mantaro) se habían establecido durante la primera mitad del siglo XIX, atraídos por las minas cercanas y las

---

7. Mi recuento de la creación de la fundición de La Oroya se basa principalmente en Laite 1981.

8. Según la organización comunal que la representa, la Comunidad Campesina de La Oroya Antigua fue fundada en 1681 y reconocida oficialmente en 1928.

oportunidades para la crianza de ovejas y ganado. La expansión del ferrocarril estimuló la minería y la agricultura, y convirtió a La Oroya en un importante centro comercial desde donde se enviaban minerales y productos agrícolas. La afluencia de trabajadores también abrió oportunidades para aquellos que fueron capaces de establecer negocios, construir casas y tiendas, o alquilar y vender tierras para explotarlas. Las consecuencias de estos primeros desarrollos se ven reflejadas en La Oroya actual: en el caótico bullicio de la actividad en sus mercados, en el flujo constante de los trenes de carga y el imparable tráfico a lo largo de la carretera que atraviesa la ciudad, y en una población formada por migrantes, quienes, en diversas épocas, se establecieron aquí para sacar ventaja de las nuevas oportunidades que la ciudad tenía para ofrecer.

La construcción de la fundición se inició en 1919, basada en el trabajo de 2000 hombres, quienes casi en su totalidad fueron contratados bajo un sistema de enganche, por el cual los trabajadores recibían sus pagos por adelantado y luego debían trabajar para pagar sus deudas en periodos de treinta a noventa días. Algunos investigadores (e. g., Bonilla 1974, DeWind 1987, Laite 1981) han señalado la reticencia inicial de los campesinos a trabajar en las minas. Sugieren que su independencia económica, basada en su integración a una economía agrícola de subsistencia y sus lazos comunitarios, hacían del trabajo asalariado algo poco atractivo, lo que hizo necesario que la empresa se apoyara inicialmente en el enganche para atraer a la gente al trabajo minero.

Según la historiadora Florencia Mallon (1983), el sistema de enganche se volvió costoso y cada vez menos atractivo para la compañía, ya que tuvo que adelantar grandes cantidades de dinero a los enganchadores (quienes recibían una comisión), y siempre corría el riesgo de que los trabajadores abandonaran el trabajo antes de pagar sus deudas (la tasa de desertores era del 50%). La construcción de la fundición en La Oroya fue un factor clave en el cambio de este patrón de reclutamiento de mano de obra y migración estacional; de hecho, fue fundamental para la reorganización de la industria minera en la sierra central. La fundición se convirtió en el "centro tecnológico de toda la operación de la compañía, reorganizando el flujo de minerales y metales, e impartiendo un nuevo ritmo y racionalidad al proceso de extracción" (Mallon 1983: 223). Con la centralización y modernización de la compañía, el incremento de la producción en las minas y la operación a tiempo completo de la fundición de La Oroya, la naturaleza estacional e inestable del sistema de enganche ya no satisfacía las demandas laborales de la compañía. Esta requería una fuerza de trabajo permanente y especializada, y empezó a contratar directamente a los trabajadores y a ofrecer un mayor salario.

A pesar de estos cambios, la fuerza de trabajo en el sector minero continuó compuesta predominantemente por campesinos migrantes que eventualmente volvían a la agricultura, y cuyas remesas de efectivo ayudaban a sostener una economía de semisubsistencia en sus pueblos de origen. Durante las tres primeras décadas de operaciones de la compañía, el trabajo asalariado constituyó un complemento de la agricultura a pequeña escala, compensando una base económica inadecuada y fragmentada (Long y Roberts 1984). Sin embargo, algunos trabajadores comenzaron a asentarse de manera más sostenida, a menudo acompañados de sus familias, en campamentos para trabajadores como aquellos construidos en La Oroya.

El esfuerzo de la compañía dedicado a reclutar una fuerza de trabajo más estable no fue el único factor que contribuyó al aumento de la migración campesina y a su incorporación a la fuerza laboral. También fue significativo lo que Bonilla (1974) denomina un "curioso mecanismo de proletarización": el deterioro de la tierra y los recursos causados por el proceso de extracción y fundición de minerales. Las emisiones de la fundición y los residuos líquidos tóxicos de las minas contaminaban el agua y reducían la capacidad productiva de la tierra, así como la cantidad de pastos disponibles para el ganado. La incursión del capital extranjero, los daños producidos por la contaminación, los cambiantes patrones de migración y los desarrollos tecnológicos se juntaron de modo que contribuyeron al predominio de la Cerro de Pasco Corporation y al desarrollo urbano en La Oroya.

### *El problema de los humos*

Cuando se terminó de construir el complejo metalúrgico en 1922, los efectos de sus operaciones se hicieron sentir inmediatamente en la zona rural circundante. Las chimeneas expelían al aire una mezcla de plomo, bismuto, dióxido de azufre, arsénico y otras sustancias venenosas, que se extendían como "un fuego invisible" (Muñiz 1935: 46) en los campos que alguna vez fueron fértiles. Con la humedad, el dióxido de azufre reaccionaba en la atmósfera para producir ácido sulfúrico, que se depositaba sobre una extensa área alrededor de la fundición, quemando los cultivos y los pastos. Partículas sólidas, como el arsénico y el antimonio, también se depositaban sobre los campos, causando enfermedades y la muerte del ganado. En los alrededores de La Oroya, en seis haciendas que se asociaron para crear la Sociedad Ganadera de Junín se percataron de que sus ovejas y vacas se morían por diarrea, falta de vegetación comestible y por envenenamiento directo (Laite 1981). Las sustancias tóxicas tenían el poder de destruir inmediatamente los cultivos, matar al ganado y alterar la vida de las personas. También cumplieron un rol a medida que los hacendados, cuyas tierras se vieron afectadas, utilizaron sus influencias para llevar "el humo" al escenario político.

Los hacendados hicieron uso de sus contactos políticos para presionar a la compañía y, en 1923, se formó una "comisión de humos" del gobierno —la primera de cinco— para estudiar el problema. Paralelamente, los hacendados iniciaron acciones legales contra la compañía. Treinta comunidades circundantes también presentaron reclamos contra la minera por los efectos ocasionados por el humo en sus tierras y ríos (Muñiz 1935). El gerente general de la Cerro de Pasco Corporation en el Perú, Harold Kingsmill, sostuvo que los daños estaban siendo exagerados con el fin de pedir una indemnización, y acusó a los denunciantes de lo que llamó "la agricultura del humo" (DeWind 1987: 55), con lo cual se refería a que se estaban aprovechando del problema de los "humos" para lograr que la compañía les pagara una indemnización en dinero. Sin embargo, la comisión del gobierno apoyó los reclamos de los hacendados, lo que obligó a la compañía a suspender la mayor parte de sus operaciones hasta que se implementaran medidas de control de emisiones. La alianza involuntaria entre hacendados y campesinos instó a la Cerro de Pasco Corporation a responder a sus demandas, en la medida en que se debía evidenciar que se estaba haciendo algo para frenar el humo tóxico de la fundición. La compañía construyó una pequeña planta para el tratamiento de las emisiones generadas por los metales pesados de los convertidores, la cual eliminaba suficiente plomo como para reducir notablemente los efectos sobre los animales (DeWind 1987). Estas medidas para filtrar las emisiones se tomaron en respuesta a la protesta pública, pero tuvieron un beneficio económico para la compañía: el proceso de filtrado facilitó la recuperación de metales comercialmente valiosos, como el plomo y el bismuto (Laite 1981).

A pesar de la presión pública y la acción judicial interpuesta, las emisiones de la fundición crearon una serie de efectos que fortalecieron el monopolio económico de la compañía en la sierra central. Con el fin de resolver las demandas y evitar indemnizaciones futuras, la empresa compró 27 haciendas afectadas que abarcaban un total de 1047 millas cuadradas (DeWind 1987). La expectativa era que una vez que se redujeran las emisiones de la fundición, la costosa adquisición de tierras podría convertirse en una empresa con fines de lucro. Con las tierras adquiridas, la compañía constituyó la División Ganadera de la Cerro de Pasco y contrató a expertos para mejorar el ganado, lo que trajo como resultado la creación de una nueva raza de ovinos (la ahora popular raza "Junín", que cuenta con una alta productividad de lana y carne). Con el tiempo, la División Ganadera le permitió a la empresa recuperar su inversión; los alimentos producidos se vendían a los trabajadores a un bajo costo, lo que a su vez le permitía a la compañía mantener bajos los salarios.

La compra de las tierras de las haciendas fue una manera simple de solucionar sus problemas legales, pero lidiar con las comunidades campesinas no fue tan sencillo. En la comunidad de La Oroya, el humo destruyó cultivos de cebada casi de la noche a la mañana, y los representantes del pueblo denunciaron que 278 vacas, 3874 ovejas y 200 mulas y caballos habían muerto a causa de la intoxicación por los humos (Laite 1981: 61). La tierra de la comunidad había perdido su capacidad de uso agrícola, pero la compañía podía utilizarla para construir más instalaciones y un vertedero de residuos. Parte de la tierra era de posesión comunal, y algunos terrenos eran de propiedad privada, por lo que la empresa tasó las tierras privadas y otorgó una indemnización en efectivo a sus propietarios, que en su mayoría eran migrantes. Dado que las tierras comunales no podían ser compradas ni vendidas, una forma alternativa de compensación era donar una parcela de tierra —una hacienda que la compañía compró cerca a la no muy distante ciudad de Tarma— donde la gente podía reubicarse. Quienes podían reclamar derechos sobre las tierras comunales y deseaban mantener una vida agrícola —predominantemente personas mayores y con mayor cantidad de tierras— aceptaron las ofertas de tierras. Al resto de personas —los más jóvenes, muchos de los cuales eran empleados de la empresa o del ferrocarril, o trabajaban en construcción— se les hizo pagos en efectivo por los cultivos y el ganado que habían perdido, y ellos decidieron quedarse en La Oroya (Laite 1981: 61).

A pesar de que la tierra había perdido su capacidad de uso agrícola, las personas que permanecieron en la zona actualmente conocida como La Oroya Antigua pronto se encontraron ocupando una valiosa propiedad urbana. Muchos de ellos conservaron su derecho a la tierra dentro de la vieja comunidad campesina y se encontraron en condiciones de trabajar en la fundición mientras desarrollaban actividades comerciales. Ellos invirtieron el dinero recibido por la indemnización en tiendas, restaurantes y casas, y alquilaban habitaciones y brindaban servicios a los migrantes que llegaban a trabajar en la fundición. No obstante los efectos devastadores de las emisiones de la fundición, se dieron las condiciones para el crecimiento de una zona residencial y comercial en esta ladera del cerro, aunque de forma explosiva y desordenada, en el sitio expuesto más directamente a las emisiones de la fundición. La propia compañía construyó viviendas para sus trabajadores en La Oroya Antigua, con lo que contribuyó al crecimiento comercial y al incremento del valor de las propiedades que, décadas más tarde, harían que los residentes se rehusaran a trasladarse a pesar de la continua exposición al humo. La compensación benefició a los comuneros, pero también tuvo consecuencias no previstas —indujo a que la gente se quedara y la confinó de por vida a exponerse a sustancias tóxicas—.

Cuando se construyó la fundición, los efectos de sus emisiones tóxicas, las maniobras políticas y las acciones legales de los hacendados, las demandas de los comuneros y la presión de las "comisiones de humos" patrocinadas por el gobierno se combinaron para reestructurar la agricultura en las tierras de altura, lo que hizo que la compañía se convirtiera en propietaria de una de las haciendas más grandes del país. Los drásticos cambios que tuvieron lugar en la sierra central a principios del siglo XX fueron parte de los procesos de expansión capitalista, industrialización y proletarización. Sin embargo, estos procesos interactuaron con una variedad de fuerzas que no fueron exclusivamente humanas. La compañía no previó los efectos de largo alcance que tendrían los humos sobre la tierra y los animales, y las operaciones de la fundición, en última instancia, alteraron la economía agraria, el sistema de tenencia de la tierra y la propia industria minera (Mallon 1983).

Una historia de la minería que se centre exclusivamente en la acción humana ignora a otros actores, procesos y agencias que también contribuyen a la creación de historias. El desarrollo de la minería en la sierra central muestra cómo los actores humanos y no-humanos se juntaron o interactuaron unos con otros en momentos específicos del tiempo para transformar los procesos históricos (cfr. Mitchell 2002). A medida que los contaminantes expulsados a la atmósfera entraron en contacto con las plantas, los suelos, las tecnologías, los animales y las personas, estos actores se afectaron entre sí, y eso produjo una serie de reacciones químicas, sociales y políticas que influirían en la circulación de las personas, el desarrollo urbano de La Oroya y la salud futura de su población. La lealtad que muchas personas sienten por la compañía responsable de la contaminación de su ciudad y su negativa a reubicarse deben entenderse en el contexto de una larga historia en la que los contaminantes —percibidos, definidos y abordados de diversas maneras— desempeñaron un rol crucial.

### *Logrando que la contaminación importe*

La historia de La Oroya está inextricablemente conectada con "los humos", el término que todavía se utiliza coloquialmente para referirse a las emisiones de la fundición—. Tras la construcción de la fundición, la Cerro de Pasco Corporation (CPC) trató los efectos del humo y la consiguiente protesta pública como un problema principalmente económico, el cual fue resuelto con la compra de tierras de las haciendas, compensando así a los individuos afectados, y usando las tierras adquiridas para la crianza de ganado. Dentro de la fundición, sin embargo, las sustancias tóxicas adquirieron otro papel, conforme se hicieron visibles a través de los cuerpos de los trabajadores. Dentro del ambiente de trabajo de la fundición, las refinerías y las minas, los elementos tóxicos no podían ser ignorados. El conocimiento de estos contaminantes cambió con los años, conforme las empresas mineras comenzaron a monitorear la salud de sus trabajadores y a llevar a cabo estudios científicos.

Algunos ejemplos de cómo la CPC se ocupó de las sustancias tóxicas pueden verse en las publicaciones de la compañía. En 1953, esta creó la División de Higiene Industrial para prevenir las enfermedades profesionales, promover buenas condiciones de trabajo, establecer normas sanitarias y de seguridad, y proteger la salud de los trabajadores con el objetivo de aumentar la productividad (Cerro de Pasco Corporation 1957). A lo largo de los siguientes cinco años, la División de Higiene Industrial desarrolló un extenso programa de investigación y supervisó las condiciones de trabajo en diversas instalaciones de la empresa. Según el boletín de noticias de la compañía, *El Serrano*, la División de Higiene Industrial comprendía tres secciones. La Sección Médica, buscó controlar las condiciones laborales más comunes, tales como enfermedades de la piel o dermatitis "causadas generalmente por una reacción alérgica a polvos irritantes en el aire", la exposición al plomo, la silicosis y problemas oculares. La Sección de Ingeniería tuvo a su cargo "la investigación y el mantenimiento de las áreas de trabajo en condiciones apropiadas para la buena salud, a través del estudio y control del medioambiente". La

Sección de Química se ocupaba de "la determinación de la calidad y cantidad de sustancias nocivas y tóxicas existentes en el medioambiente, como son los polvos, gases, vapores, humos y nieblas, para determinar su concentración y composición en el aire respirado por los trabajadores, en relación con los efectos sobre la salud" (Cerro de Pasco Corporation 1957: 5-8).

Los esfuerzos de la División se centraron principalmente en los contaminantes en el lugar de trabajo, y no como una preocupación más general relacionada con las condiciones ambientales fuera de las áreas de trabajo. La Higiene Industrial aglutinó una preocupación por la salud y "el ambiente", pero reflejaba una comprensión particular de los contaminantes como algo que podría interferir con el bienestar y la productividad de los trabajadores, aunque podía ser controlado a través de un manejo científico. Los trabajadores, por su parte, incorporaron algunas de estas preocupaciones en sus propias luchas por mejores condiciones de trabajo. En un folleto de 1946 que exponía una queja contra la compañía, el Sindicato de Trabajadores Metalúrgicos exigía un aumento salarial, una reducción de la jornada laboral (seis horas en lugar de ocho) y vacaciones para los trabajadores que operaban en las "zonas de tóxicos" dentro del complejo. Trabajar en áreas que eran reconocidas como "tóxicas e insalubres" era algo por lo que los trabajadores percibían que debían recibir una compensación adicional, pero que también se aceptaba a regañadientes como un aspecto inevitable del trabajo en esta industria.

Si los contaminantes se materializaron a través de las preocupaciones de la compañía y de los trabajadores por la salud y la seguridad, en 1973 asumieron un rol diferente en la nacionalización de la fundición por el gobierno militar izquierdista de Juan Velasco Alvarado. En un decreto aprobado para expropiar las operaciones minero-metalúrgicas de la Cerro de Pasco Corporation, el gobierno militar revolucionario de Velasco consideró que la empresa contaminó las aguas de la laguna Huascacocha y los ríos Rímac, Mantaro y San Juan, y que no había ejecutado proyectos de inversión destinados a reducir la contaminación ambiental producida durante años por la fundición y otras instalaciones metalúrgicas en La Oroya.[9] La falta de atención de la compañía a la contaminación fue una de las justificaciones para la expropiación, aunque la compañía estatal, Centromin, nunca estuvo en condiciones de abordar el problema en forma satisfactoria.

Durante el periodo en el que la empresa estuvo en manos del Estado, tras la nacionalización del complejo metalúrgico, la salud de los trabajadores siguió siendo un tema de investigación y monitoreo. Si bien Centromin continuó el trabajo iniciado por la Cerro de Pasco Corporation, la demostración de eficiencia tecnológica en el control de las emisiones y una preocupación por los trabajadores pasaron a formar parte de la agenda nacionalista del gobierno militar. Un editorial en el boletín de la compañía elogió las inversiones realizadas en tiempos recientes para reducir la contaminación, relacionando estas mejoras con las "políticas humanistas del Gobierno Revolucionario de la Fuerza Armada" (Centromin 1975). Como empresa estatal, Centromin tuvo que demostrar no solo que podía ser líder en la industria, sino, también, que su compromiso con los ideales del gobierno militar —traducidos como el bienestar de los trabajadores— contribuiría al progreso y desarrollo de la sociedad y la nación.

Desde los inicios de la historia de la fundición, las sustancias contaminantes fueron una preocupación de la ciencia (a través de los estudios patrocinados por la compañía) y de la política (como parte de un discurso nacionalista acerca del bienestar de los trabajadores). Los gases tóxicos y otros elementos no humanos ya estaban actuando en la creación del paisaje socionatural de La Oroya, pero requerían de los científicos, médicos, higienistas industriales, ingenieros de minas y trabajadores para hacerlos perceptibles. Lo que revelaron las prácticas empresariales de la CPC y Centromin, sin embargo, es que las sustancias tóxicas eran una preocupación relacionada sobre todo con los cuerpos de los trabajadores. Fue solo posteriormente que su denominación como "contaminante ambiental" contribuiría

---

9. Decreto Ley n.° 20493 (Ministerio de Energía y Minas 1973: 9).

a su importancia nacional e internacional como una amenaza para la salud pública y el medioambiente. Ahora quiero analizar cómo se dio este cambio, el cual trajo a la existencia la "contaminación", tanto en términos científicos como en la imaginación sociopolítica.

## *Expandiendo las alianzas*

*El humo vuelve a reaparecer*
*en la escena político-social de La Oroya*

*La historia se repite. Pero esta vez ya no son*
*las tierras. Es la población circundante*
*la que asume el costo irreparable.*[10]

"Es la vida la que está en juego", dijo Carmen resueltamente. El problema para ella era claro: a Doe Run no se le podía permitir continuar operando impunemente. Carmen era miembro de CooperAcción, la cual fue creada en 1997 como una de las primeras organizaciones peruanas orientadas específicamente al tema de la minería en relación con el medioambiente y los derechos humanos. Como una ONG nacional, CooperAcción estuvo encabezada por profesionales residentes en Lima, pero abrió una pequeña oficina en La Oroya y formó una organización llamada Consorcio UNES con otras dos organizaciones locales, Filomena Tomaira Pacsi y el Grupo de Investigaciones Económicas ECO. Juntas, llevaron a cabo estudios para evaluar el aire, el suelo y la calidad del agua, y organizaron talleres de formación y capacitación para crear conciencia ambiental y promover el liderazgo en las organizaciones de base. A pesar de tener solo veinte años, Carmen postuló a un puesto como "promotora de salud", y su conocimiento de la zona y la experiencia de campo que adquirió mientras estudiaba para ser enfermera le ayudaron a conseguir el trabajo. Nacida y criada en La Oroya, libró una batalla apasionada y personal contra la compañía, lo que también significó que soportara las críticas de la gente

10. Carlos Chirinos, en un artículo acerca de La Oroya publicado en el diario de circulación nacional *La República* el 18 de octubre de 2005.

del pueblo y de los miembros de su familia que no compartían su postura. Su padre había trabajado en la fundición hasta que se lesionó una pierna en un accidente laboral y se jubiló. Dos de sus hermanos trabajaban para subcontratistas que brindaban transporte a los trabajadores de la fundición. Las conversaciones a la hora del almuerzo a menudo conducían a acalorados debates, hasta que ella encontró un argumento que les hizo reconsiderar sus puntos de vista. Ella les preguntó a sus hermanos: ¿sacrificarían el futuro de sus hijos por sus propios puestos de trabajo? Después de mucho esfuerzo, se las arregló para poner a su familia de su lado.

Los puntos de vista de Carmen no siempre habían sido tan claros. Ella contó que antes de asumir el trabajo en CooperAcción nunca pensó acerca de la contaminación, o de sus efectos sobre la salud. Al haber crecido en La Oroya Antigua, los humos eran algo siempre presente, pero no era algo sobre lo que ella supiera mucho: "Sentíamos el ardor en la garganta, pero no sabíamos por qué, o que nos pudiera estar haciendo daño. A veces mamá nos decía que nos quedáramos dentro de la casa [cuando la calidad del aire estaba en su peor momento], pero no pensábamos en las razones. Un profesor nos decía: "Es bueno salir [de La Oroya] de vez en cuando, para limpiar nuestros pulmones". Estas experiencias hicieron que Carmen reconociera los desafíos que implicaba trabajar en una ciudad ocupada por la compañía, donde muchas personas estaban convencidas de que, si después de toda una vida viviendo en La Oroya se sentían saludables, la contaminación no era algo por lo cual tenían que preocuparse.

Cuando conocí a Carmen en el año 2000, las ONG a escala local y nacional estaban empezando a abordar cuestiones relacionadas con la minería, la salud y el medioambiente, y los residentes de La Oroya comenzaban a organizarse desde las bases. Cuando volví cinco años más tarde, las mismas ONG todavía estaban activas. A través de CooperAcción, Carmen brindaba apoyo a los grupos de base como la Asociación de Delegados Ambientales y el Movimiento por la Salud de La Oroya (Mosao) y coordinaba actividades con otras organizaciones, como la parroquia local (a través de un comité ambiental y de derechos humanos). Estos grupos más pequeños se veían, a menudo, debilitados por conflictos internos, pero su mayor reto era el esfuerzo concertado de Doe Run para deslegitimar a la oposición y enfrentar a los residentes locales contra las ONG.

En diciembre de 2004, los trabajadores de Doe Run y otros simpatizantes bloquearon la Carretera Central como parte de una huelga de dos días. El alcalde de la ciudad, un actor clave en la protesta, declaró que la medida tenía por objeto salvaguardar los puestos de trabajo de miles de personas que indirectamente dependían de la actividad de la compañía. Cerca de 3500 personas, de los aproximadamente 33.000 residentes de La Oroya, están en la planilla de Doe Run, y 2000 están contratados por subcontratistas, pero quienes defienden a la compañía argumentan que muchas más personas se benefician indirectamente de la actividad económica generada por la fundición. A través de las medidas de protesta, los grupos de apoyo a Doe Run (incluidos los sindicatos de trabajadores) exigían que el gobierno aprobara la solicitud de la empresa de ampliar el plazo dentro del cual se suponía debía completar las mejoras ambientales clave.

Cuando Doe Run adquirió el complejo metalúrgico en 1997 por $247,9 millones —monto que según los críticos fue un precio de ganga— se comprometió a invertir $107 millones en proyectos ambientales, los cuales tenían como objetivo poner las emisiones de la fundición dentro de los límites máximos permisibles autorizados por la ley. Estos compromisos se resumen en el Programa de Adecuación y Mitigación Ambiental (PAMA), un programa introducido en la legislación peruana en 1991 que había sido desarrollado por Centromin (anterior propietario de la fundición) y aprobado por el gobierno peruano. Según el PAMA, la compañía tenía que completar estas mejoras en un plazo de diez años o alrededor de la fecha límite: enero de 2007. En 2004, la compañía comenzó a presionar al gobierno para que le otorgara una extensión y a persuadir a la opinión pública. Trató de convencer a la gente de La Oroya de que la fundición cerraría si no se concedía la prórroga del PAMA, las personas perderían sus puestos de trabajo y la empresa se trasladaría a otra parte del mundo. En respuesta, el gobierno propuso un decreto que los críticos señalaron que fue hecho a la medida: permitiría a las empresas ampliar su PAMA si la población y las autoridades locales estaban de acuerdo.

La ventaja de Doe Run era que contaba con el franco apoyo de aliados clave, los cuales incluían a algunas autoridades locales, los trabajadores de la fundición y de los sindicatos, y las asociaciones de comerciantes[11], pero, al mismo tiempo, la compañía se enfrentaba a una realidad diferente a la de los anteriores propietarios de la fundición: los problemas de salud y ambientales habían adquirido una significativa notoriedad fuera de la ciudad. La contaminación en La Oroya ya no era tratada como un problema local sino como un problema que afectaba al valle que la rodeaba, a la cuenca del río Mantaro y a la región circundante. Por primera vez, desde que compró la fundición, en 1997, Doe Run estableció una oficina en Huancayo, la capital regional y la ciudad importante más cercana (distante aproximadamente 125 km de La Oroya), para proporcionar información sobre sus operaciones y la labor que realizaba para reducir la contaminación. Los esfuerzos de relaciones públicas de la compañía tenían que incluir un público más amplio, no solo porque la extensión de su PAMA se convirtió en un problema nacional, sino también porque la contaminación se veía ahora como trasladándose mucho más allá de las fronteras de La Oroya.

La nueva visibilidad de la contaminación de La Oroya se hizo posible debido, en parte, a una red de incidencia ampliada que brindaba apoyo y recursos para llevar a cabo estudios científicos y difundir información. En el ámbito nacional, un grupo de trabajo técnico con sede en Lima reunió a diferentes ONG para apoyar los esfuerzos que se venían haciendo en La Oroya. Los vínculos internacionales se establecieron a través de organizaciones como Oxfam América y Uniendo

11. Tal vez, una de las organizaciones más confrontacionales que apoyaba la ampliación del PAMA fue el Comité Multisectorial por la Vigencia Socioeconómica e Histórica de La Oroya, el cual sostenía que la identidad del pueblo estaba íntimamente ligada a la existencia y permanencia del complejo metalúrgico.

Manos contra la Pobreza, una red ecuménica que reunía a ONG peruanas e iglesias vinculadas en los Estados Unidos. Las visitas a La Oroya que realizaron feligreses de la comunidad evangélica de St. Louis, Missouri, preocupados por la justicia social y ambiental inspirada en las enseñanzas cristianas, forjaron importantes lazos de solidaridad. A través de estas relaciones, los residentes de La Oroya se pusieron en contacto con defensores de la salud de Herculaneum, Missouri, el sitio donde se ubicaba otra fundición metalúrgica de la Compañía Doe Run (Farrell 2007). La fundición Herculaneum proporciona un importante punto de comparación, y la vinculación entre estos dos "sitios hermanos" hizo evidente el descuido que tenía la compañía por la salud de los ciudadanos en ambos casos, así como los dobles criterios (por ejemplo, en Herculaneum, la compañía ofreció comprar 160 casas que habían sido contaminadas por la fundición y limpiar el suelo contaminado, algo que parecía improbable en La Oroya).

El establecimiento de la equivalencia entre los dos sitios —y argumentar que la contaminación era inaceptable, independientemente de los países donde estaban localizadas las fundiciones— fue una estrategia que contribuyó a las campañas en contra de Doe Run y a la relevancia transnacional de los problemas en el Perú. Los informes periodísticos presentaron historias de las dos fundiciones y su conexión con el Grupo Renco (empresa matriz de Doe Run en los Estados Unidos), así como las consecuencias de tener empresas que se trasladaban a países con estándares ambientales y laborales menos exigentes (e. g., Shipley y Walker 2006). En un artículo de *Vanity Fair*, del año 2003, La Oroya fue presentada no solo como una ciudad en los Andes que estaba contaminada, sino como parte de una red que la vincula a algunos de los sitios más tóxicos de los Estados Unidos, los que estaban relacionados a Ira Rennert, dueño del Grupo Renco y ostensiblemente el "mayor contaminador privado" de los Estados Unidos (Shnayerson 2003).[12]

---

12. El señor Rennert, supuestamente, construyó su imperio empresarial en la década de 1990 mediante la venta de bonos basura de alto rendimiento que

Las ONG y la prensa internacional jugaron un papel crucial para lograr que se hiciera conocida la contaminación por plomo en La Oroya entre los peruanos y la comunidad internacional, pero la ampliación de las alianzas involucró más que la simple expansión de redes de activistas. El plomo y otros contaminantes —que se hicieron perceptibles y cuantificables a través de estudios científicos y de campañas de defensa— fueron tan fundamentales para estas nuevas alianzas como sus contrapartes humanas. Hacer que la contaminación fuera políticamente significativa no requería tener una posición unificada, pues aquellos que habían contribuido a su visibilidad no compartían la misma postura "ambientalista" o de defensa de la salud. Por ejemplo, Doe Run reconoció a regañadientes el problema principal en sus propios estudios (Doe Run 2002), sin embargo retrasaba la implementación de mejoras tecnológicas que ponían en peligro los intereses económicos de la compañía. Las alianzas de las que me ocupo se hicieron a través de la cooperación, así como del antagonismo, y fueron posibles a pesar de que los intereses de grupos opositores diferían enormemente. Los ambientalistas, las ONG, los grupos religiosos, los agricultores, y los funcionarios y empleados de Doe Run, todos trabajaron para que la contaminación cobrara importancia a pesar de sus diferentes objetivos y sus cambiantes lealtades.

Con el fin de convertir a la fundición en un asunto de salud pública y ambiental, algunos actores articularon los problemas de La Oroya con discusiones globales sobre los derechos de la comunidad y la actividad minera en otras partes del mundo. Estas estrategias se convirtieron en un intento por movilizar a la gente y abrir posibilidades para el cambio político. Tal como señala Anna Tsing (2005), la política ambiental apela a los ideales universales de la ciencia y la modernidad en un esfuerzo por forjar conexiones transnacionales (así como con cuestiones transfronterizas como la lluvia ácida). Sin

---

utilizó para financiar una serie de adquisiciones que fueron controladas por el Grupo Renco. Los proyectos empresariales del señor Rennert incluían minas y plantas de procesamiento que comenzaron a acumular multas por violaciones ambientales.

embargo, el éxito de esos esfuerzos puede ensombrecer los límites y exclusiones de los universales, así como las condiciones específicas en las que viaja el conocimiento —tal como señala Tsing, los universales no viajan a todas partes en cualquier momento—. Al apelar a los universales, los esfuerzos por controlar la contaminación pueden producir consecuencias no deseadas, así como colaboraciones inesperadas: "El universalismo inspira la expansión tanto para los poderosos como para quienes no tienen poder. De hecho, cuando quienes están excluidos de los derechos universales protestan por su exclusión, su propia protesta tiene un doble efecto: extiende el alcance de las formas de poder contra las que protestan, incluso a medida que dan voz a su ira y esperanza" (Tsing 2005: 9). Los universales como la ciencia y el ambientalismo también convocan a las empresas mineras y movilizan a sus partidarios, ampliando eventualmente las formas de poder que los activistas están tratando de contrarrestar. En lo que sigue, analizo las acciones tanto de los activistas como las de las empresas que trabajaron conjuntamente para lograr que la contaminación cobrara importancia.

### *Detectando la contaminación*

Tras el bloqueo de diciembre de 2004 en apoyo a la extensión del PAMA para Doe Run, Pedro Barreto, el arzobispo de Huancayo, se encargó, él mismo, de convertir a La Oroya en una prioridad para su diócesis. Acabando de llegar a la arquidiócesis en septiembre de ese año, el sacerdote jesuita ya estaba al tanto de los conflictos en torno a la efervescencia minera en diferentes partes del país, y estuvo particularmente conmovido por la situación en La Oroya y los pueblos mineros de los alrededores. Emitió comunicados públicos, habló sobre el papel de la Iglesia católica en la defensa de la vida y el medioambiente, y estableció alianzas con ONG y defensores de las comunidades mineras en todo el país (incluidos otros sacerdotes católicos que también tuvieron un papel de liderazgo en otros conflictos mineros, tales como Marco Arana, en Cajamarca).

La arquidiócesis propuso una nueva aproximación a los problemas de La Oroya, a la que etiquetó como una "solución integral y sostenible para la salud ambiental y el problema del trabajo en La Oroya y en la cuenca del río Mantaro". La iniciativa reunió a más de cincuenta instituciones gubernamentales, representantes empresariales y a la sociedad civil. A través de la labor de defensoría de la arquidiócesis y de los contactos realizados mediante la red Uniendo Manos, un grupo de investigadores de la Escuela de Salud Pública de la Universidad de St. Louis se interesó en colaborar en un estudio de salud en La Oroya. La Arquidiócesis de Huancayo invitó formalmente al grupo y apoyó con la logística para la realización del estudio y para informar a la población sobre los resultados.

Varias características del estudio realizado por la Universidad de St. Louis marcaron la diferencia con los estudios de salud previamente desarrollados en La Oroya. En primer lugar, se trataba de una investigación más amplia que aquellas realizadas anteriormente por las ONG y los órganos de gobierno (en parte, debido a consideraciones de financiación). De manera significativa, el estudio se comprometió a examinar no solo trazas de plomo, sino también de otros contaminantes como mercurio, cadmio, arsénico, antimonio, cobalto y uranio. El estudio de St. Louis confirmó que los niveles de plomo en La Oroya eran, de hecho, muchas veces superiores a los recomendados por la OMS, pero también hizo visibles otros contaminantes a los que hasta ese momento no se les había considerado seriamente. El estudio también llamó la atención sobre los efectos que una combinación de varios metales pesados y elementos tóxicos puede tener en una población.

En segundo lugar, el estudio se centró en los residentes de La Oroya, pero utilizó a la ciudad de Concepción como una población control. Concepción, una ciudad de 11.400 habitantes en el valle del río Mantaro, ubicada a 100 kilómetros de La Oroya, fue elegida porque tenía características similares a La Oroya, pero no tenía una fundición como fuente de contaminación (Arzobispado de Huancayo y St. Louis University 2005). En ambos casos, los participantes en el estudio se ofrecieron como voluntarios para dar muestras de sangre, permitieron a los científicos que recogieran polvo, tierra y muestras de agua de sus hogares, y respondieron preguntas acerca de su salud. Los resultados del estudio presentaron los niveles de cada sustancia tóxica en La Oroya y Concepción, en comparación con la media de la población de Estados Unidos como un marco de referencia. Como era de esperar, La Oroya tenía altas concentraciones de la mayoría de sustancias tóxicas analizadas. Sin embargo, lo que fue significativo para los investigadores y la población local fueron los resultados de Concepción: "A pesar de que se esperaba observar menores niveles de contaminación manifestados en los biomarcadores de plomo, cadmio y arsénico, sorprende, sin embargo, que existan niveles preocupantes de estos tres metales en la población de Concepción, la 'ciudad ecológica' del Valle del Mantaro. Esto sugiere que la contaminación ambiental y sus secuelas sobre la salud no están circunscritas solamente a La Oroya, sino que tiene un carácter regional que se extiende por el valle del río Mantaro" (Arzobispado de Huancayo y Universidad de St. Louis 2005: 41). Al incluir a Concepción y al encontrar niveles elevados de contaminación, los investigadores crearon una nueva muestra poblacional. Concepción —y, por extensión, todo el Valle del Mantaro— ya no era simplemente una población de control para los propósitos del estudio, sino que devino en una población en riesgo. A través del acto de la detección de la contaminación, y siguiendo su alcance, los investigadores la redefinieron, convirtiéndola en una amenaza de gran alcance para la salud ambiental que podía afectar a cualquier persona expuesta a ella.

Desde el principio, el estudio de salud de St. Louis no circunscribió el tema de la contaminación a La Oroya. La Arquidiócesis de Huancayo asumió un papel de liderazgo, los voluntarios de fuera de La Oroya colaboraron con el estudio y los resultados fueron presentados a las comunidades del Valle del Mantaro, así como en La Oroya. Y, por supuesto, la cobertura mediática del estudio llevó la historia a otras partes del país y del mundo. Según Hunter Farrell (2007), un misionero presbiteriano involucrado con la red Uniendo Manos en el Perú, más de quinientos periódicos y revistas estadounidenses y peruanos informaron sobre la historia, ejerciendo, así, presión sobre el gobierno del Perú.

Informados sobre los nuevos conocimientos ambientales, las ONG y activistas comenzaron a identificar la contaminación como una amenaza a la salud pública y al medioambiente, cuyos afectados y responsables se encontraban dentro y fuera de La Oroya. Un problema que había sido local se convirtió en una responsabilidad global. Esta globalización de la responsabilidad va de la mano con la globalización económica; conforme los mercados locales se liberalizan, los problemas locales se convierten también en preocupaciones globales. Por lo tanto, las fuerzas locales y globales trabajaron juntas para movilizar a diferentes actores: los científicos y las ONG buscaron evidencias de la contaminación en La Oroya y las comunidades circundantes, las normas de la OMS establecieron los límites aceptables de contaminación, los datos de los Estados Unidos sirvieron para revelar un doble estándar entre las comunidades del Perú y las de América del Norte, y las muestras de sangre fueron analizadas en laboratorios de los Estados Unidos. Las tecnologías de monitoreo (instrumentos GIS, lectores de pH, detectores de contaminación del aire, etc.) ofrecieron también a los expertos y no expertos diferentes maneras de ver y medir la contaminación, y conseguir que diferentes sitios fueran comparables.

Cuando los científicos y las ONG comenzaron a rastrear los contaminantes en los ríos, los suelos, el aire y los cuerpos humanos, reformularon lo que había sido considerado como unidades de análisis. El área de influencia de la fundición se expandió desde la ciudad de La Oroya (y, más concretamente, La Oroya Antigua) a todo el Valle del Mantaro. En 2006, el Consejo Nacional del Ambiente del Perú (CONAM) presentó un plan para "limpiar el aire en la cuenca atmosférica de La Oroya". Obligado a reconocer el alcance expansivo de la contaminación, el CONAM eligió el término "cuenca" —utilizado generalmente para describir el área de drenaje de un río y sus tributarios— para referirse a la zona de influencia atmosférica de la fundición. Al identificar el problema como "contaminación del aire", los contaminantes ya no se encontraban en el cuerpo humano (como con los esfuerzos previos realizados para proteger la salud de los trabajadores), sino en la atmósfera de la tierra.

Los contaminantes reconfiguraron la magnitud de los problemas y los reformularon como preocupaciones referidas a una región, un valle, un país e, incluso, el planeta. Los contaminantes de los lugares de trabajo que afectaban a los organismos individuales se convirtieron en una "contaminación del aire" que ponía en riesgo a todas las comunidades ubicadas dentro de su alcance expansivo. Estas nociones cambiantes de la contaminación se apoyaron en una serie de equivalencias que condujeron a nuevos enfoques sobre los problemas de La Oroya: en lugar de enfocarse en el plomo, los estudios científicos pusieron en evidencia otros contaminantes, cuyos efectos se consideran igualmente preocupantes, a pesar de que estos no habían sido discutidos en estudios previos. Las equivalencias también permitieron la estandarización de indicadores ambientales. El reconocimiento de estos estándares como indicadores universales consideró a las poblaciones peruanas y norteamericanas como equivalentes. Por último, el estudio de la Universidad de St. Louis convirtió a La Oroya y Concepción en muestras de población comparables y puso énfasis en la necesidad de llevar los temas fuera de los confines de La Oroya.

Una vez que los expertos y los residentes locales comenzaron a ver que los contaminantes planteaban una amenaza para toda una región, la contaminación llegó a ser vista como una responsabilidad que tenía que ser asumida por los gobiernos, las empresas y los ciudadanos. La nueva visibilidad de la contaminación en La Oroya no fue resultado de un movimiento ambiental organizado, sino de una convergencia de intereses que fue activada no solo por la retórica del ambientalismo, sino por los propios actores ambientales —los contaminantes que se trasladan, un río y su cuenca atmosférica trabajaron en colaboración con los actores humanos conforme se incluían unos a otros en sus redes—.

A medida que Doe Run empezó a reconocer públicamente los efectos de la contaminación sobre la salud humana, creó una red distinta a aquellas de las ONG y los activistas solidarios. La compañía, junto con los trabajadores, las esposas de los trabajadores, los médicos expertos, los funcionarios del Ministerio de Salud, los políticos locales y otros aliados, incluyeron al plomo y a otros elementos tóxicos en un esfuerzo por contener la contaminación y mitigar el imaginario social construido en torno a ella. En la sección que sigue, analizo las prácticas —partiendo del tratamiento a niños envenenados con plomo hasta los programas de salud participativa y ambiental— utilizadas por Doe Run para recapturar los contaminantes, trayéndolos de regreso desde los discursos globalizados en torno al ambiente para localizarlos dentro de los cuerpos individuales.

### *Pasando de una rendición de cuentas empresarial a una responsabilidad compartida*

Si bien La Oroya contribuyó a iniciar un debate nacional acerca de la salud ambiental y la contaminación, en el ámbito local, la situación se hizo cada vez más polémica y conflictiva. La reacción contra las ONG se volvió particularmente feroz tras la difusión de los resultados del estudio realizado por la Universidad de St. Louis sobre la situación de la salud, la inclusión de La Oroya por el Instituto Blacksmith en su lista anual de "ciudades más contaminadas" y la labor de defensoría de la Arquidiócesis de Huancayo. Carmen sintió que muchos activistas ambientales se desanimaron o desistieron por este ambiente hostil, y su trabajo se hizo cada vez más difícil por el hecho de que Doe Run había estado creando sus propias organizaciones de delegados ambientales y de salud.

La Asociación de Promotoras de Salud fue uno de estos grupos. Carmen me dijo que las promotoras de Doe Run participaron en manifestaciones en defensa de la empresa, criticaron abiertamente e, incluso, intimidaron a los trabajadores de las ONG y condenaron al ostracismo a residentes locales críticos de Doe Run. Si este es, en efecto, el caso, yo quería entender cómo fue que estas mujeres se convirtieron en algunas de las aliadas más fieles de Doe Run. Si bien muchos críticos atribuyen sus acciones a algún beneficio económico personal que recibieron de la empresa, estas mujeres y otros

*Imagen 1.1*. Un cartel publicitario frente a la fundición promueve el trabajo de Doe Run de "reforestación de los Andes peruanos".

partidarios de Doe Run parecían impulsados por un conjunto más complejo de intereses. El trabajo voluntario de las promotoras ejemplificaba las nuevas prácticas de conocimiento que acompañaron a la expansión e intensificación de la inversión transnacional en el sector minero peruano. En La Oroya, estas prácticas pusieron énfasis en la participación pública y el empoderamiento, la transparencia institucional, el intercambio de información y la educación ambiental. Estos esfuerzos fueron liderados por Doe Run, pero su efectividad descansaba en su naturaleza colaborativa, ya que reunió a las instituciones del Estado, a expertos científicos, a ONG y a comunidades locales, independientemente de sus respectivos intereses (ya sea que se tratara de un plan de la compañía para crear una imagen "verde" o del activismo de una ONG para denunciar la contaminación).

Cuando le pregunté a Josefina sobre el trabajo de las promotoras, ella enfatizó el carácter voluntario de la organización, la cual estaba conformada por veintitrés presidentas (una por cada barrio o comunidad) e involucraba a más de 250 mujeres en total. Algunos de sus proyectos recientes incluyeron campañas de limpieza de los barrios, educación sobre violencia familiar, visitas a domicilio para proporcionar atención prenatal a las mujeres embarazadas, y la asistencia con una campaña de prevención y control de la tuberculosis dirigida por el Ministerio de Salud. Las mujeres también participaron en la formación de líderes, talleres y reuniones sociales organizadas por la empresa.

Si bien yo no quise indagar, de inmediato, sobre la contaminación y el medioambiente, fue la misma Josefina quien rápidamente cambió la conversación en esta dirección, ya que ella acusó a las ONG y a los "ambientalistas" de manipular a los residentes locales para su propio beneficio económico. En el Perú, ambientalista o ecologista se habían convertido en términos comúnmente utilizados para referirse a personas vinculadas a las ONG y a las organizaciones de base con una posición crítica hacia la actividad minera, aunque ellas no necesariamente se identificaban como tales.

Ella me dijo que las ONG podían presentarse a sí mismas como teniendo buenas intenciones, pero en realidad eran ellas las que generaban los conflictos dividiendo a la población y creando desconfianza, y beneficiándose del financiamiento de las organizaciones internacionales. Este era un argumento que me había acostumbrado a escuchar, y que aparecía en los tabloides y folletos sensacionalistas distribuidos en La Oroya como parte de las campañas difamatorias destinadas a desacreditar la posición de las ONG y de los activistas de base. Estas representaciones negativas de las ONG no se circunscriben al contexto peruano, sino que son parte de una estrategia empresarial que se ha generalizado, particularmente en la industria minera. Al desacreditar las acciones de las ONG, levantando sospechas sobre sus actividades e insistiendo en que las ONG (antes que las empresas privadas) son las que carecen de transparencia y responsabilidad de rendición de cuentas, las compañías mineras "tratan de configurar de forma activa la manera en la que se definen los verdaderos problemas ambientales y quiénes pueden reclamar legítimamente la competencia en la resolución de los mismos" (Welker 2009: 156).

Las representaciones negativas de las ONG han sido adoptadas por el cabildeo minero, los políticos y los medios de comunicación dominantes, y forman parte de un debate nacional más amplio impulsado por los conflictos en torno a la actividad minera. En 2006, el Congreso peruano aprobó una ley que modificó las funciones de la Agencia Peruana de Cooperación Internacional (APCI), la agencia gubernamental que supervisa el uso de donaciones de entidades financieras internacionales. Bajo la excusa de una mayor transparencia y supervisión fiscal, la ley permitió a la APCI intervenir y determinar qué proyectos de las ONG serían aprobados. Los críticos argumentaron que la ley significaba un aumento de la vigilancia a las actividades de las ONG, en particular aquellas que se consideraba que estaban en contra de los intereses del Estado. En todas estas discusiones estaba implícito el papel de las ONG en los conflictos mineros, así como la amenaza que representaban para el país las movilizaciones en contra de la actividad minera.

Josefina y Alfonso querían que yo tuviera una perspectiva diferente de aquellas que se presentan en las campañas de las ONG. Querían que me diera cuenta de que la geografía de la región —su clima hostil y sus suelos pobres— hacía de la minería una de las pocas actividades productivas posibles. Los forasteros no entienden esto, insistió Alfonso, o las dificultades que habían vivido en tiempos de escasez, desempleo y durante los años de violencia de Sendero Luminoso. "¿Qué saben del sufrimiento de La Oroya? Preferimos morir de contaminación que de hambre", dijo. Josefina añadió: "¿Qué importa que nos contaminen, con tal de que les podamos dar a nuestros hijos un futuro mejor?".

No estoy afirmando que las opiniones expresadas por Josefina y Alfonso fueran compartidas por la mayoría de los residentes de La Oroya. Lo que me interesa, más bien, son las preguntas que sus comentarios plantean, y cómo reflejan las trágicas contradicciones de la vida en un lugar tóxico. Fortun (2001) sugiere que centrarse en los campos de la contradicción, o callejones sin salida, puede revelar la forma en la que las crisis ambientales producen nuevas posiciones de sujeto. En situaciones de callejones sin salida, los individuos no optan simplemente por el mal menor, sino que se ven obligados a elegir entre opciones que no son comparables. Las personas como Josefina y Alfonso se sentían condenadas a vivir en un ambiente contaminado, pero su manera de hacer frente a este destino era convertirse en defensores de la compañía que contamina. Para dar sentido a la contaminación y sus efectos sobre sus vidas, ellos interpretaron, se apropiaron y reconfiguraron el conocimiento que recibieron de diversas fuentes: las ONG, la compañía y los medios de comunicación. Atrapados entre la resignación y la resistencia, tenían que encontrar nuevas formas de entender y participar en la vida cotidiana, así como un nuevo lenguaje para justificar sus decisiones. El resultado no fue una posición predecible o claramente definida, sino la constante oscilación entre negar las amenazas de la contaminación y defender los esfuerzos de la compañía para controlarlas.

Las relaciones comunidad-empresa no pueden explicarse únicamente en cuanto a coerción o manipulación. Cuando hablé con Alfonso, Josefina y otras mujeres de su organización, su firme apoyo a Doe Run sugiere un deseo de ser vistos como sujetos con agencias que estaban asumiendo un compromiso consciente, eligiendo aceptar la contaminación en su entorno, a la vez que apoyaban a la empresa responsable de ocasionarla.

En su relato de la historia de La Oroya, Alfonso recordó el momento en el que comenzó a trabajar en la fundición. "La Oroya Antigua estaba [envuelta por] una nube azul, nos cubriríamos la boca con un paño mojado, olíamos a humo, a mineral… y nadie decía nada. Pero ya no más. Ahora, en Lima, todo el mundo está hablando de La Oroya". Alfonso negaba que la contaminación en La Oroya hubiera dado lugar a mayores tasas de asma, cáncer y otras enfermedades, como algunas personas afirmaban. Reconoció que había un poco de contaminación, pero sentía que Doe Run estaba haciendo más de lo que nunca habían hecho sus antecesores y que estaba tratando adecuadamente el problema. Alfonso me contó que cuando Doe Run compró la fundición "importó conceptos y trajo nuevos paradigmas". Se refería a las nuevas prácticas empresariales que diferenciaban a Doe Run de su predecesora, la empresa estatal

Centromin. Estas "nuevas normas" eran parte de lo que veía como el interés de la compañía por construir recursos humanos, en lugar de centrarse solo en mejoras de infraestructura. De manera más general, se refería al énfasis de Doe Run en la responsabilidad social empresarial (RSE),[13] a la que él atribuía muchos de los cambios recientes.

Al igual que Doe Run, la Cerro de Pasco Corporation y Centromin tuvieron una variedad de programas destinados a promover el bienestar de los trabajadores y sus familias. Por lo general, estos programas estuvieron a cargo de trabajadoras sociales y tenían elementos tanto de disciplina como de vigilancia: visitas domiciliarias periódicas para comprobar las condiciones de vida de los trabajadores y los hábitos del hogar, consejería para problemas familiares que iban desde el alcoholismo hasta la violencia familiar, seminarios educativos sobre salud, programas de alfabetización y talleres para amas de casa.

Hubo cierta continuidad entre estos programas y los de RSE establecidos por Doe Run, pero también existieron algunas diferencias importantes. Una fue la ampliación de los programas sociales para comprender a un segmento mayor de la población del "área de influencia" de la fundición, que no solo incluía a personas que dependían económicamente de la empresa, sino que estaba, en parte, determinada por el alcance de los contaminantes. En segundo lugar, la cantidad de dinero invertido en programas comunitarios y ambientales (y en la difusión de los mismos) no tiene precedentes (véase la imagen 1.1). Por último, los programas sociales de Doe Run tenían un énfasis explícito en la salud y la higiene ambiental, resultado de la creciente preocupación pública en torno a la contaminación tóxica en La Oroya. Los comentarios de Alfonso y Josefina proporcionan una visión de cómo se entendían y experimentaban

13. Fortun (2001) sitúa la institucionalización del "ambientalismo empresarial" en la década de 1960. A mediados de la década de 1990, la responsabilidad social empresarial se convirtió en una importante industria (con organizaciones sin fines de lucro y con fines de lucro, revistas, guías, etc.) (Welker 2009: 145).

localmente los cambios que acompañaron a la introducción de "conceptos importados y nuevos paradigmas".

Para Alfonso, el nuevo enfoque de Doe Run priorizaba la educación, el desarrollo de habilidades y los cambios de comportamiento en el individuo. Por ejemplo, mencionó que los niveles de plomo en los trabajadores habían bajado, en parte, debido a una mayor conciencia de los propios trabajadores, que habían contribuido a las medidas de prevención y control (según el documento de Doe Run *La Oroya: Informe para nuestras Comunidades* [2006], el nivel promedio era de 33,59 microgramos por decilitro [µg/dL], todavía muy por encima del límite recomendado de 10 µg/dL establecido por la OMS). Entre sus múltiples iniciativas para la comunidad, un programa llamado Ecología Humana y Social proporcionaba a los niños de bajos ingresos comidas nutritivas, tutoría y "sesiones de higiene corporal" semanales durante las cuales los niños aprendían hábitos de higiene y se duchaban en los baños públicos construidos por Doe Run. "Doe Run capacita a toda la familia. Incluso el rol de la mujer ha cambiado", me dijo Alfonso, refiriéndose al papel de las promotoras en los programas sociales de la compañía. Josefina señaló que si queremos detener la contaminación, primero tenemos que cambiar al individuo. Ella explicó cómo las nuevas estrategias de la compañía habían cambiado los hábitos de la gente: "Ahora ya no tomamos, sabemos cómo manejar nuestras cuentas... La compañía nos ha enseñado a lavarnos las manos, a vestirnos, a ducharnos, ha traído cambios al hogar". Ella daba a entender que los viejos hábitos reflejaban una vida de irresponsabilidad e inmoralidad (consumo excesivo de alcohol y de gasto, por ejemplo) y creía que los programas de la compañía eran dignos de elogio precisamente porque introdujeron cambios en los hábitos personales en el ámbito de la familia (no solo en el lugar de trabajo).

Los relatos de Josefina sobre su trabajo voluntario y las iniciativas ambientales y sociales de Doe Run apuntaban a un aspecto clave de los programas de relaciones comunitarias empresariales en La Oroya: el énfasis en la participación pública. En las iniciativas de la compañía, que iban desde programas participativos de monitoreo del aire hasta campañas ambientales y de salud, la participación produjo un callejón sin salida. Los residentes se vieron obligados a participar con el fin de obtener algún beneficio de los programas y para mejorar sus condiciones de vida, pero, al hacerlo, contribuían a una apariencia de apoyo público a la compañía, al mismo tiempo que limitaban la capacidad de las personas para hablar en contra de ella.[14] Estas vías de participación crearon un movimiento de base que ayudó a legitimar las prácticas corporativas de Doe Run a la par que desacreditaba el trabajo de las ONG y de los grupos comunitarios que protestaban en contra de la compañía.[15]

### *La cuna-jardín para niños envenenados con plomo*

Los programas de Doe Run instaron a los residentes locales a trabajar en la mejora de sus propios hábitos de salud e higiene, desalentándolos a enfocarse en las emisiones de la fundición como la principal fuente de contaminación. Los cambios en los estilos de vida, tales como la mejora de la nutrición, el lavado frecuente de las manos y el evitar que los niños jueguen en la tierra, fueron promovidos como formas de

---

14. Paley (2001) llama a esto la "paradoja de la participación". A partir de las experiencias de los promotores de salud en instituciones de base de Chile en la década de 1990, ella observa que la participación "ofreció un sentido de significado a los ciudadanos, al mismo tiempo que limitaba las vías a través de las cuales los ciudadanos podían actuar" (Paley 2001: 146). La participación funcionó simultáneamente como una fuerza motivadora y como un modo de control que es característico de la democracia en medio de la economía neoliberal.

15. La idea de que la devastación del medioambiente es una preocupación compartida desestimaba la designación de un único culpable (cfr. Fortun 2001). Por ejemplo, las campañas para limpiar el río Mantaro apuntaban a múltiples fuentes de contaminación: el complejo metalúrgico, los productos químicos agrícolas, la escorrentía de las minas cercanas, el inadecuado tratamiento de las aguas residuales y los rellenos sanitarios, etc. Fortun (2001: 333) señala que esta lógica de estar "más allá de la culpa" es un elemento clave del ambientalismo empresarial y ayuda a desviar las críticas de los grupos de activistas.

reducir la exposición al plomo y sus efectos. Las limpiezas vecinales y la siembra de árboles fueron otras de las formas en las que la compañía trató de demostrar que, dado que "todos" contaminan, todos eran responsables de encontrar soluciones a los problemas ambientales de La Oroya. Doe Run y el Ministerio de Salud (MINSA) consolidaron estos esfuerzos en un programa de salud e higiene integral. El acuerdo fue firmado en 2003, y, en 2005, el Gobierno Regional de Junín se unió a la iniciativa. Como parte del programa, todas las partes acordaron "establecer lineamientos generales de cooperación para disminuir gradualmente los niveles de plomo en la sangre de la población con mayor riesgo de exposición y de los más vulnerables en la ciudad de La Oroya, con quienes Doe Run no tiene ninguna relación de empleo" (MINSA-Doe Run 2006).

El Convenio (como llegó a ser conocido por la población local) incluyó una serie de programas destinados a reducir los efectos de la contaminación y se centró específicamente en el grupo más vulnerable: los niños menores de seis años. Los niños son considerados como los más susceptibles a la intoxicación por plomo porque sus cuerpos aún están en desarrollo y absorben una mayor concentración de plomo que los adultos. El trabajo del Convenio se dividía en dos áreas: en primer lugar, un programa de "vigilancia epidemiológica" monitoreaba los niveles de plomo en la población. Alrededor de ochocientos niños y mujeres embarazadas participaron en las campañas de pruebas anuales de sangre. En segundo lugar estaban los "programas de intervención", centrados en la vida sana y la prevención de enfermedades. Por ejemplo, los escolares y los padres participaban en la limpieza de las instituciones educativas, calles y áreas de juego. Apoyados por personal del Convenio, las mujeres provistas con escobas y baldes limpiaban el suelo con agua y detergente, con el objetivo de reducir la cantidad de polvo que contenía plomo transportado por el viento. Como una extensión de estas campañas de limpieza, las promotoras de salud hacían visitas domiciliarias para evaluar la higiene del hogar y los hábitos de limpieza. Aconsejaban a los miembros de la familia sobre temas de higiene y aseo personal (lavado de manos, corte de uñas, baño) y los capacitaban para limpiar la casa con agua y paños húmedos para evitar la acumulación de polvo que contenía plomo.[16]

Por último, en relación con estas iniciativas, el Convenio desarrolló un programa de "alejamiento temporal" para los niños que vivían en La Oroya Antigua. Diariamente, autobuses especiales transportaban hasta ochenta niños que habían sido identificados con niveles altos de plomo a una instalación ubicada a diez kilómetros de La Oroya. Los niños pasaban ahí ocho horas diarias de lunes a viernes en la cuna-jardín de Casaracra. En parte, la razón de ser del programa fue que el periodo más crítico de exposición al plomo era temprano en las mañanas, cuando las emisiones tóxicas de la fundición quedaban atrapadas cerca de la tierra, un fenómeno climático denominado inversión térmica. Este ocurre cuando el aire que está cerca del suelo es más frío que las capas de aire por encima de él, lo que reduce la circulación del aire y evita que los contaminantes se dispersen (en condiciones normales, la temperatura es más alta cerca de la superficie de la tierra y disminuye con la altitud). Las mañanas más frías en La Oroya producen esta inversión térmica, que se rompe una vez que el sol calienta la superficie de la tierra.

El material promocional describía la cuna-jardín de Casaracra como un programa educativo, nutricional, pediátrico, psicológico y de higiene integral para los niños menores de seis años de edad. El personal estaba conformado por diez profesoras, un pediatra, dos psicólogas, enfermeros y un nutricionista. Aunque el plan de estudios era el mismo que el de cualquier otra institución educativa, Casaracra era diferente a cualquier guardería o jardín de niños en el país. En un recorrido por las instalaciones, Roberto, el enfermero a cargo, me llevó alrededor de las diversas aulas y me presentó a las profesoras.

16. Fomentar el lavado frecuente de manos, una dieta nutritiva y la limpieza en húmedo para quitar el polvo es consistente con las recomendaciones de las instituciones internacionales (véase, por ejemplo, UNEP-UNICEF 1997). Sin embargo, estas acciones deben ser parte de un conjunto integral de estrategias locales, nacionales e internacionales con énfasis en la eliminación de las principales fuentes de plomo y la reducción a largo plazo de la exposición de los niños al plomo.

Los niños estaban divididos por grupos de edad, con nombres como "angelitos", "conejitos" y "ositos". Además de las aulas regulares, también había una "sala de estimulación temprana" para que los niños desarrollaran su habilidades motoras finas y gruesas (los estudios muestran que el plomo afecta el desarrollo en la primera infancia), y una sala para la hora de la siesta para los más pequeños. Los modernos baños estaban totalmente equipados con duchas, lavatorios especialmente diseñados, y baños de tamaño infantil.

En uno de los salones de clase, Roberto, entusiasmado, saludó a uno de los niños. Johny tenía el nivel más alto de plomo en sangre entre todos los niños: 91 µg/dL. En 1991, los Centros para el Control y Prevención de Enfermedades (CDC) establecieron que la intervención es necesaria cuando se encuentra que un niño tiene un nivel de plomo en sangre por encima de 10 µg/dL, pero también señalaba que esto no debe ser visto como la definición de un nivel de umbral de daño, ya que el desarrollo mental y físico de los niños puede verse afectado incluso a niveles por debajo de 10 µg/dL (CDC et ál. 2005).[17] Los estudios toxicológicos indican que más de 70 µg/dL constituyen una emergencia médica y pueden producir efectos en la salud, tales como daño cerebral y renal en los niños (UNEP-UNICEF 1997). Sin embargo, Roberto quería que viera que Johny, considerando su apariencia exterior y su comportamiento, era un niño "normal": "Lo puede ver por usted misma. Él tiene problemas como una baja estatura, que es la realidad de aquí [en la sierra]... pero no es como algunas personas podrían decir, que estos son niños que están enfermos, que no pueden hacer nada... Hacen una serie de comentarios". Roberto se refería a las campañas de las ONG o artículos

---

17. Basados en el sistema de clasificación del CDC, los niños que asistían a la cuna jardín Casaracra estaban en la Clase IV y V, de acuerdo con el estudio realizado por el Convenio (MINSA-Doe Run 2006). Esto colocaba sus niveles de plomo en sangre entre 45 y 69 µg/dL, y 70 µg/dL y por encima, respectivamente. En noviembre de 2005, cinco de cada 788 niños analizados fueron identificados como Clase V y llevados a Lima para realizarles una evaluación médica. Sesenta y seis niños (8,4%) estaban en la Clase IV (45-69 µg/dL). La mayoría de los niños del estudio (82%) caían en la Clase III (20-44 µg/dL).

periodísticos que mencionaban las dificultades de desarrollo en los niños como una forma de poner de relieve la urgencia de los problemas ambientales de La Oroya. Su observación implicaba que si no me hubieran informado sobre su nivel de plomo, yo nunca habría adivinado que Johny era uno de los "niños de plomo" de La Oroya.

Los niveles de toxicidad de plomo pueden ser evaluados con un equivalente numérico, pero la importancia de esta medición técnica suele ser maleable. Muchas personas en La Oroya conocían sus niveles de plomo en sangre o el de sus hijos, y, cuando el Convenio entró en vigor, los resultados de las campañas de pruebas hematológicas adquirieron una mayor visibilidad pública. Para algunos, los niveles de plomo en la sangre significaban una vida condenada a la enfermedad, la causa de una muerte en la familia, o una explicación para los síntomas de mala salud en curso sin cura aparente. Estas revelaciones motivaron que varias personas denunciaran a Doe Run y se involucraran en la ONG y en un activismo de base, del mismo modo que, los resultados de las pruebas de sangre se convirtieron en un recurso, una forma de adquirir beneficios, tales como atención médica y asistencia nutricional para los hijos. Incluso para otros, los elevados niveles de plomo en la sangre no eran un motivo de preocupación y representaban un equilibrio necesario para las oportunidades económicas proporcionadas por la fundición. Es en estas situaciones en las que la exposición al riesgo se convierte en socialmente aceptable y normalizada, ya que llega a ser vista como una vía de supervivencia económica (cfr. Petryna 2002).

Estas diferentes formas de experimentar la exposición al plomo en La Oroya llevaron a desacuerdos con respecto a los efectos de la contaminación sobre el bienestar de los niños. Aunque la información sobre los efectos a largo plazo de contaminantes tóxicos a menudo es indeterminada, los efectos del envenenamiento por plomo sobre la salud se han reconocido desde hace mucho tiempo y han sido bien estudiados. Según la Agencia de Protección Ambiental de Estados Unidos, "los efectos de la exposición al plomo en los fetos y los niños pequeños pueden ser graves. Incluyen retrasos en el desarrollo físico y mental, niveles de coeficiente intelectual más bajo, lapsos cortos de atención y aumento de los problemas de conducta" (EPA 2013). Sin embargo, gran parte de la ira albergada por los residentes de La Oroya contra las ONG provenía de los informes que indicaban que el plomo afecta el desarrollo de los niños. Mucha gente con la que hablé sentía la necesidad de asegurarme que sus hijos eran tan inteligentes como los de cualquier otro lugar. Temían que La Oroya hubiera sido etiquetada como un pueblo enfermo, donde los niños estaban enfermos y con problemas mentales. Doe Run se aprovechó de este miedo para impulsar una campaña contra las ONG. Mientras tanto, los funcionarios de la compañía y otros expertos trataron de cambiar el enfoque del debate hacia factores tales como hábitos de nutrición e higiene inadecuados, que eran los objetivos principales del programa de la cuna-jardín Casaracra.

Los críticos del programa Casaracra señalaban que esto era una solución temporal, y que lo que se necesitaba era revisar la tecnología de fundición para reducir efectivamente las emisiones tóxicas. En un estudio encargado por USAID, los científicos de los Centros para el Control y la Prevención de Enfermedades llegaron a una conclusión similar después de que visitaron La Oroya para brindar asistencia técnica al Ministerio de Salud del Perú en la formulación de un plan ambiental. Basados en una visita técnica de diez días a La Oroya, en marzo de 2004, el informe de los CDC concluyó que sin la reducción de las emisiones de plomo de la fundición y la remediación de la contaminación del suelo acumulada a lo largo de una larga historia de actividad metalúrgica, la higiene de los hogares y las campañas de limpieza de las vecindades serían de poco valor para la disminución de los elevados niveles de plomo en sangre en La Oroya (CDC et ál. 2005).

En una entrevista, el director del Convenio defendió sus programas. Sostuvo que era necesario tomar medidas de inmediato antes de que se pudieran cumplir las recomendaciones de los CDC. Con relación a las conclusiones de los CDC, señaló: "No somos tan drásticos como ellos. El Perú se encuentra en un proceso de adaptación cuando se trata de programas de minería y de gestión ambiental… Esta ha sido la respuesta inmediata. No podemos esperar para intervenir cuando se trata de asuntos de salud". Tanto los defensores del Convenio como sus detractores evocaban al tiempo y a la inmediatez de la intervención para justificar las estrategias que proponían para reducir la contaminación. En el caso de los primeros, "acción urgente" significaba hacer frente a la contaminación ya existente a través de la educación sanitaria y el traslado temporal de los niños de las zonas de exposición crítica. Para algunas ONG y defensores ambientales, sin embargo, una "acción urgente" requeriría la reubicación inmediata de La Oroya Antigua y una mejora radical en la tecnología de fundición. En ambos casos, los defensores de cada tipo de intervención utilizaban el lenguaje de la salud para defender su posición. Sin embargo, mientras que el CDC y las ONG que trabajan en La Oroya proponían un tratamiento integral de la contaminación del aire y del suelo como medida de salud pública, el Convenio ubicaba la contaminación principalmente en los cuerpos de las personas.

Cada uno de estos enfoques se basa, implícitamente, en plazos y formas particulares de medir la contaminación que determinan qué tipos de equivalencias son posibles. Los programas que formaban parte del Convenio postulaban que el distanciamiento temporal era equivalente a una reducción del riesgo, definida por el número de horas que los niños estaban expuestos a las emisiones de la fundición (dieciséis en lugar de veinticuatro horas al día). Reconociendo la contaminación histórica de La Oroya y los efectos continuos de las emisiones de la fundición, algunas personas e instituciones propusieron la reubicación permanente de La Oroya Antigua (e. g., CONAM 2007). Estos actores rechazaban las afirmaciones de Doe Run sobre que un menor número de horas de exposición significaba reducir el riesgo para la salud. Desde esta perspectiva, las mejoras que podrían resultar de las campañas de salud e higiene (definidas por los niveles promedio de plomo en la sangre) no eran suficientes para contrarrestar los riesgos presentes y futuros de la exposición tóxica.

Por otra parte, se requerían algunos tipos de equivalencia para las campañas de defensa. Diferentes formas de medir la contaminación —pruebas hematológicas o el seguimiento de los niveles de dióxido de azufre, partículas en suspensión y otros contaminantes— permitían comparaciones con los estándares internacionales, lo que ayudó a los activistas a argumentar sobre la gravedad de la situación en La Oroya. Los estándares internacionales establecidos por la OMS llevaron a afirmar que las emisiones de la fundición excedían los límites aceptables para dióxido de azufre, cadmio, arsénico y otros contaminantes (Cederstam y Barandiarán 2002), y que más del 99% de los niños tenían niveles de plomo por encima de los límites recomendados por el CDC de 10 µg/dL. Las comparaciones internacionales tuvieron un fuerte impacto, y catapultaron a La Oroya al centro de la atención internacional.

Si bien las ONG y los defensores del medioambiente se basaron en estos índices internacionales de comparación, el comentario hecho por el director del Convenio ("No somos tan drásticos como ellos") sugirió que el Perú y países como los Estados Unidos no eran equivalentes. Desde su punto de vista, no se podía esperar que ellos cumplieran los mismos estándares ambientales (al menos, no en el mismo periodo de tiempo). Programas como el de la cuna-jardín de Casaracra estaban destinados a resolver los problemas de la fundición en el presente —pero al hacerlo, afirmaban los críticos, diferían los costos de remediación ambiental al futuro y evitaban ocuparse del pasado, por el cual ni la compañía ni el gobierno podían ser considerados responsables de rendir cuentas—.

Los programas de la cuna-jardín y el de salud e higiene podían ser vistos como iniciativas destinadas a producir nuevos sujetos ambientales (cfr. Agrawal 2005, Murray Li 2007). No solo los niños eran el foco de estos esfuerzos, sino también sus padres, cuidadores, y la población de La Oroya en general. Al centrarse en el cuerpo y en las formas de controlar la contaminación a través del cuerpo, estas iniciativas agruparon a la gente en un proyecto común, aunque no necesariamente tuvieran fe en los resultados del programa o en la benevolencia de Doe Run. Este bien puede haber sido el caso de los padres de los niños de Casaracra, cuya aceptación de la alimentación, educación y atención médica gratuitas y otros beneficios para sus hijos no necesariamente se tradujo en lealtad hacia la compañía o una nueva conciencia ambiental.

Los críticos de Doe Run, a menudo, acusan a la compañía (y sus aliados, como el Ministerio de Salud, en el caso del Convenio) de manipular a la gente a través de incentivos económicos para apoyar sus programas. Si bien las acusaciones de corrupción abundan cuando se trata de funcionarios del gobierno y líderes comunales, esta explicación no tiene en cuenta a los cientos de residentes locales que espontáneamente participan en el "voluntariado de base" promovido por la compañía. Ciertamente, las recompensas materiales jugaron un papel en la motivación que tenían las mujeres para participar. Sin embargo, tal vez más fuerte —y mucho más importante en cuanto a los objetivos del programa— fue el sentimiento de responsabilidad compartida que daba sentido a la intervención de las mujeres y las llevaba a participar independientemente de su posición frente a la compañía. La participación no significaba necesariamente conformidad. La participación de las mujeres se basaba en la aceptación de la responsabilidad, antes que en la aceptación de la agenda empresarial de Doe Run o en la definición de la contaminación establecida por la compañía.

De hecho, incluso las ONG y los residentes locales que eran críticos de la empresa y del Convenio propusieron sus propias campañas y programas, utilizando muchas de las mismas estrategias, y se basaban en el mismo lenguaje de empoderamiento, participación y promoción de la salud y de la higiene. Por ejemplo, algunas iniciativas de las ONG involucraban la formación de "delegados ambientales" y la prestación de asistencia nutricional (suplementos alimenticios y vitaminas) a los niños y madres gestantes y lactantes de La Oroya Antigua. Estos programas también parecían guiados por un sentido de responsabilidad compartida y metas a corto plazo para abordar la crisis de la salud.

## La Oroya y los conflictos mineros

Las controversias sobre la contaminación en La Oroya ilustran cómo, a través de varias generaciones, los habitantes de La Oroya han vivido con y contra la contaminación. Tras la adquisición de la fundición por Doe Run, el plomo y otros contaminantes surgieron como amenazas para la salud pública. Muchos factores contribuyeron a esta nueva visibilidad de la contaminación, incluyendo las campañas de las ONG y el activismo internacional, los estudios sanitarios relacionados con la exposición al plomo y la atención de los medios a los problemas ambientales en La Oroya. Sin embargo, las acciones propias de la compañía también desempeñaron un papel. Las campañas de relaciones públicas de Doe Run, así como los programas conjuntos con las instituciones públicas, contribuyeron a convertir al plomo y otros contaminantes en actores ambientales recientemente significativos. Pero los discursos y las prácticas empresariales constituyeron a estos actores no-humanos de maneras muy particulares. El plomo se encontraba en el polvo, en las manos de los niños, en los hogares y en los cuerpos de las personas —y en todos estos casos, la compañía alegó que podía ser contenido y combatido a través de la promoción de la higiene y las medidas preventivas de salud—. Esta forma de concebir la contaminación por plomo iba en contra de los conocimientos indicados por los ambientalistas y las ONG, quienes encontraban la contaminación en el aire, el agua y el suelo en La Oroya y la zona circundante —incontenible, rebelde y potencialmente amenazadora para toda una población—. Fue esta definición de contaminación —y los efectos políticos que generó— lo que Doe Run pretendió controlar.

Se podría decir que los programas, tales como la cuna-jardín del Convenio, estaban dirigidos a cumplir con la antigua promesa de la "modernidad" que la fundición representaba. A principios del siglo XX, esta promesa iba a cumplirse mediante la sofisticación tecnológica de la fundición. A comienzos del siglo XXI, la promesa de la modernidad se basaba en las nuevas prácticas de rendición de cuentas que le darían a La Oroya una imagen "verde", en consonancia con la minería "moderna" que era anunciada por empresas transnacionales en otras partes del país. Los programas centrados en la transformación personal a través de un cambio de hábitos relacionados con la higiene, la nutrición, la salud y el medioambiente estaban destinados a producir sujetos informados responsables de su propio bienestar. Estos esfuerzos se apoyaban en la retórica de la participación pública, la gestión ambiental y los conocimientos científicos, que servían para cambiar el enfoque de la responsabilidad empresarial al de la "responsabilidad compartida".

La Oroya nació de la conjunción de fuerzas socionaturales que no solo influyeron en el desarrollo de la expansión capitalista y el desarrollo industrial, sino que crearon un sentido particular de lugar. El sentimiento de pertenencia y apego que tiene la gente a este lugar surgió de la paradoja que define la razón de ser de La Oroya: la promesa de modernidad de la fundición y su capacidad de destruir formas de vida. A principios del siglo XX, la convergencia de capital, tecnología y contaminación transformó a la sierra central y a la industria minera peruana. Los efectos de los "humos" no podían ser ignorados; sin embargo, tendría que pasar casi un siglo para que las reacciones químicas y los conocimientos controvertidos sobre la contaminación se unieran y convirtieran a La Oroya en un símbolo nacional e internacional de contaminación. Aunque estuvieron presentes desde la construcción de la fundición, las emisiones llegaron a ser consideradas importantes a medida que los estudios científicos, las demandas judiciales, los programas empresariales y las campañas ambientalistas identificaron sus componentes, los midieron y monitorearon sus efectos. Diversas formas de experticia —desde la ingeniería de minas hasta las ciencias ambientales y de la salud— impulsaron el surgimiento de nuevos temas de interés que introdujeron incertidumbre en torno a la toxicidad y el riesgo.

La nueva visibilidad de la contaminación en La Oroya se produjo en un momento en el que los asuntos relacionados con el medioambiente iban ganando más atención pública en el Perú, una tendencia que también coincidió con la intensificación de la actividad minera generada por las reformas neoliberales de la década de 1990. Estas reformas introdujeron una serie de nuevos proyectos en zonas que no tienen la misma larga historia minera de la sierra central. Como analizaré en los siguientes capítulos, las actividades de exploración y de extracción de las empresas transnacionales estaban provocando tensiones con las comunidades locales y, en algunos casos, una organizada oposición a la actividad minera. En otras partes del país, el activismo también se centró en las preocupaciones por la salud y el medioambiente, y generó lazos de solidaridad en los ámbitos local e internacional, que ayudaron a crear conciencia acerca de las consecuencias de la actividad extractiva. Al igual que en La Oroya, las cuencas, los ríos y la propagación de contaminantes ayudarían a movilizar a la gente en contra de las compañías mineras.

A medida que las conversaciones sobre los "conflictos mineros" comenzaron a tomar fuerza, la fundición de La Oroya y las minas centenarias que la rodeaban llegaron a representar el legado de las "viejas" prácticas mineras. Mientras tanto, las empresas transnacionales buscaban reconstruir la imagen de la industria al presentar sus operaciones como una nueva manera de ser "ambientalmente responsable" o como "minería sostenible" (cfr. Kirsch 2010). A menudo, estas estrategias reflejaron el énfasis de Doe Run en la participación pública y el medioambiente, e involucraron a las comunidades a través de una ética de responsabilidad compartida.

Para las comunidades enfrentadas a los proyectos mineros modernos que se comprometen a trabajar con cero contaminación y reactivar la economía, La Oroya brinda dramáticas evidencias visuales —nubes de emisiones tóxicas, ríos sin vida y niños envenenados con plomo— de las consecuencias de la actividad minera. En las protestas contra la minería en diferentes partes del país, la sierra central, con frecuencia, ha sido descrita como una región empobrecida, subdesarrollada, donde la minería solo ha traído males sociales y devastación ambiental. "No queremos ser otra La Oroya", declaran las personas en los mítines y manifiestos escritos que se oponen a la actividad minera en otras regiones. Las redes de ONG posibilitaron que los activistas de lugares como Tambogrande, en el departamento costero de Piura, visitaran La Oroya como una advertencia de lo que podría llegar con el desarrollo minero. En panfletos y comunicados publicados por grupos de base, una mención a La Oroya o a la ciudad de Cerro de Pasco servía como una especie de abreviatura para comunicar los costos sociales y ambientales de la actividad minera. "La minería que contamina la salud y vida de las personas de La Oroya y Cerro de Pasco es insostenible", anunció un folleto publicado en 2004 por la Confederación Nacional de Comunidades Afectadas por la Minería (Conacami), en contraposición al mito de que la minería es compatible con el desarrollo sostenible. La Oroya debía servir como una advertencia para los activistas que se organizaban en contra del desarrollo minero en el resto del país.

En el capítulo II me refiero a otro lugar de controversia: la mina Yanacocha, en la región de Cajamarca. Tanto para sus partidarios como para sus críticos, Yanacocha ha llegado a encarnar a la minería "moderna", con las supuestas ventajas o amenazas que llegan con los nuevos proyectos mineros. Este capítulo ha mostrado cómo es que los esfuerzos para hacer visible (o invisible) la contaminación a través de la ciencia, la organización política y las estrategias corporativas están en la raíz de las controversias sobre la minería. En el siguiente capítulo me centro en las polémicas sobre el agua en Cajamarca, conforme continúo explorando las prácticas empresariales, el activismo y las formas en que la contaminación cobra importancia en el contexto de la actividad minera.

# 2

# Megaminería y conflictos emergentes

El pasado y el presente de Cajamarca están entrelazados por el oro. Fue en la plaza central de Cajamarca en la que, en 1532, el español Francisco Pizarro capturó a Atahualpa, el último gobernante inca. Atahualpa parece haber subestimado la amenaza planteada por los europeos y no estaba preparado para el desenlace de su fatídico encuentro con Pizarro, lo que condujo a la masacre de miles de los soldados de Atahualpa en la mencionada plaza. En un intento de lograr su liberación tras ser capturado, Atahualpa les prometió a los españoles un rescate de oro y plata —tesoros suficientes para llenar un cuarto, una vez con oro y dos veces con plata—. Atahualpa cumplió su promesa, pero fue ejecutado luego de que los tesoros fueran fundidos y distribuidos entre los españoles.

Hoy día, el "cuarto del rescate", donde supuestamente Atahualpa fue mantenido cautivo, es una atracción turística popular ubicada en las cercanías de la moderna plaza de Armas, y el encuentro entre Atahualpa y Pizarro figura de manera prominente en la memoria popular. No sorprende que la llegada de Minera Yanacocha S. R. L. a Cajamarca en 1992 diera lugar a conversaciones acerca de una "segunda conquista". Para los críticos de la mina, la analogía fue concebida para evocar la traición de los españoles, la complicidad de los nativos que los ayudaron y el saqueo de recursos en beneficio de gente de tierras extranjeras.

Si bien la historia de la conquista era particularmente patética para la gente de Cajamarca, la llegada de Minera Yanacocha trajo, también, a colación, una historia más reciente de explotación durante los periodos colonial y republicano. Para muchos peruanos, las minas de Cerro de Pasco y la ciudad-fundición de La Oroya, en la sierra central, eran un testimonio muy conocido de la historia minera del país. En la región de Cajamarca, el legado de la actividad minera también podía verse en la provincia de Hualgayoc, un importante centro minero de plata desde el periodo colonial. Muchas personas provenientes de las comunidades aledañas a la mina Yanacocha habían trabajado en Hualgayoc, y sabían de primera mano de los peligros y penurias de la vida de los mineros. Las narrativas populares acerca de la conquista, la explotación colonial y el imperialismo, asociadas con la minería, ofrecen un lente para reinterpretar el pasado con relación a la ubicación del Perú como uno de los países productores de oro más importantes del mundo a inicios del siglo XXI.

Las imágenes de despojo, de peligrosas minas subterráneas y de condiciones laborales explotadoras fueron precisamente las imágenes que la industria minera quiso disipar a medida que las empresas trasnacionales empezaron a establecerse en el territorio peruano durante la década de 1990. Un flujo de inversión extranjera trajo consigo la promesa neoliberal de crecimiento económico y desarrollo. Yanacocha no era simplemente una mina más: estaba para representar la estabilidad política del país tras la turbulenta década de 1980, un clima favorable para la inversión y la capacidad de competir en la economía global. Representaba también una revolución en la minería: tecnología de punta, eficiencia económica y lo que parecía un ilimitado potencial de expansión. La mina Yanacocha no solo era un símbolo de la bonanza minera en el Perú, sino que, por sí sola, daba cuenta de más del 40% de la producción aurífera del país.[1]

---

1. Entre 1994 y 2007, el Perú produjo 1857 toneladas de oro, de las cuales el 42% era producido en la mina Yanacocha (Apoyo Consultoría 2009).

Para contrarrestar las narrativas populares de despojo y crear una visión más positiva de la minería, las empresas urdieron una retórica de la "minería moderna", la cual prometía contribuir al desarrollo de las comunidades locales (sobre la base de una política de "buen vecino") y salvaguardar el medioambiente. Si bien la retórica de la industria, en ocasiones, parece sugerir que existe una ruptura radical entre las "viejas" y "nuevas" formas de minería, la historia de la extracción en el país presenta un cuadro tanto de diferencia como de continuidad. Por ejemplo, tanto la minería "vieja" como la "nueva" han involucrado a actores transnacionales (con la excepción de un periodo de nacionalización durante el gobierno de Juan Velasco Alvarado, desde 1968 hasta 1975). Por lo tanto, la inversión extranjera y las prácticas empresariales han jugado un rol clave en el desarrollo del sector extractivo y en los planes de acción política y económica desde principios del siglo XX. Es también cierto que tanto las minas "viejas" como las "nuevas" dejan marcas indelebles sobre el paisaje, sueltan contaminantes al medioambiente y crean riesgos para los trabajadores y las comunidades aledañas. Sin embargo, a pesar de estas similitudes entre una mina como Yanacocha y las minas más antiguas ubicadas en lugares como Hualgayoc y Cerro de Pasco, existen también diferencias que han dado forma a las dinámicas de los conflictos recientes surgidos a consecuencia de la actividad minera.

Al pensar acerca de estas diferencias, podría ser de utilidad apoyarse en la distinción que establece el antropólogo James Ferguson (2006), para el contexto africano, entre prácticas de extracción "socialmente densas" y "socialmente delgadas". En el caso de los proyectos socialmente densos (como las minas de cobre de propiedad del Estado en Zambia, tal como las describe Ferguson), las minas emplean trabajadores de las comunidades locales, ofreciendo una fuente de sustento para un gran segmento de la población. En las ciudades-empresa típicas de la industria minera, las empresas podrían también proporcionar hospitales, escuelas, una tienda de la empresa y servicios sociales para los trabajadores y sus familias. Algunas de estas características se pudieron observar durante los tiempos de la Cerro de Pasco Corporation, así como durante el periodo en el que

Centromin fue de propiedad del Estado. Si bien este modelo todavía podría estar basado en relaciones de explotación y paternalismo, un negocio podría ser considerado como socialmente denso si se compromete de manera más amplia con las comunidades en la vecindad de sus operaciones.

En contraste, las operaciones socialmente delgadas crean enclaves que generan pocos beneficios para la gente afectada por la actividad extractiva. Los puestos de trabajo son especializados y las empresas, con frecuencia, recurren a profesionales y trabajadores calificados traídos de otras partes del país y del mundo. Estos enclaves no solo están aislados de la comunidad mayor en términos sociales y económicos, sino que, en ocasiones, también lo están en términos físicos mediante el uso de empresas de seguridad contratadas para cuidar el área y restringir el acceso a la propiedad de la mina.

Se podría argumentar que algunos aspectos de los proyectos de extracción "socialmente delgados" se aplican al caso de la minería peruana. Por ejemplo, las tecnologías de las minas modernas requieren una fuerza laboral pequeña, especializada, que no puede cubrir las necesidades de empleo de las comunidades campesinas ubicadas en la vecindad inmediata. Durante la década de 1990, las reformas neoliberales introdujeron leyes laborales que permitían que las empresas mineras transnacionales recurrieran a mano de obra de corto plazo, subcontratada. Si bien los sindicatos de trabajadores mineros fueron alguna vez unos de los más poderosos en el país, tales reformas debilitaron al trabajo organizado y han creado una nueva dinámica donde los trabajadores sindicalizados, en ocasiones, son aliados de las empresas mineras (en parte, para proteger sus puestos). Más aún, en los recientes conflictos ha llegado a ser patente que las empresas están recurriendo a la seguridad privada (con el respaldo de las fuerzas estatales) y a las leyes que criminalizan la protesta con el fin de proteger sus operaciones y controlar la resistencia local.

Las características de los nuevos proyectos mineros no solo son el resultado de las políticas empresariales y estatales, sino que también están relacionadas con cambios en el proceso de extracción, las tecnologías empleadas en las operaciones mineras y la ubicación de las minas. En el Perú, al igual que en otros países latinoamericanos, el término "megaminería" se refiere a los proyectos mineros a tajo abierto establecidos en las últimas dos décadas. El término enfatiza la inmensa escala de las minas y las tecnologías necesarias para procesar los minerales de baja ley, e implica que estos proyectos tienen una huella ecológica más grande y consecuencias sociales más profundas que las minas más antiguas. Si bien la minería moderna promete controlar las sustancias tóxicas como el cianuro para que no sean soltadas en el medioambiente, sus tecnologías han producido cambios significativos en las comunidades locales y en los medios de sustento de la gente.

Tal como fue el caso en la sierra central, la expansión de la actividad minera hacia la región de Cajamarca transformó el paisaje, aunque con consecuencias diferentes para las comunidades locales. En el mundo andino, los mineros presentaban ofrendas (comida, hojas de coca, etc.) a seres de la tierra a cambio de sacar la riqueza mineral, y para garantizar su propia seguridad en los socavones. En contraste, la megaminería arrasa con los cerros, desenterrando a los seres que habitan el paisaje (De la Cadena 2010). Al destruir las montañas, la megaminería aniquila también las relaciones entre la gente y un paisaje agentivo.

Con frecuencia, la minería a tajo abierto está ubicada en la cabecera de una cuenca hidrográfica y se lleva consigo fuentes de agua y praderas de las que depende la gente. De este modo, estos proyectos no solo rehacen los territorios, sino que también contribuyen a la destrucción de formas de vida y maneras de vivir. En la sierra central, la actividad minera y metalúrgica con frecuencia ofreció empleo al mismo tiempo que permitía que la gente continuase viviendo en las comunidades campesinas participando de la agricultura. En Cajamarca, por otro lado, el arribo de Minera Yanacocha hizo estragos en los medios de sustento existentes, incluida la agricultura y la producción lechera, y muchos campesinos llegaron a percibir a las minas como una amenaza para su sobrevivencia. En el campo peruano, las leyes del mercado no contribuyen a que la agricultura serrana de pequeña escala sea económicamente rentable. Para el Estado y los actores empresariales, las formas de vida que los campesinos están tratando de defender no constituyen una causa por la que valga la pena luchar, sino que se trata de algo que pronto desaparecerá (o que debe hacerse desaparecer). Entonces, ¿cómo se puede debatir con una lógica evolucionista según la cual la minería es retratada como la ruta inevitable al progreso?

Para oponerse a la narrativa dominante que presenta a la minería como un motor del crecimiento económico y la prosperidad nacional, la gente que se organiza en contra de la expansión minera ha descrito su lucha como una que es acerca de la "defensa de la vida". Lo que vinculó a diferentes sitios de conflicto minero, desde Cajamarca hasta La Oroya y más allá, fueron las contranarrativas centradas en las consecuencias negativas de la actividad minera. En La Oroya, la contaminación del aire y la atención enfocada en los impactos en la salud de los niños, debido al envenenamiento por plomo, proporcionaron un punto para sumar fuerzas. En Cajamarca, los cambios en la calidad y la cantidad de agua se convirtieron en el tema central de disputa. Minera Yanacocha trató de restarle importancia a estas preocupaciones y acusó a quienes protestaban de utilizar los temas relativos al agua como una estrategia política para conseguir el respaldo público, mientras que ocultaban otras motivaciones para las protestas. Sin embargo, si examinamos las tecnologías de la minería moderna, es evidente por qué el agua llegó a ser un actor relevante en los conflictos. La mina Yanacocha incluye cuerpos de agua que eran utilizados por las comunidades locales. Al mismo tiempo, Minera Yanacocha ha hecho del agua un tema central de sus programas de relaciones ambientales y comunitarias, y la empresa sostiene que sus operaciones no afectan a la calidad y la cantidad del agua. El que estos temas relativos al agua se hayan convertido en la base de la disputa muestra la indeterminación de la evaluación ambiental, así como el empleo de estrategias empresariales para descalificar los argumentos que cuestionan sus operaciones.

Como una de las primeras operaciones mineras transnacionales a gran escala en el Perú, Yanacocha se comprometió a traer consigo un nuevo modelo de gestión ambiental y de relaciones comunitarias.

A pesar de los accidentes, derrames y otros contratiempos, la empresa dedicó un gran esfuerzo a presentar el proceso minero como un sistema acuciosamente controlado que no produce contaminación o daño al ambiente. El reto para la población local fue el de oponerse a estas afirmaciones, llamando la atención sobre los efectos negativos de la actividad minera en las comunidades y el ambiente. No obstante, tal como lo demuestra el capítulo previo sobre las emisiones tóxicas en La Oroya, lograr que la contaminación sea visible no es una tarea sencilla.

En Cajamarca y en otras regiones mineras, las controversias relativas a la minería han colocado al lenguaje y a las herramientas de la ciencia en el primer plano de los debates. En su estudio acerca de los cultivos transgénicos, Abby Kinchy (2012) ha observado una tendencia hacia la "cientifización" en las controversias ambientales contemporáneas, lo que significa la transformación del conflicto político en debates entre expertos científicos. En los debates sobre los alimentos genéticamente modificados, al igual que en los conflictos mineros, el discurso en torno al riesgo científicamente calculado coloca el foco de atención en la estimación de los impactos ambientales y en la implementación de soluciones tecnocráticas racionales, eclipsando, así, a las cuestiones en torno a las preocupaciones sociales y éticas. Al mismo tiempo, los activistas y la población local tienen mucho en juego por la forma como está hecha la ciencia, y sus luchas lo son también sobre el conocimiento de cuál es el que cuenta como legítimo. Estos son también conflictos sobre qué equivalencias se emplean en el cálculo y la evaluación de los impactos ambientales. Algunos actores emplean equivalencias para justificar la actividad minera al mismo tiempo que descartan las formas no-científicas de conocimiento, incluido el que se basa en la experiencia y la información sensorial.[2]

2. Un conjunto de investigadores ha escrito acerca de la priorización de modelos científicos por sobre los modelos no científicos de conocimiento. Véase Bavington 2010, Wynne 1992 y Raffles 2002.

En este capítulo describo las tecnologías de Yanacocha relativas al agua y la minería, con el fin de mostrar las intrincadas conexiones existentes entre la mina y la gente cuyas vidas y medios de sustento son afectados por el agua, los sedimentos y los contaminantes provenientes de la propiedad de la mina. Luego paso a examinar cómo tanto el activismo como las prácticas empresariales se han centrado en las controversias acerca del agua y los esfuerzos para monitorear la calidad de esta, colocando a la ciencia y la experticia en el centro de los conflictos recientes. Por medio de estudios ambientales y programas de monitoreo del agua, los usuarios de canales, las ONG, los portavoces de la empresa y las instituciones locales e internacionales negocian qué es lo que cuenta como conocimiento válido.

## Visitando la mina

Llegué al paradero del ómnibus de Yanacocha, al borde de la ciudad, poco antes de las 8 a. m., en preparación para mi visita a la mina. Unas semanas antes, yo había presentado una solicitud escrita para participar de los *tours* de la mina, y, una vez que fue aceptada, se me programó para unirme a un grupo que fue convocado por la Asociación de Farmacéuticos de la región. Las visitas se realizaban casi a diario como parte de los esfuerzos de relaciones públicas de Yanacocha. Cada año participaban en el programa más de 20.000 personas, casi la mitad de ellas trabajadores de Yanacocha y de sus subcontratistas, quienes debían realizar estas visitas anualmente (Minera Yanacocha 2006: 49). El resto de visitantes eran estudiantes, familiares de los trabajadores, campesinos de las comunidades aledañas, asociaciones profesionales, periodistas y cualquier otro grupo de individuos que quisiera participar.

Una vez que llegamos todos los participantes, subimos a un gran ómnibus que nos llevaría hasta la mina. Tras ocupar nuestros asientos, nuestro guía, Alfredo, nos dio una cálida bienvenida a nombre de la empresa y sus trabajadores. Nos entregó unos formularios de consentimiento para que los firmemos, junto con una encuesta que contenía siete preguntas de elección múltiple acerca de nuestra opinión sobre la empresa antes de la visita. Por ejemplo, se nos preguntó si el agua soltada por Yanacocha desde su planta de tratamiento era de buena, regular o mala calidad. Se nos pidió también que calificáramos a la empresa con respecto a los procesos ambientales, de responsabilidad social, de seguridad y mineros. Recibimos el mismo cuestionario tras concluir nuestro *tour* por la mina. La práctica de entregar la misma encuesta al comienzo y al final de la visita sugiere que la empresa quería establecer si la gente, una vez informada acerca de las operaciones y programas ambientales, tendría una impresión más positiva de la mina. En efecto, las encuestas le permitieron a la empresa aseverar en su informe anual de 2006 que "el 70% de los visitantes tuvo una opinión favorable" de Yanacocha luego de la visita, un incremento del 10% con respecto al año previo (Minera Yanacocha 2006: 49).

Alfredo nos habló acerca de los requisitos de seguridad y de la necesidad de usar chalecos, gafas y cascos durante todo el tiempo que estuviésemos fuera del ómnibus. Estos detalles eran fundamentales para la *performance* de la seguridad y la responsabilidad a lo largo de toda nuestra visita. En cuanto llegamos a la pista y el ómnibus empezó su lento ascenso hacia las montañas, Alfredo empezó a relatar la historia de la mina. Durante la década de 1960, los exploradores buscaban cobre, puesto que era más rentable y más codiciado que el oro —una situación que cambió drásticamente con la fluctuación de los precios de los metales—. El Perú es un país minero, dijo Alfredo, anotando que la minería había sido una actividad importante desde tiempos precolombinos. Las minas del periodo colonial, como aquellas en Hualgayoc, dejaron desechos mineros y daños ambientales, incluso en el periodo republicano, ya que no existían leyes que obligaran a las empresas a cuidar el medioambiente. El mensaje de Alfredo fue que la minería moderna realizaba lo que esta larga historia de extracción jamás hizo, puesto que, en la actualidad, las regulaciones exigen evaluaciones ambientales y procesos de mitigación y remediación. Desde su perspectiva, Minera Yanacocha representaba el nuevo paradigma de la responsabilidad social empresarial, promovido en el discurso de la industria minera y por quienes la respaldan.

La mina Yanacocha está ubicada a una hora en ómnibus (30 kilómetros, o 14 en línea recta) desde la ciudad de Cajamarca (véanse el imagen 2.1 y el mapa 2.1). La proximidad de la mina a ciudades principales hace que Yanacocha sea diferente a los alejados sitios mineros en las regiones de altura, los cuales, con frecuencia, están ubicados lejos de estas. La ciudad de Cajamarca y las comunidades campesinas aledañas a la mina son, en esencia, "campos mineros" de Yanacocha. Si bien los trabajadores con un horario "cuatro por cuatro" permanecen en las instalaciones de la mina (donde trabajan cuatro días consecutivos, doce horas diarias, seguidos de cuatro días libres), hay un constante movimiento de trabajadores que viajan . Los ingenieros y los ejecutivos de la minera también viajan de ida y vuelta en sus camionetas 4x4 desde la mina a sus casas en el cercano suburbio de Baños del Inca. Este camino es también utilizada por convoyes de vehículos que acarrean diversos productos utilizados o producidos en la mina: petróleo, mercurio, dinamita y las barras de "doré" (una mezcla de oro y plata) que son transportados durante la noche en vehículos blindados.

A ambos lados de la carretera se encontraban casas de estilos contrastantes: unas hechas de adobe y otras de material noble (cemento o ladrillo, con frecuencia acabadas con una fachada de mayólica). En mayo, justo antes de la estación seca, las colinas todavía estaban verdes y los campos lucían como un mosaico de pequeños cuadrados y rectángulos, colmados de cañas de maíz o pastos cultivados; árboles de eucalipto y pino cubrían también los ondulantes cerros. A medida que viajábamos a lo largo de la serpenteante carretera, la presencia de Minera Yanacocha era evidente antes de que fueran visibles cualquiera de sus instalaciones. Las puertas de las letrinas estaban pintadas con el logo de Yanacocha, y los letreros ubicados en la berma de la carretera mencionaban las cantidades de dinero gastado por la empresa en infraestructura y proyectos de desarrollo en cada una de las comunidades que se encontraban a lo largo del camino.

Las comunidades campesinas en Cajamarca son conocidas como caseríos. Cerca de 30.000 personas viven en los caseríos aledaños a

*Imagen 2.1.* La ciudad de Cajamarca, ubicada al sur de la mina Yanacocha.

la mina (CAO 2005). La mayoría de familias se dedica, principalmente, a la producción lechera y a la agricultura de pequeña escala (cultivos de tubérculos, maíz y granos, principalmente para autoconsumo), y a la crianza de ovinos y de animales de corral como cerdos, pollos, patos y cuyes. Una porción pequeña de la población complementa estas actividades con el tejido, el labrado de piedras y otras actividades artesanales. Asimismo, los campesinos, desde hace tiempo, han recurrido también a la migración estacional o semipermanente a la costa, a Lima o a otras regiones para conseguir ingresos adicionales (Bury 2005). Antes de que llegara la mina, el área ya había atravesado una serie de transformaciones: la concentración de la tierra en las haciendas como un legado del periodo colonial, la creciente importancia económica de la crianza de ganado, la producción de lácteos desde inicios del siglo XX y el eventual colapso del sistema de hacienda desde comienzos de la década de 1960.

Cuando Minera Yanacocha llegó a Cajamarca, a inicios de la década de 1960, el área que llegaría a constituirse en la segunda

*Mapa 2.1.* La propiedad de la mina Yanacocha con relación a la ciudad de Cajamarca, los principales ríos y sitios de campo clave. Cartografía de Bill Nelson, basada en un mapa elaborado por Laura Lucio.

mina de oro más grande del mundo era un ecosistema *jalca*[3] de cuencas tributarias, lagunas, manantiales, praderas naturales y páramos de almohadilla, elementos naturales que caracterizan al paisaje por encima de los 3500 metros de altitud. Es posible que los ingenieros mineros que realizaron sus primeras incursiones en el área para realizar estudios exploratorios observaran casas de adobe dispersas, animales pasteando y canales de irrigación que conducían el agua desde los manantiales que los alimentan hasta los campos cuenca abajo, compensando lo que puede ser un clima insidiosamente seco de mayo a septiembre. Ellos habrían encontrado también una economía campesina que dependía de las condiciones extremas del piso *jalca* y también las desafiaba: las lluvias torrenciales durante la estación húmeda, los suelos áridos, los vientos fríos y las heladas durante la estación seca.

En la fase inicial de desarrollo, Minera Yanacocha compró la tierra de 41 familias que vivían en el área de concesión (Obispado de Cajamarca 1998, citado en Leyva y Jahncke 2002). La agricultura campesina de pequeña escala, la crianza de ovinos y la producción lechera eran las principales fuentes de sustento en las comunidades ubicadas en el área que abarcaba la concesión minera; el 87% de la tierra vendida a Minera Yanacocha había sido utilizada para la crianza de ganado, mientras que el 12% era dedicado a los cultivos de cebada y papa (Leyva y Jahncke 2002). Una población creciente, la intensificación gradual de la producción lechera y la subdivisión de parcelas realizada por los padres para pasarlas en herencia a sus hijos ya ejercían demasiada presión sobre la tierra y los recursos necesarios para sostener un modo de vida campesino. Quizás fue la dureza de la vida en el campo y la precariedad de los medios de sustento de los campesinos lo que llevó a que algunos fueran receptivos ante las ofertas realizadas por un grupo de ingenieros que querían comprar sus tierras.

Para aquellos que aceptaron vender, la suma de cien soles por hectárea (alrededor de $50 en ese entonces) significaba una riqueza

---

3. *Jalca* es el término para una de las ocho regiones naturales del Perú. Se encuentra entre los 3500 y 4100 metros de altitud.

inimaginable y la promesa de una mejor vida en la ciudad. Otros tuvieron más dudas, pero se sintieron obligados a vender sus tierras después de que se les dijo que serían expropiadas por el gobierno si se negaban a venderlas voluntariamente. Ninguno de estos "expropietarios", tal como ahora los denomina la empresa minera, tuvo la más mínima sospecha de que su propiedad pasaría un día a formar parte de una de las minas más grandes del mundo. En efecto, la rápida expansión de la mina Yanacocha y de los ingresos generados por ella superaron, incluso, las proyecciones más optimistas de la propia empresa. Las tecnologías de lixiviación con cianuro, combinadas con regulaciones ambientales mínimas, bajos costos laborales y bajos impuestos, harían de la mina de oro Yanacocha unas de las más rentables en el mundo.

Durante el gobierno de Alberto Fujimori, empresas como Minera Yanacocha suscribieron acuerdos de estabilidad jurídica que congelaban el estatus tributario de cada firma. Los acuerdos, que tuvieron el propósito de promover la inversión extranjera, permitieron que las empresas reinvirtieran sus ganancias libres de impuestos, mientras que otras estuvieron exentas de pagar regalías. Si bien los costos de producción de Yanacocha fueron, por ser bajos, un récord histórico, el precio del oro subió sostenidamente desde el tiempo en que empezó a operar la empresa. Cuando Minera Yanacocha produjo la primera barra de oro, el precio se encontraba en alrededor de $330 la onza. Hacia 2006, el precio del oro se había duplicado, y, por primera vez, superó la marca de $1000 en marzo de 2008. Estas ganancias inesperadas se sumaron a la sensación de injusticia percibida por la gente, quienes no sentían que ellos habían cosechado algún beneficio de la presencia de la mina, especialmente los campesinos que se habían deshecho de sus tierras.

Entre 1992 y 1999, Minera Yanacocha adquirió un total de 10.200 hectáreas de tierra de 126 familias por una suma que la empresa insiste que excedía el precio de mercado de entonces. Pero, para los campesinos y los críticos a la mina, estas ventas de tierra iniciales representan la primera de muchas injusticias que seguirían después. Algunos expropietarios, con la mediación de la ONG

Grufides, demandaron compensaciones por lo que ellos percibían como transacciones fraudulentas. En vez de exigir un acuerdo en efectivo, sin embargo, ellos presionaron por un acuerdo tierra-por-tierra, uno que les daría a los campesinos un pedazo de propiedad en la costa como compensación por la tierra que perdieron. Muchos de los campesinos que vendieron sus propiedades simplemente se resignaron a las ganancias de corto plazo producto de las ventas de sus tierras y al único privilegio que viene con ser un expropietario: tener prioridad en las contrataciones de la empresa de trabajadores temporales no calificados. Para aquellos que siguieron viviendo en el área circundante, el tener a la mina como un vecino crecientemente intrusivo trajo consigo desafíos, así como crecientes expectativas.

Para muchos, el arribo de la empresa minera significó oportunidades de trabajo. Con frecuencia, el empleo es la razón principal por la que la gente respalda la actividad minera, y las empresas mineras han utilizado la consigna de que "la minería crea trabajo" como una forma de atraer el respaldo público. No obstante, una de las características de la minería moderna es su fuerza laboral relativamente pequeña. En 2006, Minera Yanacocha tenía 2946 trabajadores en su planilla y 9595 trabajadores contratados por los subcontratistas en términos temporales.[4] Entonces, el resultado es una situación de la que emergen pocas oportunidades de trabajo, y, de estas, incluso muchas menos están disponibles para trabajadores o campesinos no calificados provenientes del área local. Para aquellos que no se encuentran en la planilla de la empresa, el empleo por contrato usualmente recibe remuneraciones más bajas, de corto plazo, inestables y sin beneficios. En Cajamarca, la discrepancia entre las "expectativas mesiánicas" del empleo (en palabras del sacerdote local Marco Arana) y la realidad de una pequeña fuerza laboral en las minas

4. En respuesta a la presión pública, la empresa realizó un esfuerzo para elevar el número de personas locales contratadas. En 2006, aproximadamente el 48% de los trabajadores contratados directamente por Yanacocha habían nacido en la provincia de Cajamarca, 0,44% eran extranjeros y el resto eran peruanos de otras partes del país.

modernas es central para los actuales debates acerca de la extracción de recursos. Junto con las expectativas de empleo, la minería trajo consigo una nueva narrativa de progreso y promesas que, desde el principio, eran imposibles de cumplir.

La minería a gran escala no puede satisfacer la demanda de puestos de trabajo en las comunidades locales, una situación que muestra un marcado contraste con la minería de inicios del siglo XX. En la sierra central, los campesinos siguieron dependiendo de la agricultura de subsistencia y combinaron este medio de sustento con el trabajo asalariado en las minas. La actividad agrícola y la minería eran complementarias, y el trabajo minero se basó en la migración temporal, puesto que los campesinos tenían pocos incentivos para mudarse permanentemente a un centro urbano. En Cajamarca, los campesinos también trabajaron en las minas de Hualgayoc o en la costa, como un complemento para sus economías rurales. Este trabajo no interfirió con sus actividades agrícolas, ni alteró su modo de vida, como sí lo hizo la presencia de Minera Yanacocha. Los proyectos más nuevos llevaron a que la población local compitiera con la empresa minera por los mismos recursos: tierra y agua.

Por supuesto, la llegada de la mina no es el único evento que ha transformado el paisaje. A medida que nuestro ómnibus seguía serpenteando los cerros cuesta arriba, aproximándose a la mina, fue posible ver algunos de los elementos que, a través de los años, fueron introducidos en este paisaje. El ganado esparcido en las laderas de las colinas representaba una fuente importante de medios de sustento, puesto que la producción lechera se intensificó debido a una creciente demanda de productos lácteos y su comercialización por parte de dos compañías transnacionales de productos lácteos, Nestlé y Gloria. Más cerca de la mina, un extenso bosque de pinos, plantados como parte de un proyecto de forestación financiado internacionalmente y empleado en las industrias del papel y maderera, marcaba la propiedad de una cooperativa evangélica conocida como la Granja Porcón. Esta era un popular destino de excursión que atraía a los visitantes con un pequeño zoológico, un restaurante y programas que habían empezado a ser difundidos como "agroturismo". Estas y otras actividades le han dado forma a las relaciones entre la gente y la tierra, y han creado vínculos entre actores locales, nacionales e internacionales. La mina Yanacocha se insertó en estas relaciones rápidamente cambiantes, y contribuyó incluso a una más dramática transformación.

Alrededor de los 3500 metros de altitud, a medida que el aire se enfría y la vegetación se transforma en praderas de puna, empiezan a ser visibles las instalaciones de la mina. Detrás de una fila de pinos, cerros manufacturados salpican el escenario. Estos cerros de mineral machacado, cuidadosamente apilados, que se asemejan a pirámides truncadas, son humedecidos con una solución de cianuro para recuperar los metales valiosos contenidos en el mineral. A medida que se extendió, Yanacocha se convirtió en la mina más grande del mundo que emplea la tecnología de lixiviación con cianuro. La mina Yanacocha está compuesta por una red de tajos abiertos que se encuentran en diversas fases de operación o cierre, pilas de lixiviación, depósitos de residuos sólidos e instalaciones para el procesamiento. La propiedad de la mina abarca un área total que supera las 20.000 hectáreas (MWH 2009) y se encuentra entre cuatro cuencas principales (Porcón, Honda, Chonta y Rejo) que abarcan la divisoria de aguas continental. Dado su alcance expansivo, la mina no puede ser concebida como una única entidad separada del paisaje circundante. La propiedad de la mina incluye infraestructura de riego y fuentes de agua utilizadas por los agricultores locales, y se superpone con áreas de pastoreo que todavía son aprovechadas por los campesinos que han recibido permiso de la empresa para así proceder.

La antropóloga Julie Cruikshank (2005) nos recuerda que las características del paisaje actúan como puntos de referencia que anclan memorias, valores y conocimientos tácitos. Los efectos de la minería moderna en el paisaje son tan transformadores que alguna gente que vive en la vecindad de la mina Yanacocha dice que la minería se traga cerros y hace desaparecer lagunas, dejando atrás solo sus nombres (véase imagen 2.2). Yanacocha ("Laguna Negra" en quechua, la lengua indígena peruana más ampliamente hablada) es el nombre de la laguna que fue drenada en 1999 para dinamitar un

*Imagen 2.2.* Laguna Yanacocha, 1992. Los activistas emplean esta imagen en las publicaciones y en las presentaciones públicas para mostrar que la mina hizo desaparecer lagunas en la región. Fotografía de Alois Eichenlaub.

cerro del mismo nombre. Los otros tajos abiertos de la mina llevan los nombres locales de cerros, lagunas y quebradas: Cerro Negro, La Quinua, Carachugo, Maqui Maqui, San José. Tal como escribe Keith Basso (1996: 13), "los nombres de lugares pueden ofrecer evidencia de los cambios en el paisaje, mostrando claramente que ciertas localidades no presentan el aspecto que tuvieron en tiempos pasados". Los lugares nombrados convierten al paisaje en legible y son testimonio de su transformación radical. Tras años de difícil coexistencia con la mina, la gente del área circundante es muy consciente no solo de las nuevas adiciones de la mina al paisaje, sino también, y lo que es más importante, de lo que ya no está más ahí. Las instalaciones de la mina son un signo visible de su ausencia, y sus nombres son un recordatorio irónico de lo que alguna vez fueron hitos del paisaje.

## Cianuro, agua y oro

La primera parada de nuestro *tour* minero fue en el dique del río Rejo. Salimos del ómnibus y caminamos por el puente peatonal por encima del dique, lo que nos permitió tener una visión del agua a ambos lados. La función del dique era la de controlar las crecientes cargas de sedimento generado por las operaciones de la mina, especialmente durante la estación lluviosa. Alfredo destacó que el agua del dique fluía directamente hacia la piscigranja ubicada en la Granja Porcón, justo aguas abajo de donde nos encontrábamos, y que las truchas servían como una suerte de bioindicador de la calidad del agua. Alfredo no mencionó que el dique fue construido luego de muchos incidentes que condujeron a la muerte de miles de truchas de la Granja Porcón en 2002. En el informe anual de Yanacocha para ese año se mencionan tres eventos: el 28 de mayo, 8000 truchas murieron por sofocación cuando una tormenta provocó una mayor carga de sedimento proveniente del área de operación de la mina. El 3 de agosto, las obras de construcción mataron 2200 truchas, mientras que otro evento ocurrido entre el 26 de octubre y el 7 de noviembre llevó a la "desaparición" de 26.500 truchas (Minera Yanacocha 2002: 66). Luego de estos eventos, Yanacocha implementó algunas medidas de control de sedimentos en la piscigranja. La empresa suscribió acuerdos de cooperación con la directiva de la Granja Porcón y la piscigranja se convirtió en una suerte de exhibición empleada para demostrar que la minería y otras actividades económicas podían coexistir. Para los críticos a Minera Yanacocha, no obstante, la muerte de las truchas ofreció una clara señal de que existían problemas con la calidad del agua proveniente de la mina.

Prosiguiendo con la visita, el ómnibus nos llevó desde el dique del río Rejo hacia el interior de la propiedad de la mina. A diferencia de los métodos extractivos que requieren construir socavones dentro de la tierra para seguir a las vetas de minerales, la minería a tajo abierto implica la extracción de las capas superficiales de suelo para exponer los depósitos de mineral de baja ley que se encuentran más abajo. En promedio, el mineral extraído en Yanacocha contiene entre 0,8 y 1 gramo (0,03 onzas) de oro microscópico (llamado también "oro invisible") en cada tonelada extraída. El primer paso en el proceso minero consiste en perforar huecos en el tajo para llenarlos de explosivos, los cuales son detonados para romper grandes bloques de tierra. Más de 500.000 toneladas de tierra son movidas cada día a medida que camiones de transporte sacan capa tras capa de tierra, roca sin valor y mineral. Un tajo minero puede tener un área de más de 150 hectáreas y más de 500 metros de profundidad. Si el tajo abierto ha de extenderse por debajo del nivel freático, debe ser drenado para poder proceder a la extracción minera. En este proceso, el agua debe ser bombeada permanentemente desde pozos ubicados alrededor de la mina con el fin de disminuir el nivel freático. El drenado del agua es necesario para garantizar la estabilidad de los muros de la mina y para prevenir inundaciones. Los críticos sostienen que la minería a tajo abierto reduce drásticamente el nivel freático y altera los flujos de agua subterráneos y superficiales, pero la empresa niega que sus operaciones tengan un efecto sobre la disponibilidad de agua.

El mineral extraído del tajo es triturado hasta convertirlo en roca astillada y es apilado en cúmulos que pueden llegar hasta los 120 metros de altura (véase la imagen 2.3). La pila de lixiviación es humedecida con una solución de cianuro que tiene una concentración de 50 partes por millón (o 50 gramos de cianuro por 1000 litros de agua). El cianuro tiene la cualidad de amalgamarse con el oro, de manera que a medida que se filtra a través de la cancha de lixiviación recoge y lixivia las partículas microscópicas de oro. La solución de cianuro atraviesa el mineral para producir una "solución rica" (también llamada "solución preñada") que contiene oro y plata. Para ubicar una pila, el área donde se depositará el mineral es limpiada de grandes rocas y cubierta con un revestimiento de tierra (arcilla compactada) de 30 centímetros de espesor. Luego se instala la geomembrana (un revestimiento de polietileno) para conseguir impermeabilidad e impedir fugas, y esta es cubierta con otra capa de tierra fina de 30 centímetros de espesor. Se instalan tubos por debajo de la pila para recolectar la rica solución y dirigirla al pozo de

*Imagen 2.3.* Pila de lixiviación (en segundo plano) y estanque. Fotografía de Brando Palacios.

lixiviación, desde donde es bombeada hasta la planta procesadora. El ciclo de lixiviación puede durar desde varios días hasta varios meses, dependiendo de la cantidad y calidad del mineral.

El oro en la solución preñada es recuperado empleando uno de dos procesos: el método Merrill-Crowe de precipitación de zinc (empleando polvo de zinc, el cual reacciona con el cianuro, para solidificar el oro), o mediante la adsorción con carbón activado (el carbón adsorbe o atrae a su superficie las partículas de oro). El oro es fundido en el lugar, y vertido para crear lingotes de oro doré, que contienen alrededor de 90% de oro puro. Los lingotes de oro doré son embarcados para ser enviados a una refinería ubicada fuera de la mina donde pasan por nuevos procesos.

Una vez que el oro ha sido recuperado, la solución que queda (y que todavía contiene cianuro) es enriquecida con más cianuro y reutilizada en el proceso de lixiviación. Dado que la solución de cianuro es reciclada, antes que tratada y soltada al ambiente, Minera Yanacocha considera que su proceso de lixiviación es un sistema "cerrado". A medida que nos reunimos alrededor de la pila de lixiviación durante nuestro *tour* por la mina, Alfredo describió un proceso aparentemente impecable. No obstante, los activistas ambientales sostienen que los derrames de cianuro y los accidentes plantean riesgos significativos para los humanos y la vida silvestre (Mineral Policy Center 2000). En la planta Aural Gold, en Rumanía, en el año 2000, un derrame de relaves cargados de cianuro contaminó el río Tisza, matando la vida silvestre acuática y envenenando los abastecimientos de agua. El derrame dio como resultado la muerte de 1240 toneladas de peces, y la contaminación fue hallada cuatro semanas después a 2000 kilómetros del origen del derrame (Morán 2001b). Debido a la elevada naturaleza tóxica del cianuro, su uso en minería es controvertido. El cianuro fue empleado por primera vez a gran escala durante la década de 1970,[5] y hoy en día es ampliamente utilizado en la industria del oro de todo el mundo (más del 90% de lo extraído en las minas, se extrae mediante el proceso de lixiviación con cianuro). En los Estados Unidos, algunos estados (como Montana) han ilegalizado su uso, prohibiendo el desarrollo de nuevas minas basadas en la lixiviación con cianuro.

En la narrativa de Minera Yanacocha acerca del proceso minero, todas las sustancias tóxicas son cuidadosamente controladas con sensores que permiten detectar fugas de la solución de cianuro en las pilas y los pozos. Un sistema de drenajes subterráneos, tuberías y pozos de captación de agua de lluvia recoge todo el exceso de agua proveniente del proceso minero y el exceso de caudal producido durante la estación lluviosa, y lo dirige a la planta de tratamiento de aguas de exceso (PTAE) antes de ser liberada en la cuenca Honda. En un proceso diferente, el agua ácida (producida cuando los

5. La lixiviación con cianuro es una vieja práctica que se remonta a Nueva Zelanda, en 1889, y a Sudáfrica, en 1890 (Hilson y Monhemius 2006).

minerales entran en contacto con agua y oxígeno) es conducida a la planta de tratamiento de aguas ácidas (PTAA) antes de ser soltada en el medioambiente (véase imagen 2.4). La parada final de nuestro tour (antes de un abundante almuerzo en la cafetería de la mina) fue en la PTAA, donde se trata el agua subterránea proveniente de los drenajes de la mina y la que se filtra de los depósitos de desmonte de roca. Esta agua es mezclada con cal para neutralizar la acidez, y pasa por un clarificador que hace que se precipiten los metales, separando los líquidos de los sólidos. El sedimento que contiene metales, y que es recogido después del proceso de clarificación, es devuelto a la pila de lixiviación. Las evaluaciones de impacto ambiental de la empresa afirman que el agua ácida proveniente de los tajos mineros será tratada durante el tiempo que sea necesario (e. g., MWH 2006b). Sin embargo, para los ambientalistas y las poblaciones locales preocupadas por los impactos futuros de estas operaciones, la factibilidad de este compromiso permanente y costoso, y la capacidad de las autoridades peruanas para exigir su cumplimiento son cuestiones que plantean dudas.

Una vez que el agua satisface los estándares legalmente aceptables para sólidos suspendidos y los niveles de pH, es soltada en el reservorio San José, construido a partir de un viejo tajo abierto y utilizado para almacenar agua destinada al uso de las comunidades locales. Parte del agua es también liberada directamente en el Río Grande (véase imagen 2.5), el cual abastece de agua a la planta de tratamiento municipal El Milagro para su posterior consumo por los residentes de la ciudad de Cajamarca. Minera Yanacocha también suelta agua tratada hacia los canales de riego cuyas fuentes de agua fueron contaminadas o desviadas por las operaciones de la mina. Durante nuestro *tour*, algunos de estos canales de riego eran visibles en medio de las instalaciones de la mina, mostrando así la difícil coexistencia de la mina y los sistemas locales de irrigación perturbados por las operaciones mineras.

Las modernas prácticas de minería en Yanacocha resquebrajaron, reconfiguraron y movilizaron conexiones entre los campesinos, la tierra, el agua de riego, el ganado, las praderas y otros elementos

*Imagen 2.4.* Planta de tratamiento de agua ácida, Mina Yanacocha. Fotografía de Brando Palacios.

del paisaje. Al igual que en la sierra central, la expansión minera en la región de Cajamarca provocó cambios que influyeron en la migración, el desarrollo urbano y los medios de sustento económicos, pero las tecnologías invasivas de la minería moderna de gran escala han dado lugar a nuevas preocupaciones para las comunidades aledañas a la mina Yanacocha. Una de las diferencias importantes entre la megaminería y la minería de socavones es el efecto que cada tipo de operación minera tiene sobre los recursos hídricos. La desaparición de los manantiales de agua, los cambios en los flujos y la calidad del agua en los canales de irrigación, y las tensiones provenientes de las disputas por causa del agua y la tierra han desencadenado una intensa oposición a la expansión minera. Al mismo tiempo, la promesa de las empresas mineras de crear puestos de trabajo y oportunidades económicas han dejado a la gente con expectativas frustradas. La

*Imagen 2.5.* El agua procedente de las instalaciones de tratamiento de Yanacocha es soltada hacia el Río Grande. Cortesía de Grufides.

dificultad de la Cerro de Pasco Corporation para satisfacer sus necesidades de mano de obra y la habilidad de los campesinos para mantener inicialmente medios de sustento agrícolas junto con su trabajo en la industria minera, contrasta profundamente con la experiencia de las comunidades de Cajamarca. Aquí, Minera Yanacocha enfrentó un conjunto de condiciones muy diferente —un área densamente poblada, un excedente de trabajadores no calificados y comunidades cuyas actividades agropecuarias se vieron afectadas por la mina—.

La minería moderna de gran escala trae también consigo nuevos riesgos que no siempre son evidentes en la retórica de la minería limpia, responsable. El primer gran revés para la moderna industria minera peruana llegó con un derrame de mercurio el año 2000. Por ese entonces, los problemas en las comunidades que rodean a la mina Yanacocha —desde las tierras usurpadas a los campesinos hasta la muerte de truchas y flujos reducidos de agua— ya se habían hecho públicos. Pero fue el derrame de mercurio en Choropampa, considerado el más grande derrame de mercurio en el mundo, el que dejó en claro que la minería moderna no era tan segura como decía ser. En junio de 2000 se cayó un bidón de mercurio de un camión (de propiedad de, y operado por, ANSA, un proveedor peruano contratado por Minera Yanacocha) que viajaba desde la mina Yanacocha hacia la capital, Lima. Hasta el derrame, la gente local no había sido consciente de que el mercurio era un subproducto del proceso minero del oro, dado que la empresa no había hecho pública esta información. Cuando se derramaron 330 libras de mercurio a lo largo de un tramo de la carretera a unos ochenta kilómetros de la mina, las amenazas potenciales de la minería moderna se tornaron muy evidentes. La empresa fue reprochada por su lenta respuesta al derrame y por la insuficiencia de sus esfuerzos de limpieza. Niños y adultos manipularon el mercurio antes de que el pueblo fuera alertado acerca de sus peligros, y un estimado de 130 personas fueron hospitalizadas por envenenamiento con mercurio. Las consecuencias del derrame, añadido al hecho de que Minera Yanacocha no revelara la presencia del mercurio en sus operaciones, generaron una desconfianza pública con respecto a la empresa y modificaron irrevocablemente la percepción de la gente sobre la mina.

A pesar de la ocurrencia de accidentes como el derrame en Choropampa, las empresas mineras insisten en que las operaciones cotidianas son cuidadosamente monitoreadas y que no crean contaminación o impactan negativamente en el medioambiente. Minera Yanacocha le aseguró a la población local que está comprometida con el monitoreo de las condiciones ambientales y la salvaguarda de los recursos hídricos, pero mucha gente respondió con escepticismo a estas afirmaciones. No obstante, reunir evidencia científica para demostrar que una empresa minera está contaminando o reduciendo el caudal del agua en los canales de regadío con frecuencia es algo complejo, puesto que los efectos del cianuro, el mercurio y otras sustancias tóxicas no siempre son visibles o sencillos de comprobar en forma definitiva.

Tal como mostré en el capítulo anterior, la visibilidad de los problemas ambientales en La Oroya se evidenció a través de la interacción de varios actores y conocimientos a lo largo de la historia de la fundición. De manera similar, en las comunidades aledañas a la mina Yanacocha, lograr que los efectos de la minería fueran visibles iba a requerir también de un esfuerzo concertado. Las empresas mineras se apoyan en estudios científicos y herramientas técnicas para respaldar sus afirmaciones, y los manifestantes se están apropiando también del lenguaje y las herramientas de la ciencia para demostrar que la minería ha causado cambios en el agua, el suelo y las praderas. En lo que sigue de este capítulo, me concentro en las definiciones disputadas sobre "contaminación" y los debates acerca de la calidad y la cantidad del agua. Analizo las controversias sobre un programa participativo de monitoreo del agua y la despolitización del conflicto local mediante el uso de estudios técnicos y prácticas de transparencia, participación y diálogo.

## Los conflictos sobre el agua y la contaminación

Desde que Minera Yanacocha inició sus operaciones, la gente que vive en la vecindad de la mina se ha quejado de los efectos de esta en la calidad y cantidad del agua. Algunas de estas quejas fueron recogidas por la Oficina del Asesor en Cumplimiento o CAO (al igual que en otros países donde opera, localmente era conocida por sus siglas en inglés). La CAO fue creada en 1999 para investigar las quejas de las comunidades afectadas por proyectos en los que la Corporación Financiera Internacional (CFI) y el Organismo Multilateral de Garantía de Inversiones (OMGI) (ambos del Grupo del Banco Mundial) estuvieron involucrados. Con sede en Washington, D. C., la CAO se dedica a "mejorar en el terreno los resultados sociales y ambientales" y a "impulsar una mayor rendición pública de cuentas" (CAO 2013), en respuesta a las quejas y pedidos de auditoría relacionados con los proyectos de la CFI y el OMGI.

En Cajamarca, la CAO respondió inicialmente a dos quejas: una de la Federación de Rondas Campesinas Femeninas del Norte del Perú (Ferocafenop) acerca de los impactos de la mina, y otra de las personas afectadas por el derrame de mercurio en Choropampa. Con el fin de abordar las preocupaciones de los grupos locales, la CAO formó una mesa de diálogo y consenso, y organizó foros de debate. Las iniciativas de la CAO estuvieron plagadas de controversias desde un inicio. Muchos de los grupos que fueron invitados a participar en la Mesa sostuvieron que, dado que la CAO era financiada por uno de los accionistas del proyecto minero (la CFI), su labor no podía ser considerada imparcial. La labor de la CAO en Cajamarca nunca logró la confianza de los actores locales, particularmente de aquellos que eran más críticos con respecto a la mina. No obstante, la labor de la Mesa ejemplifica la compleja política del agua que parecía dominar los conflictos mineros de Cajamarca. Las cuestiones relativas a los efectos de la mina sobre los recursos hídricos fueron una preocupación constante para la población local. ¿Era segura el agua para consumo humano? ¿Ha disminuido el nivel del agua de los canales de regadío? ¿Yanacocha estaba haciendo lo suficiente para prevenir la contaminación? En una reunión en octubre de 2001, los participantes en la Mesa determinaron colectivamente que las preocupaciones acerca de la calidad y cantidad del agua eran los temas prioritarios para los residentes rurales y urbanos (CAO 2006). La Mesa encargó un estudio independiente del agua para evaluar el impacto de la actividad minera sobre los recursos hídricos y contrató a una empresa denominada Stratus Consulting (con sede en Colorado, EE. UU.) para que realice el estudio, el cual fue completado en 2003.

El estudio concluyó que la mina "alteró la calidad y la cantidad del agua en algunas ubicaciones y en algunas ocasiones" (Stratus Consulting 2003). La mina descarga agua que ha sido tratada de modos que pueden elevar la acidez y modificar las concentraciones de metales, sulfato y calcio, lo que puede conducir a mejoras o a la degradación de la calidad del agua. Con respecto a la cantidad de agua, los vertederos de roca de deshecho atajan la precipitación pluvial y demoran el flujo hacia los arroyos y la infiltración de agua en el suelo. La lluvia también lixivia los metales y el ácido de la roca e, incluso, una vez tratada, la infiltración ácida y la cal empleada para tratarla pueden cambiar la calidad del agua cuenca abajo. Otros impactos son creados con la eliminación de la vegetación en los suelos para la minería, la construcción de caminos y las edificaciones relacionadas con la mina, todo lo cual incrementa el volumen de agua que llega a los arroyos como escorrentía y reduce el volumen de precipitación pluvial que se filtra en el suelo para recargar el agua subterránea. Finalmente, la actividad minera causa una creciente erosión y transporta los sedimentos hacia los manantiales, particularmente durante la estación lluviosa (Stratus Consulting 2003). Si bien estos impactos fueron discutidos, el estudio determinó que los cambios en la calidad del agua no eran lo suficientemente serios como para plantear inminentes peligros de enfermedad o muerte para la gente, el ganado o los cultivos; es más, concluyó que la mina no había afectado la calidad del agua para consumo humano en la ciudad de Cajamarca.

Sin embargo, los límites aceptables de metales pesados y otras sustancias tóxicas ocasionalmente eran excedidos en algunos sitios cercanos a la propiedad de la mina, lo que instó a los consultores a recomendar el permanente monitoreo del agua. Esta recomendación fue asumida por la Mesa, la cual estableció un programa de monitoreo participativo. Las metas del programa de monitoreo fueron "incrementar la confianza y asegurar la credibilidad de la información ambiental que es generada regularmente en Cajamarca; proseguir con la naturaleza colaborativa, participativa y transparente del estudio de agua de la Mesa; y estimular la participación de la comunidad en la custodia vigilante de los recursos hídricos" (CAO 2005: 2).

El estudio del agua de CAO convocó a Minera Yanacocha, SEDACAJ (la empresa municipal encargada del abastecimiento de agua para la ciudad de Cajamarca) y COMOCA, la organización encargada del monitoreo de los canales de regadío. Miembros de la Granja Porcón y de las comunidades de Yanacancha y Llaucán participaron también en el estudio de monitoreo de los canales y las aguas superficiales en sus respectivas áreas. Tras el estudio de Stratus Consulting, se estableció un conjunto de programas de monitoreo, pero estas organizaciones ya estaban involucradas en el monitoreo de la calidad del agua con el respaldo y financiamiento de Minera Yanacocha. Por lo tanto, el rol del equipo técnico de la Mesa no fue el de introducir un nuevo programa de monitoreo, sino el de acompañar a las organizaciones participantes en la toma y la recolección de muestras dobles en un conjunto de lugares con el fin de comparar los resultados y evaluar la validez y la calidad de los datos (CAO 2005). El estudio se basó en más de cien puntos de monitoreo en manantiales, canales y otros recursos hídricos que se encuentran cuenca abajo de la mina, y fue conducido entre julio de 2004 y agosto de 2005.

El equipo de monitoreo estuvo conformado por un coordinador técnico y un asistente técnico de la CAO, así como por veedores de las organizaciones participantes. El equipo realizaba trabajo de campo durante cuatro días a la semana con el fin de cubrir todos los puntos de monitoreo identificados en el estudio. Yo observé el proceso de monitoreo durante una excursión en julio de 2005, justo cuando el estudio estaba por concluir. El día comenzó en un lugar de encuentro en el centro de Cajamarca, donde me reuní con los técnicos de la CAO. Fernando y Emilio eran de Cajamarca, habían trabajado en el estudio de Stratus Consulting y fueron contratados nuevamente para el trabajo de monitoreo. Dos representantes de Minera Yanacocha facilitaron camionetas para el transporte y recogieron a otras tres personas que representaban a las instituciones involucradas. Juntos, proseguimos hacia la mina, dado que los puntos de monitoreo del día se hallaban dentro de su propiedad, si bien incluían canales utilizados por las comunidades vecinas (Quishuar, Encajón Collatán y Llagamarca). Nos dividimos en dos grupos, preparamos las botellas de agua y las provisiones, y caminamos hasta el punto de monitoreo más lejano.

Se nos unieron tres usuarios del canal, quienes actuarían como veedores en representación de sus comunidades. Los campesinos llevaban puestos los cascos protectores y los chalecos de seguridad de Yanacocha, lo que daba la impresión de que trabajaban para la empresa minera, pero de hecho ellos estaban obligados a ponerse los equipos de seguridad mientras inspeccionaban su canal puesto que se encontraban dentro de la propiedad de la mina. A los veedores se les dio un entrenamiento básico en procedimientos de muestreo del agua, de modo que uno de ellos se puso unos guantes de látex, enjuagó las botellas y las llenó con agua procedente del canal. Algunas de las muestras requirieron bombear el agua a través de un filtro antes de meterla en la botella, una tarea que fue realizada por los veedores. Fernando, el coordinador técnico de la CAO, midió los niveles de pH y de conductividad, y realizó también una lectura de la temperatura, el nivel del agua y las coordenadas del sistema global de posicionamiento (GPS, por sus siglas en inglés). El rol de la CAO fue el de recoger muestras dobles en aproximadamente el 10% del número total de puntos de monitoreo como una medida de control de calidad. Se trataba de un proceso bastante rápido y simple, aunque Fernando mencionó que algunas de sus excursiones requerían caminatas más prolongadas y extenuantes, y que todo esto tomaba el doble de tiempo durante la estación lluviosa.

Repetimos estas actividades en otros dos puntos de monitoreo. Cuando concluimos, nos encontramos con el otro grupo, almorzamos en la cafetería de Yanacocha y retornamos a la ciudad. Los nombres de todas las personas presentes fueron registrados en un libro de actas, el cual firmamos junto con las hojas de registro incluidas en la caja de muestras que llevamos hasta el terminal del ómnibus. Una vez que las muestras fueron enviadas a la empresa de transporte que las llevaría al laboratorio en Lima, nos separamos.

Fernando, el coordinador técnico del estudio de la CAO, estaba convencido de que este proceso de monitoreo independiente era tan riguroso y objetivo como era posible. A lo largo de nuestra excursión, él enfatizó que los resultados eran imparciales y que estaba seguro de esto pues él mismo podía verificarlo; él sabía, por ejemplo, que los resultados de laboratorio que venían de Lima no habían sido manipulados. No obstante, cuando, esa mañana, explicó el proceso de monitoreo, dijo que los datos acopiados y los resultados que se derivaban de ellos tenían que pasar por la Mesa antes de que fueran hechos públicos. Él relató que la gente de Minera Yanacocha había estado furiosa con las pruebas que mostraban que se había encontrado plomo en algunas fuentes de agua, y la Mesa decidió que sería irresponsable "alarmar" a la población al contarles esto. Los funcionarios de la empresa sostuvieron que los resultados se encontraban por debajo de los niveles legales permisibles y que, por lo tanto, no eran un problema. Sin embargo, tal como explicó Fernando, los niveles permisibles en el Perú son a veces menos exigentes que los internacionales establecidos por la Agencia de Protección del Ambiente de los Estados Unidos (EPA, por sus siglas en inglés). El estudio de agua de la CAO empleó tanto estándares nacionales como internacionales para la evaluación de la calidad del agua.

Los estándares peruanos de calidad del agua son establecidos por la Ley General de Aguas, la cual distingue entre tres tipos de agua: Clase I, agua para uso doméstico con tan solo una simple desinfección; Clase II, agua no tratada para el consumo doméstico; y Clase III, agua no tratada para riego y consumo del ganado. Los resultados eran también comparados con lineamientos internacionales, incluidos aquellos establecidos por la OMS, la EPA, la División de Protección Ambiental del Estado de Nevada, Environment Canada, y la Organización de las Naciones Unidas para la Alimentación y la Agricultura (FAO, por sus siglas en inglés). Estos lineamientos internacionales fueron empleados cuando los estándares legales peruanos no estaban establecidos, o como datos de referencia.

En octubre, unos meses después de nuestra excursión, la CAO publicó un resumen de los resultados del monitoreo realizado entre abril y julio de 2005. Se publicó un comunicado en un diario local y fue difundido a través de otros medios, por las ONG y en sesiones informativas organizadas por la Mesa. El estudio de la CAO encontró que algunos canales y arroyos superaban los límites máximos permitidos establecidos en la Ley General de Aguas para el agua de Clase

III durante algunos meses. Por ejemplo, el plomo superaba los límites establecidos para la Clase III en el agua de riego en los canales de Encajón Collatan y Quishuar, y en la Quebrada San José. Cuando se aplicaron estándares del estado de Nevada, el canal Tual y la Quebrada San José superaban los límites de sólidos totales disueltos. Al aplicar los estándares de la OMS para el agua potable, el estudio halló que algunas sustancias como arsénico, plomo, cadmio y selenio superaban el límite en siete canales. Además, el estudio halló niveles elevados de bacterias coliformes totales y fecales en la mayoría de puntos de monitoreo.

A la luz de estos hallazgos, la CAO formuló las siguientes recomendaciones: (1) que las comunidades hiervan el agua antes de consumirla (dada la presencia de bacterias coliformes totales y fecales), (2) que la población adopte precauciones para el consumo de agua proveniente de los puntos identificados con niveles elevados de metales que constituyen un riesgo para la salud según la OMS, y (3) que Minera Yanacocha conduzca una evaluación de los puntos de monitoreo que superaron los límites permitidos establecidos por la Ley General de Aguas, adopte las medidas correctivas necesarias y monitoree aquellos puntos que superaron los máximos permitidos internacionalmente.

En un comunicado, Minera Yanacocha reconoció que los límites permitidos habían sido excedidos en algunos casos, pero sostuvo que estos eran incidentes aislados que habían sido "detectados, corregidos y comunicados" a los respectivos usuarios de canales. El estudio de la CAO también resaltaba los casos en los que las muestras excedieron los estándares internacionales para agua potable tratada (por ejemplo, las concentraciones de plomo en las cuencas de Rejo y Chonta). Los resultados de la CAO anotaron que las muestras no eran de agua tratada, pero que se dieron los lineamientos como referencia, reconociendo que algunos pobladores rurales utilizan los canales para consumo doméstico, debido a que no cuentan con un acceso adecuado a fuentes de agua potable. Minera Yanacocha rechazó firmemente el uso de estándares internacionales de agua potable, argumentando que estos debían emplearse únicamente para el agua potable procedente de una planta de tratamiento y que no podían ser empleados para evaluar la calidad del agua de los canales de riego y los manantiales. Los diferentes estándares ambientales empleados en el estudio constituyeron un punto principal de desacuerdo, y uno fundamental en los esfuerzos de la empresa para desestabilizar la validez de los resultados obtenidos.

El comunicado de la CAO generó una respuesta heterogénea entre el público general en Cajamarca. La Mesa ya enfrentaba obstáculos, puesto que mucha gente no sentía que podían confiar en un estudio financiado en parte por la empresa minera y que incluía la participación plena de Minera Yanacocha como un miembro del Comité Técnico de la Mesa. Adicionalmente, algunas personas le reprocharon a la Mesa su falta de transparencia y representación, y su ineficiencia para tratar los problemas generados por la mina. Por ejemplo, ¿por qué los resultados del monitoreo desde abril hasta julio fueron anunciados recién en octubre, y cómo se suponía que la gente debía afrontar la pobre calidad del agua? Dado que el monitoreo no era legalmente vinculante, la CAO solo estaba en posición de hacer recomendaciones. Pero sus recomendaciones de hacer hervir el agua resultaban risibles para muchas personas, quienes percibieron esto como un intento de absolver de responsabilidades a la empresa y de poner el énfasis en las bacterias coliformes en vez de la contaminación por metales pesados. ¿Y qué "precauciones" podían adoptar los campesinos al enfrentarse a la contaminación por sustancias tóxicas en sus canales?

No obstante, a pesar de los problemas, algunas personas también estaban sorprendidas de que tales resultados condenatorios hubiesen llegado a publicarse. La reacción del padre Marco Arana, uno de los más severos críticos de la mina, fue que "Yanacocha debe haberse quedado dormida un día"; él no podía comprender cómo es que la empresa pudo haber permitido que tal comunicado se publicara. Aunque muchos de los críticos de la mina sintieron que la CAO no fue lo suficientemente lejos, sintieron también que los resultados del monitoreo confirmaban lo que ellos habían estado tratando de mostrar desde hacía mucho, y que la empresa ya no podría seguir escondiendo lo que para ellos era la verdad evidente de las aguas contaminadas. Las ONG lideradas por el padre Arana, Grufides y Ecovida, distribuyeron panfletos difundiendo los resultados de la CAO. Los activistas respaldaron la decisión de incluir parámetros para el agua de consumo, sosteniendo que los campesinos, de hecho, toman la de lo canales de riego y manantiales cuando no disponen de otras fuentes. De este modo, incluso organizaciones críticas a Minera Yanacocha colaboraron indirectamente en un proceso del que habían sido periféricas, fortaleciendo así la validez del estudio y la confiabilidad de los datos técnicos.

En Cajamarca, el agua ayudó a unir en una lucha común a actores con intereses diversos y, con frecuencia, contradictorios. Sin embargo, el agua no solo congregó a personas críticas a la actividad minera —la empresa minera y sus aliados también enmarcaron sus argumentos en función de cuestiones relativas al agua—. Al pensar acerca del rol del agua en las controversias concernientes a la minería en Cajamarca, encuentro útil volver a la discusión de Latour (1988) sobre los "puntos de pasaje obligatorios" como un elemento de traducción (véase también Callon 1999). En el contexto de la guerra, escribe Latour, un ejército debe concentrar sus fuerzas solo en ciertos puntos donde puede penetrar en las líneas enemigas, convirtiendo así sus debilidades en fortalezas (1988: 44). La creación de un punto de pasaje obligatorio depende de la habilidad de algunos actores para convencer a otros acerca de su valor. El establecimiento de puntos de pasaje obligatorios produce una fortificación en la que "lo que sea que haga la gente y donde sea que lo haga, tiene que pasar a través de la posición del contendor para ayudarlo a promover sus propios intereses" (Latour 1988: 253). En los conflictos en torno a la minería, el agua fue un punto de pasaje obligatorio, uno que obligó a todas las partes a elaborar sus respectivos argumentos con referencia a la calidad y la cantidad del agua.

Independientemente de sus objetivos y posiciones antagónicas, Minera Yanacocha, las ONG, los funcionarios públicos y otros actores tuvieron que enmarcar sus argumentos en una preocupación por el agua. Los campesinos reconocieron la necesidad de traducir la experiencia en función de la evidencia visual, cuantificable, y en ocasiones acudieron a las ONG y a las agencias de gobierno para que se escuchen sus demandas. Las instituciones locales e internacionales como la CAO jugaron un rol crucial en este trabajo de traducción, brindando la experticia tecnológica, los recursos y el equipo para fortalecer sus argumentos en contra de las empresas mineras.

La intervención de la CAO trajo consigo el involucramiento de instituciones y expertos internacionales. Posibilitó también comparaciones que sacaron a Yanacocha del contexto local y la colocaron junto a otros proyectos financiados por la CFI. Este cambio de escala no solo aumentó la visibilidad de los problemas de Yanacocha sino que también intentó mostrar la rendición de cuentas y la transparencia de las partes interesadas de la mina. Los estudios del agua introdujeron también otros estándares de medición, incluidos los estándares de calidad del agua establecidos por la OMS y los gobiernos de los Estados Unidos de Norteamérica y de Canadá. Estos intentos dirigidos a estandarizar los índices ambientales ejemplifican el trabajo de traducción necesario para sustentar los cambios experimentados por las comunidades locales. Los estándares ambientales nacionales e internacionales, junto con la copiosa cantidad de datos producidos en los estudios de monitoreo y ambientales, son necesarios para hacer visibles los riesgos que son difíciles de articular (Choy 2011). Sin embargo, los resultados de las iniciativas de la CAO demuestran que estas maneras de sustentar los impactos no tuvieron el efecto previsto de producir confianza, inclusión o rendición de cuentas y transparencia.

## Política y ciencia

Dadas las heterogéneas reacciones ante la publicación de los resultados del monitoreo y otros retos que enfrentaba la Mesa, el futuro de la CAO en Cajamarca parecía incierto. El señor Ramos, un miembro del personal de la CAO, me dijo que Minera Yanacocha prefería acuerdos bilaterales en los que pudiese negociar directamente con las partes afectadas. Para la empresa, la Mesa era un mal necesario: participó en ella a regañadientes y la esquivó cuando pudo. Debido a todos los pleitos y divisiones políticas, las mesas redondas tendieron a autodestruirse o a debilitarse por sí mismas, lo que en última instancia benefició a la empresa. Al señor Ramos le preocupaba que la CAO cortase la financiación para la Mesa puesto que ellos no estaban satisfaciendo las condiciones de la institución, incluida una amplia representación y participación. La CAO había recomendado que cambien la directiva de la Mesa con el fin de ampliar la participación de otros sectores (por ejemplo, incluir a las ONG) y mejorar la aceptación pública. Pero los miembros de la directiva de entonces se negaron. Parte de su preocupación era que ellos no querían "politizar" la Mesa. El señor Ramos opinó que uno de los principales problemas para la CAO era que "los temas son fácilmente manipulados en términos políticos". Dijo que toda Mesa era "invadida" por personas con intereses políticos, lo que significaba, por ejemplo, gente haciendo campaña electoral, pero la CAO había tratado de impedir esto desde un inicio. El señor Ramos habló también acerca de "el curita" (refiriéndose al padre Arana) y de su capacidad de ganarse lentamente a la gente debido a su rol como autoridad religiosa, dado que los sacerdotes tienen mucha influencia en la zona rural. Repitió un comentario que yo había escuchado muchas veces: "Los campesinos son muy fáciles de manipular". La posición de la empresa era que la CAO debía ser cuidadosa al presentar los resultados del monitoreo (i. e., aquellos que demostraban la presencia de contaminantes), de modo que no causara alarma o infundiera miedo en la gente. Más aún, los funcionarios de la empresa asumieron que las ONG y las personas quisieron hacer públicos los resultados como una manera de promover sus intereses políticos. Ellos creían que lo científico y lo técnico (y, por lo tanto, "lo ambiental") podía mantenerse separado de lo social y lo político.

Los funcionarios de Minera Yanacocha y quienes respaldaban a la industria minera, con frecuencia sostuvieron que aquellos que estaban "radicalmente" opuestos a la minería tenían intereses políticos y que, por lo tanto, sus demandas no eran legítimas. Se pensaba que muchas de estas personas tenían aspiraciones personales (por ejemplo, conseguir votos para las siguientes elecciones) y pertenecían a grupos izquierdistas radicales que se oponían a la inversión privada, o, peor aún, que tenían vínculos con organizaciones terroristas. De otro lado, las personas que criticaban las operaciones mineras sentían que su exclusión de estos espacios significaba que sus preocupaciones no estaban siendo escuchadas. Fue precisamente por esas razones que ellos se organizaron políticamente, y muchos sintieron que la participación en la política electoral era la única forma de realizar cambios concretos. Los esfuerzos para eliminar los "intereses políticos" como una forma de aligerar las tensiones existentes, de hecho, contribuyeron a los conflictos, al excluir a ciertos segmentos de la población, deslegitimando argumentos particulares (por ejemplo, acerca de la nacionalización o de la reestructuración económica) y negándole a la gente la oportunidad de participar en espacios establecidos para el diálogo.

A pesar de sus críticas a la CAO y a otros estudios auspiciados por la industria, mucha gente todavía creía que los sistemas de monitoreo más transparentes, participativos, podrían contribuir a evitar los conflictos y a revelar la verdad acerca de la contaminación y los niveles de agua. El lenguaje del monitoreo participativo había pasado a formar parte del discurso tanto de las ONG como de la empresa, combinando sus diversos intereses al ofrecer una meta común. Por ejemplo, en 2008, a un encuentro nacional de "monitoreo ambiental participativo y de comités de vigilancia en áreas mineras" asistieron 270 participantes, incluidos representantes de 23 comités de monitoreo participativo, 16 empresas mineras, 9 instituciones estatales y más de 30 ONG e instituciones internacionales. El evento, denominado "El agua nos reúne", fue cofinanciado por las ONG y el sector minero (Asociación Civil Labor 2008). Durante mi trabajo de campo, observé muchos ejemplos de monitoreo participativo realizados por Minera Yanacocha y por organizaciones de base. En un caso, Yanacocha trabajó con un colectivo local en San Cirilo, un sitio contencioso de expansión minera, para examinar la calidad del agua y medir los caudales. Este tipo de monitoreo participativo le brindó varios beneficios a la empresa. En primer lugar, estas actividades (que eran fotografiadas, videograbadas y ampliamente difundidas en los materiales de relaciones públicas de la empresa) ayudaron a crear una imagen de consentimiento de la comunidad (incluso en lugares en los que, como San Cirilo, estaban profundamente divididos con respecto a las acciones de la empresa). En segundo lugar, el monitoreo proporcionó datos de línea de base antes del inicio de un proyecto minero, lo cual podría haber permitido que la empresa afirme que existía una pobre calidad de agua antes de la actividad minera. Si se podía demostrar que el agua no era apta para el consumo y que la comunidad había aprendido a vivir en esas condiciones, la empresa sería absuelta de responsabilidades ulteriores (Goldman 2005: 117).

En otro caso, acompañé a miembros de la Asociación de Defensa y Educación Ambiental (ADEA), una ONG pequeña y de corta vida, hasta una de las comunidades más cercanas a la mina. Ellos organizaron un taller en el que se les enseñaba a los residentes a realizar lecturas simples de los niveles de acidez del agua empleando tiras de prueba de pH. Se podría sostener que el valor de tales iniciativas va más allá de los resultados de la prueba, puesto que estos talleres tienen el efecto indirecto de educar y facultar a las comunidades locales (Kinchy 2012). Pero existen también potenciales peligros, dado que las empresas pueden desacreditar muy fácilmente los intentos de los no-expertos de monitorear y documentar cambios en la calidad del agua. Más aún, estas iniciativas siempre dependen de la financiación inconsistente y limitada de una ONG. ADEA perdió su principal fuente de financiamiento, la cual provenía de una ONG canadiense, cuando el gobierno de Canadá (a través de su embajada en Lima) presionó a las ONG para que dejen de apoyar a las organizaciones peruanas que protestaban en contra de las empresas mineras y las amenazó con suspender su financiamiento público (Peru Support Group 2007). Una vez que las ONG fueron puestas en la mira (por los medios, agentes de gobierno y donantes internacionales), se volvieron crecientemente cautelosas con relación a su participación en asuntos mineros para no ser acusadas de fomentar la violencia.

Las exigencias y prioridades de las agencias financiadoras podrían contribuir, en parte, al pedido de actividades que enfatizaran el monitoreo y la educación ambiental. Las crecientes tensiones y controversias en torno a la minería presionaron también a las ONG para que se centrasen en actividades que ellos considerasen menos confrontacionales. Al igual que la industria minera, las ONG dependían también de mecanismos técnicos y de datos científicos, pero sentían que los estudios y la información existentes carecían de objetividad. La solución, por lo tanto, descansaba en su habilidad para asegurar financiación y experticia que no dependieran de la industria minera, las instituciones financieras o el gobierno.

Al mismo tiempo que la CAO realizaba el monitoreo del agua, Grufides se encontraba desarrollando un nuevo "Programa Independiente de Monitoreo Participativo" que ellos gestionarían con el apoyo técnico y financiero de sus aliados y socios internacionales. Este programa pretendía que el estudio fuera más holístico, para lo cual incorporaron indicadores sociales y de salud como parte del mismo. Por el contrario, los miembros de Grufides percibieron que el monitoreo de la CAO tenía un alcance muy limitado y era demasiado concesivo, dada la asociación de la CAO con la CFI y la empresa minera. Mediante proyectos de monitoreo independiente y otras iniciativas, las organizaciones de base y las comunidades locales estaban llamando la atención sobre la manera en la que se hacen los estudios. Sus argumentos resaltaban el contexto social en el que se produce la ciencia, y no tan solo los resultados obtenidos mediante estudios científicos. Era un reconocimiento implícito de que la ciencia jamás está libre de valores, puesto que la manera en la que un estudio es financiado, así como el proceso mediante el cual se obtiene la información, determinan la validez de los resultados. Esto es algo que las empresas, al insistir en la separación entre ciencia y política, no estaban dispuestas a reconocer.

Luego de la publicación del comunicado de la CAO, las preocupaciones de los usuarios de canales permanecieron irresueltas. En febrero de 2006, los usuarios de canales presentaron una petición a la CAO en la que pedían apoyo para adquirir información acerca de la cantidad de agua en los canales, ríos y manantiales (CAO 2006). Ellos solicitaron un estudio independiente de la cantidad del agua y solicitaron el apoyo de la CAO. En respuesta a su pedido, en julio de 2006, la CAO auspició un taller de dos días para compartir información.

A la reunión asistieron dos de los expertos en agua de Yanacocha, quienes respondieron a las preguntas planteadas por los usuarios de canales. Veintitrés usuarios de canales asistieron al evento durante el primer día, y dieciséis el segundo día. Después del taller, la CAO informó sobre lo actuado como sigue:

> Los usuarios de canales hicieron preguntas específicas sobre si la cantidad de agua ha sido reducida, dónde y en qué medida. MY [Minera Yanacocha] respondió que el impacto de la compañía sobre la cantidad de agua en los arroyos y canales es mínimo. Desde la perspectiva de la compañía, MY tiene muy poco impacto sobre la cantidad. En respuesta, los usuarios de canales mencionaron un número de lagunas y manantiales que existían anteriormente, pero ahora se han secado (en el caso del área de San José) o han desaparecido (en el caso de la Laguna Yanacocha).
>
> Los usuarios de canales argumentaron que [...] los caudales han cambiado dramáticamente y el contenido de sedimentación ha aumentado. En algunas instancias, se ha añadido cal, y los caudales aparecen significativamente reducidos. Ellos creen que el carácter general de los canales ha cambiado. (CAO 2006)

En respuesta a las preocupaciones de los usuarios de canales acerca de la desaparición de los manantiales de agua, los ingenieros de Yanacocha insistieron en una diferencia entre los manantiales permanentes y estacionales para argumentar que un descenso en los caudales de agua es normal durante la estación seca. Los usuarios respondieron que ellos comprendían esta diferencia, pero que los manantiales permanentes tenían caudales bastante menores de los que solían tener. Las preocupaciones de los usuarios ilustran también las diferencias existentes en la manera en la que ellos y la empresa estaban evaluando la calidad del agua. Si bien Yanacocha buscó sustituir el agua de manantiales naturales con agua tratada, y apoyarse en los estándares legales para determinar su calidad, los usuarios de canales resaltaron otras características que ellos consideraban importantes:

aumento en la sedimentación (lo que enturbia el agua), la adición de cal, los caudales de agua reducidos y otros cambios en las características de los canales. Sin embargo, las notas de la CAO acerca de los comentarios de los usuarios de canales ("ellos creen que el carácter general del canal ha cambiado") implican que sus quejas se basan en percepciones (no en conocimientos) de cambios inespecíficos que no podían ser cuantificados o demostrados científicamente.

Esta interacción entre los campesinos y los representantes de la empresa, y el rechazo implícito por parte de la CAO de las preocupaciones de los usuarios de canales, ilustran el *impasse* que es típico de los debates en torno a los impactos mineros. Los usuarios del agua tienen maneras de evaluar la calidad del agua que no coinciden con los parámetros técnicos. Mientras que los campesinos dependen de, e incluso solicitan, más monitoreo y estudios científicos, sus preocupaciones no pueden ser verificadas científicamente.

Los cambios que ellos experimentan son una consecuencia de las transformaciones producidas por las tecnologías de la minería de gran escala, las cuales son tan dramáticas como difíciles de captar y documentar en estudios conducidos por organizaciones como la CAO y las ONG, y por los propios campesinos. Los efectos de las tecnologías de la megaminería sobre los recursos hídricos han puesto los aspectos técnicos de la minería en el primer plano de los debates. Al mismo tiempo, la indeterminación de la ciencia —su carácter no concluyente— compele a que una red cada vez más amplia de personas se involucre en el proceso y que tengan un gran interés en la producción de evidencia. Las reglas de enfrentamiento devienen, incluso, en más complicadas a medida que los debates sobre la contaminación pasan a centrarse en temas como la salud y la enfermedad humana, puesto que los efectos de largo plazo de la minería en los cuerpos y ambientes son difíciles de constatar. Más aún, los costos sociales y económicos asumidos por los campesinos se arraigan en sus preocupaciones acerca del agua. Es posible que estas preocupaciones se expresen en función de la demanda de puestos de trabajo y de apoyo para el desarrollo local, o como pedidos para la construcción de reservorios y estudios de agua. El cálculo del daño y la negociación por la compensación llegan a disputarse a fondo, especialmente a medida que los reclamos y las acciones de la gente son delimitados por un discurso técnico.

Los estudios y el monitoreo de la CAO muestran cómo la ciencia y la evaluación de riesgos con frecuencia terminan reemplazando a preocupaciones mayores en torno a la expansión minera. Este proceso cambia su foco de atención y lo desplaza desde las preocupaciones sociales, políticas y éticas, hasta estudios científicos de impactos ambientales y soluciones tecnológicas. En Cajamarca, los numerosos estudios encargados por la empresa y otras instituciones ofrecieron datos acerca de la calidad del agua, pero nunca abordaron plenamente las preocupaciones de los activistas y las comunidades locales. La naturaleza participativa de esfuerzos tales como el monitoreo del agua no pudieron ocultar las evidentes tensiones y divisiones que plagaron a la Mesa desde su nacimiento. No obstante, los esfuerzos de la CAO produjeron colaboraciones, involucrando a múltiples actores, y generaron resultados que diferentes públicos interpretarían y usarían, en última instancia, de diferentes maneras. De un lado, el estudio jugó a favor de los intereses de la empresa, pero, al mismo tiempo, los activistas de Cajamarca utilizaron aspectos del estudio para impulsar sus campañas en contra de la mina, mientras que los campesinos incorporaron los argumentos de la CAO en sus propias demandas en contra de la empresa. Estas y otras luchas para lograr la visibilidad de la "contaminación" ayudarían a reconfigurar las alianzas políticas y formas de activismo a medida que la actividad minera descubría nuevos riesgos, expectativas y posibilidades de acción política.

## Segunda parte

# AGUA Y VIDA

# 3

# LA HIDROLOGÍA DE UN CERRO SAGRADO

Sentadas sobre el pasto cerca de las dos vacas de Herlinda que estaban pastando, teníamos una vista perfecta del cerro Quilish, la montaña que se había convertido en un icono del conflicto minero (véase imagen 3.1). Conforme observábamos cómo se movían las nubes por encima del cerro, ella se preguntó en voz alta si Minera Yanacocha podría seguir adelante con los planes de explotarlo. Al igual que muchas personas que viven en las proximidades del Quilish, en 2004, Herlinda había participado en las protestas contra el proyecto minero. Ella señaló la zona a donde se vio en la necesidad de correr cuando la policía comenzó a perseguir a los manifestantes lanzando gases lacrimógenos. En algún momento, alguien prendió fuego al pasto, comenzaron a lanzar piedras y la policía retrocedió. El miedo que sintió y la intensidad de los enfrentamientos estaban todavía frescos en su mente. Durante días, la gente de Tual y de otras comunidades se reunió justo en las afueras de la ciudad de Cajamarca y bloqueó la carretera que conduce a la mina. Decían que estaban allí para proteger su agua, cuya fuente se encontraba en el cerro Quilish.

La gente no permitiría que el Quilish se convierta en una mina, dijo Herlinda; harían cualquier cosa para defender su fuente de agua.

Luego agregó: "El cerro tiene que dar su consentimiento para que lo exploten". Herlinda contó que antes de que la minera comenzara sus operaciones, Brant Hinze (gerente general de Yanacocha en ese momento) y otros ingenieros hicieron una ofrenda al cerro que iban a explotar.[1] Se entregó como pago un camión cargado de azúcar a cambio del oro: eso es lo que había pedido el cerro, explicó Herlinda. Pero eso no era todo lo que quería, porque el cerro era "bravo". En los primeros años de operaciones muchos trabajadores mineros perdieron la vida "comidos" por el cerro. La empresa solo contrataba trabajadores de lugares lejanos en vez de trabajadores locales, de manera que sus familiares no supieran cuál fue su destino. Herlinda había escuchado decir a otros campesinos que, a la medianoche, el diablo (bajo la forma de una mujer rubia, a la que llamaban "La Gringa") se aparecía conduciendo un camión minero. Los trabajadores eran como chivos expiatorios de un pacto que la compañía hizo con el diablo. ¿Qué pedirá el cerro Quilish, se preguntaba Herlinda, en caso llegara a permitir que la empresa lo explote?

Este capítulo explora las relaciones forjadas entre el cerro Quilish, Minera Yanacocha y las personas que viven en las proximidades de la mina. ¿Qué significa que un cerro deba dar su consentimiento para ser explotado? ¿Cómo se relacionan los habitantes de las ciudades, las empresas mineras y los campesinos con un paisaje agentivo transformado por la continua expansión de la actividad minera? ¿Qué llevó a miles de personas a protestar contra el proyecto minero? En apariencia, las protestas en torno al Quilish comparten muchas características con otras movilizaciones en respuesta a la expansión minera. Al igual que en otros conflictos relacionados con la minería, la controversia en torno al proyecto Quilish se centró en los costos y beneficios asociados con la conversión de los cerros

1. La empresa también pidió a Alois Eichenlaub, un cura católico presente durante el tiempo en que Yanacocha comenzó a operar, que llevara a cabo una bendición en la inauguración de la mina de Maqui Maqui. El señor Eichenlaub me dijo que el gesto era un esfuerzo por establecer buenas relaciones con la Iglesia.

*Imagen 3.1.* Vista del cerro Quilish desde la comunidad vecina de Tual.

en minas a tajo abierto. Pero lo que hizo de este caso algo diferente fue que, a lo largo del conflicto, el cerro Quilish surgió como un tipo particular de cerro: uno que contiene agua y tiene un significado especial para la población local. En los materiales de la campaña en contra de la minería y en los informes periodísticos, se presenta al cerro Quilish como un acuífero —la fuente de los principales ríos y afluentes que abastecen de agua a la ciudad y las comunidades rurales—. Los activistas argumentaron que la actividad minera podría comprometer la calidad (con el incremento de la sedimentación y la potencial lixiviación de metales pesados y sustancias tóxicas en ríos y manantiales) y reducir la cantidad de agua disponible en lo que ya es, de por sí, una zona propensa a la sequía. Los manifestantes también argumentaron que la mina no debía entrar en funcionamiento porque los campesinos que viven en esta área consideran que el cerro Quilish es un *Apu*, un término quechua que comúnmente se traduce como "espíritu de la montaña" o "montaña sagrada".

Las campañas antimineras juntaron estas diversas preocupaciones de maneras que cuestionaron la representación del cerro Quilish como un valioso depósito de minerales. Cambiaron el rumbo del debate distanciándose de las preguntas sobre quién debía beneficiarse del proyecto (el Estado, las empresas extranjeras o las comunidades locales) o cómo debía ejecutarse el proyecto (i. e., qué medidas se adoptarían para garantizar la responsabilidad social y ambiental). El cerro Quilish, tal como se representaba en las campañas antimineras, no solo era una montaña rica en yacimientos minerales; era eso, pero también era un acuífero (un depósito de agua para la subsistencia) y un *Apu* (un ser animado). Al presentar la identidad del cerro Quilish como algo múltiple, las protestas cuestionaron la forma en la que habían llegado a entenderse los conflictos en torno a la minería: como conflictos de interés que cuantifican los beneficios que se derivan de un proyecto en particular frente a los costos sociales y ambientales asociados a él.

Enmarcados en torno a la protección de un acuífero y un *Apu*, los objetivos y las estrategias de las protestas antimineras no siempre encajaron dentro de los discursos de los movimientos políticos existentes centrados en los temas de la justicia económica o la nacionalización de los recursos (por ejemplo, los sindicatos locales o los partidos políticos de izquierda). Si bien en los conflictos que surgieron en todo el país aparecieron los argumentos que demandaban la nacionalización de las minas o mejores salarios y condiciones de trabajo, el activismo en contra de la minería simultáneamente incorporó y superó los discursos y prácticas políticas ya establecidos. Las protestas con relación al Quilish se convirtieron en parte de un movimiento "en defensa de la vida" que abarcaba el agua y la subsistencia, los paisajes y la identidad cultural —pero también se trataba de algo más que esto—.

El cerro no era tan solo un recurso económico que debía ser defendido, sino la corporeización de la propia vida. Al llamar *Apu* al cerro Quilish, los manifestantes sugerían que era una entidad viviente y, más aún, que otras vidas (tanto humanas como no humanas) dependían de su existencia. Los argumentos en contra de la explotación del cerro Quilish se entrelazaban con las discusiones sobre el "agua" como una sustancia vital para la preservación de la vida —la vida en un sentido biológico, en general—, pero también con relación a modos de vida particulares (y, según algunas versiones, en peligro de extinción). Además, los nuevos proyectos de la industria minera en Cajamarca y otras partes del país estaban yendo en contra de formas de vida inesperadas: no solo las especies animales y vegetales consideradas valiosas por la población local y los ecologistas, sino también entidades como los *Apus* y otros seres de la tierra que animan el paisaje andino. Las tecnologías invasivas de la minería a tajo abierto estaban alterando paisajes y, junto con ellos, las condiciones necesarias para sostener formas de vida y la interacción de estas con esos paisajes.

Tal como los antropólogos Mario Blaser (2009) y Marisol de la Cadena (2010) han señalado, muchos conflictos ambientales contemporáneos tienen origen en diferentes realidades o mundos. Los conflictos no tienen que ver simplemente con interpretaciones contrapuestas acerca de la naturaleza (que asumen la existencia de muchas culturas, pero de una única realidad), sino que deben ser entendidos como luchas por la representación, estabilización y protección de múltiples mundos socionaturales. En el conflicto que analizo, el cerro Quilish no solo era un cerro o un recurso, tampoco era simplemente "percibido" de manera diferente por los diversos grupos involucrados en la controversia; más bien, a través de las prácticas de los actores involucrados, emergió como entidades radicalmente diferentes —un valioso depósito de mineral, un cerro que posee agua, un cerro sagrado y un ser vivo—.

Este capítulo examina los actores y los procesos que colocaron a la compleja identidad del cerro Quilish en tanto acuífero-agua-*Apu* en el centro de la campaña antiminera y de los debates nacionales sobre la extracción de recursos. Sugiero que al presentar al cerro Quilish como algo más que un territorio con recursos valiosos en disputa, los manifestantes movilizaron elementos que, por lo general, están ausentes del debate público: *Apus*, espíritus y cerros sagrados existían tan solo en el ámbito del "mito", aceptados, tal vez, como rezagos de una cosmovisión andina que están desapareciendo rápidamente, pero que debían ser tomados en serio en términos políticos (De la Cadena 2010). Sin embargo, el cerro Quilish, como montaña, ser animado, agua y medio de sustento, entró en la esfera de la política y se convirtió en una poderosa fuerza con la que tuvieron que lidiar las empresas y el Estado. El cerro Quilish planteó un desafío no solo a la industria minera, sino también a los movimientos políticos y sociales que, por mucho tiempo, estuvieron definidos por su identificación con partidos de "izquierda" o "derecha", por ideologías nacionalistas, socialistas o neoliberales, o por su filiación religiosa. En medio de la diversidad de actores que se unieron a las protestas, el cerro Quilish surgió como una especie de "objeto frontera" (Star y Griesemer 1989) que se multiplicó conforme entabló relaciones con diferentes actores. Un objeto frontera es capaz de trasladarse a través de fronteras y habitar diversas comunidades de práctica, manteniendo al mismo tiempo una identidad constante. En este caso particular, la capacidad del cerro Quilish para dar cabida a diversos puntos de vista e interpretaciones permitió alianzas a través de las divisiones geográficas y políticas. La multiplicidad del cerro Quilish hizo proliferar las relaciones y las conexiones materiales que fueron cruciales para el éxito de la campaña. Los manantes de agua, los canales y los ríos que tienen su origen en el cerro Quilish le dieron a la gente de diversas comunidades una conexión directa a la lucha, y el propio cerro —no solo su potencial económico, sino la fuerza de su presencia física (cfr. Orlove et ál., 2008)— renovó el sentido de conexión de la gente con un paisaje que la minería transformaría de forma permanente.

Las respuestas políticas a la actividad minera implican a un grupo diverso de actores, y las movilizaciones se suelen organizar sin excesivo rigor en torno a múltiples demandas. Los participantes involucrados en diversos tipos de movilizaciones no necesariamente comparten intereses o una postura ideológica que define su posición frente a la actividad extractiva. Mi análisis del conflicto en torno al Quilish busca mostrar la forma en la que varios actores, en ocasiones, se congregaron de maneras que fortalecieron el movimiento; en otros momentos, sus diferentes intereses tuvieron efectos impredecibles. Por ejemplo, la importancia del Quilish como un acuífero ayudó a hacer del agua un tema central en los debates sobre la minería. De hecho, se podría argumentar que el enfoque explícito de las campañas del Quilish en torno al agua estableció el tono de las futuras protestas y debates alrededor de la actividad minera en los ámbitos regional y nacional. Si bien estos argumentos contribuyeron a convocar a partidarios en torno al movimiento en contra de la mina, también llevaron a que la empresa minera centrara sus campañas de relaciones públicas en torno a argumentos técnicos y programas de manejo del agua.

En los años inmediatamente posteriores a las protestas, la situación en Cajamarca cambió radicalmente, las ONG y el activismo minero se debilitaron, y Minera Yanacocha montó una campaña concertada que puso énfasis en las prácticas de manejo responsable del agua por parte de la mina. Sostengo que centrarse en un solo aspecto del cerro Quilish (agua) reduce la complejidad de la montaña y el desafío que planteó a la empresa. El paso de la multiplicidad a la singularidad ayudó a neutralizar la oposición al proyecto. Pero como ya he señalado, la estabilización de los hechos requiere un esfuerzo constante. Por lo tanto, el potencial para la multiplicidad se mantiene, y es posible que resurjan los conflictos que parecen resueltos.

## En defensa del agua y de la vida

En la mañana del 2 de septiembre de 2004, los manifestantes marcharon hacia el cerro Quilish para exigir que se pusiera fin a la actividad de exploración minera. En el transcurso de los quince días de protestas, miles llenaron la plaza de Armas de la ciudad de Cajamarca (véase imagen 3.2). Las protestas masivas pusieron fin a la extracción de aproximadamente 3,7 millones de onzas de oro del cerro Quilish. Tal como los activistas que estuvieron participando en las protestas comentarían más tarde, la movilización tanto de la ciudad como del campo fue crucial para detener el proyecto minero.

Las protestas congregaron a un conjunto diverso de personas, desde profesionales urbanos y usuarios de canales de riego hasta sindicatos y organizaciones religiosas. Al igual que en muchas protestas sociales, el sindicato de maestros (SUTEP) movilizó a sus bases, contribuyendo así a acrecentar el número de manifestantes. Aunque existía una vinculación de larga data entre el SUTEP y los partidos de izquierda (incluyendo al Partido Comunista Patria Roja), las protestas no se organizaron en función de líneas partidarias. En el momento del conflicto, el escenario político estuvo caracterizado por la fragmentación. Los partidos políticos se habían visto severamente debilitados luego del gobierno de Alberto Fujimori, que había dejado atrás una mezcla ecléctica de movimientos independientes. Sin lugar a dudas, los políticos establecidos y con aspiraciones habrían llevado sus propias ambiciones a las campañas del Quilish, pero los partidos políticos no jugaron un papel de liderazgo en las protestas. Por lo menos, en la memoria de los que más tarde relataron los acontecimientos, el movimiento no estuvo marcado por el protagonismo de unos pocos individuos o por el oportunismo político, sino por el apoyo masivo de personas de todas las condiciones sociales. Lo que recordaban era la participación de gente como los vendedores del mercado de la ciudad y los transportistas (choferes de las camionetas de servicio público y de taxis), que esencialmente les dieron a los manifestantes el poder de desactivar la ciudad al cerrar los negocios y paralizar el tránsito. Los estudiantes de la universidad local, los artistas, las organizaciones religiosas y las ONG se unieron a las marchas y bloqueos de carreteras.

Si bien el apoyo de la ciudad fue fundamental, la fuerza del movimiento también provino de las comunidades rurales que se verían afectadas por el proyecto minero. Se consideraba que al menos cuatro comunidades campesinas estarían dentro del área del proyecto propuesto, pero muchas más sintieron la necesidad de participar en las protestas debido a que sus fuentes de agua tenían su origen en el cerro Quilish. Los canales de riego se convirtieron en un importante vínculo que permitió que los líderes campesinos movilizaran a los miembros de las juntas de usuarios de los canales de riego. Además

*Imagen 3.2.* Protesta en contra de la explotación del cerro Quilish en Cajamarca. Cortesía de Grufides.

de los usuarios de los canales, las rondas campesinas jugaron un papel importante en las protestas. La región de Cajamarca es la cuna de las rondas, las cuales comenzaron como un medio para contrarrestar el abigeato (véase Starn 1999). Si bien se centran en la vigilancia nocturna y la impartición de la justicia comunal, las rondas son la columna vertebral de la organización política campesina y una fuente de autoridad en la mayoría de las comunidades. Los ronderos que participaron en las protestas no solo pertenecían a la provincia de Cajamarca, sino también a Bambamarca. Ellos se involucraron en la lucha porque el río y otros cursos de agua que discurren por la provincia se verían afectados por las operaciones mineras. Las juntas de usuarios de los canales y las rondas proporcionaron la estructura organizativa, tanto en el ámbito local como regional, para movilizar a la gente en forma rápida y eficaz. Sus miembros acordaron en asambleas comunales apoyar las protestas del Quilish, en algunos casos imponiendo una sanción o multa a aquellos que no participaran. Esto aseguró una amplia asistencia y la constante presencia de personas que se turnaban para mantener el bloqueo de las carreteras.

Las protestas contra el proyecto Quilish no surgieron de forma espontánea, sino que fueron el resultado de tenaces campañas de educación y sensibilización que se extendieron por casi una década. A la cabeza de estos esfuerzos estuvo la ONG Grufides —y, en particular, el padre Marco Arana, uno de sus miembros fundadores—. Grufides es una pequeña organización de desarrollo creada en 2001 por antiguos miembros del grupo juvenil parroquial de la Universidad Nacional de Cajamarca bajo la orientación del padre Arana, que era el párroco de esta universidad. Los estudiantes, con formación universitaria en diversas disciplinas como derecho, ingeniería, sociología y economía, estuvieron unidos por un interés común en la justicia social desde una perspectiva de fe católica. Después de graduarse en la Universidad, el grupo creó Grufides, con el padre Arana como director ejecutivo, y solicitó fondos a instituciones europeas y norteamericanas para proyectos de desarrollo y de educación en las zonas rurales de Cajamarca. Sin embargo, los esfuerzos de la ONG se vieron gradualmente consumidos por los problemas causados por las operaciones de explotación de Minera Yanacocha.

Grufides se convirtió en el principal contacto y fuente de información para los periodistas extranjeros, investigadores y activistas solidarios. Estas conexiones internacionales fueron cruciales para el desarrollo de gran parte de su trabajo en temas de minería y proporcionaron financiamiento no solo para el trabajo sino también para conseguir redes de expertos y de apoyo para difundir información a escala internacional. La oficina de Grufides se constituyó en un ambiente animado y en ocasiones caótico, pleno de la energía de su personal joven, voluntarios y practicantes internacionales. La zona de espera, cerca de la recepción, a menudo estaba ocupada por campesinos que llegaban a buscar asistencia o asesoría legal para hacer frente a sus más recientes problemas con la empresa. La estrecha identificación de la ONG con la defensa de las comunidades afectadas por la minería le hizo ganar reputación como "ecologista". En Cajamarca, la etiqueta de "ecologista" (en el contexto de los conflictos mineros) se había convertido en un término peyorativo para identificar a cualquier individuo u organización con una postura crítica frente a la minería.

Grufides llegó a ser vista como la principal organización "antiminera", junto con otros grupos locales. En particular, el Frente de Defensa de Cajamarca se hizo conocido por su oposición sin concesiones a la expansión de la minería. El Frente era un grupo diverso de residentes urbanos, personas con experiencia en el activismo político y líderes campesinos. Uno de sus miembros clave fue Reinhard Seifert, un ingeniero de nacionalidad alemana, pero que residía en Cajamarca desde hacía mucho tiempo. Seifert llegó a Cajamarca para trabajar temas de desarrollo rural y llevó a cabo un estudio de la industria lechera en la región. Aportó a su trabajo con el Frente su experiencia de campo, su conocimiento de la economía rural y la preocupación por la difícil situación de los campesinos. Entre quienes estuvieron involucrados en las campañas por el Quilish, e incluso entre sus detractores, se reconoce el trabajo de Seifert por construir vínculos con las rondas y salir a las comunidades rurales para dar charlas sobre los efectos de la actividad minera.

Al recordar su participación en las campañas contra Minera Yanacocha, el señor Seifert hizo una distinción entre las diferentes estrategias utilizadas para defender el cerro Quilish. Según me dijo, fue el padre Arana quien asumió y ayudó a difundir la imagen del *Apu* sagrado; en contraste, él, como científico, estaba más interesado en los argumentos técnicos contra la minería. Sus esfuerzos conjuntos —incluso como parte de una relación en ocasiones conflictiva— son indicativos de una red de colaboración que ha contribuido a la eficacia de la campaña del Quilish. Sus diferentes intereses hicieron posible una alianza, aunque no siempre convergieron. Si bien la imagen del cerro Quilish como un *Apu* tenía una apariencia romántica y añadió una nueva dimensión a la lucha antiminera, el lenguaje de los acuíferos le dio una validez científica.

Revisando los documentos que él había ido recopilando durante los varios años que duró la campaña en contra de Minera Yanacocha, el señor Seifert sacó un viejo artículo de un periódico local. Me dijo que fue allí donde apareció la primera referencia al cerro Quilish como una montaña que "posee agua". El artículo divulgado en 1996 a través de un semanario local señala: "[...] el alcalde Guerrero indicó que estos cerros son las esponjas o colchones de agua de la ciudad de Cajamarca, por lo que mostró su preocupación por los posibles trabajos de parte de la mina" (Clarín 1996). Que el alcalde de la ciudad se refiriera al cerro Quilish como una fuente de agua era un paso importante en una campaña que gradualmente fue ganando seguidores.

El agua se convirtió en una fuerza movilizadora tanto para la ciudad como para el campo. Los folletos y otros materiales propagandísticos trasmitían que el cerro Quilish está ubicado a tan solo 14,5 kilómetros, en línea recta, de la ciudad de Cajamarca, y a unos escasos 8 kilómetros desde la planta de tratamiento de agua de la ciudad, llamada El Milagro. Los activistas resaltaban que el cerro Quilish era la fuente de los ríos Porcón y Grande, los cuales, en conjunto, proporcionan el 70% del agua que se consume en la ciudad. Este mensaje tocó una fibra sensible de los habitantes de la ciudad, quienes hasta ese momento podrían haberse sentido desvinculados de la mina y los problemas del campo.

Junto a las campañas educativas llevadas a cabo por varias organizaciones, personajes clave del movimiento publicaron libros y artículos sobre las razones por las cuales el Quilish no debía ser explotado. Reinhart Seifert centró sus argumentos en contra de la mina en la evidencia de la contaminación del agua por las operaciones mineras que ya se hacían patentes (Seifert 2003). Nilton Deza, un biólogo de la Universidad de Cajamarca, escribió acerca de los riesgos de la lixiviación con cianuro (Deza 2002). Pero fue el padre Arana quien, en numerosos editoriales de los periódicos, mensajes de correo electrónico e informes de prensa, impregnó los argumentos técnicos contra la minería con lo que él veía como una dimensión cultural y moral de la lucha contra la mina. Él basó sus argumentos en la defensa de una forma de vida arraigada en Porcón, una zona conformada por comunidades campesinas que se ubica justo a la salida de la ciudad de Cajamarca y se extiende hasta la propiedad de la mina. Sus experiencias como un cura rural lo llevaban a sintonizar con las penurias de los campesinos y sus particulares formas de expresar su identidad como "porconeros" (como se les llama a las personas oriundas de Porcón).

Sin lugar a dudas, la eficacia de las narrativas que se centraron en el papel del cerro Quilish como un acuífero y un *Apu* descansaba sobre sus cualidades aparentemente atemporales. El depósito mineral que Minera Yanacocha esperaba explotar estaba ubicado en Porcón, un lugar que se había convertido en emblemático de un pasado precolonial. Estas narrativas, en ocasiones, suponían que las personas locales habían considerado siempre al cerro Quilish como la principal fuente de agua para la ciudad y la zona circundante, e insinuaban que era un *Apu* de acuerdo con "la tradición andina". Por otro lado, las contrademandas para refutar la validez de estos argumentos los desestimaban, considerándolos "invenciones" que tenían la intención de manipular. Sin embargo, ambos puntos de vista ignoraban las conexiones dinámicas y creativas entre las personas, las tecnologías y los paisajes que llevaron al cerro Quilish al centro de una compleja controversia.

Esta es la ironía del cerro Quilish: que su protagonismo como *Apu* adquirió forma en una región donde la mayoría de personas han recurrido a la evangelización y donde un cura católico se convirtió en uno de sus más importantes portavoces. Fue necesario un proyecto minero —con la amenaza de tajos abiertos, productos químicos tóxicos y cursos de agua alterados— para hacer políticamente visible y significativa en el presente la latente indigeneidad de Porcón y las relaciones de las personas con un paisaje sensible. Empleo el término "indigeneidad" reconociendo la compleja política de clase, idioma, etnia y raza en el Perú. En primer lugar, el término no es empleado por la gente en la zona rural de Cajamarca (que tiende a referirse a sí misma como "campesinos" y no como "indígenas" o "indios"). Además, no quiero sugerir que las personas son más o menos indígenas basada en un conjunto de características prescritas (por ejemplo, idioma o vestido). Tal como señalan los estudiosos, es necesario "ir más allá de pensar la indigeneidad en términos del 'todo o nada' de la autenticidad y la invención, de la supervivencia y la extinción cultural" (véase M. García 2005: 6). Reconociendo las complejas formas a través de las cuales se construyen y negocian las identidades, quiero explorar cómo llegó a articularse la indigeneidad a través de la participación de diversos actores.

## "El Quilish es más que el Quilish"

Tres años después de las protestas de 2004, el padre Arana escribió un artículo reflexionando sobre la importancia de las campañas en contra de la explotación del cerro Quilish y afirmando su compromiso inquebrantable de protegerlo: "Si la cuestión ecológica planteada por la avaricia del oro que ha puesto sus ojos en el cerro Quilish quiere entenderse como mero problema técnico-científico, pues diré siempre que no. Y lo mismo haré si quieren reducirse estas cuestiones a problemas de carácter cultural, social o simbólico-religioso. No es con medias verdades que la vida será protegida y defendida, sino con la compresión y la práctica de la ecología como cuestión integral: científica, cultural, social, política, histórica y ética" (Arana 2007). Para el padre Arana, el conflicto del Quilish no podía ser abordado tan solo con soluciones técnicas. Si se consideraba la controversia desde un punto de vista "ecológico", de acuerdo con su definición del término, sería necesario adoptar un enfoque integral que incorporara los aspectos científicos, socioculturales, políticos, históricos y éticos que estaban en juego. Considerar una de estas dimensiones por separado, sin ver el todo más amplio, solo produciría "medias verdades". Rechazando los peligros del pensamiento reduccionista, el padre Arana había escrito que "el Quilish es más que el Quilish". Lo que estaba en juego en las protestas, explicó él, no solo era la protección de este cerro, puesto que el Quilish también simbolizaba la protección del derecho de la población local al agua, a su identidad cultural y el derecho democrático a la consulta previa (Arana 2007). Evocar la multiplicidad del Quilish fue fundamental para que la lucha se hiciera conocida en los ámbitos nacional e internacional.

A pesar de que él ha tratado de restarle importancia a su papel de líder, ningún otro individuo ha tenido tanto impacto en los debates mineros en Cajamarca o suscitado tanta controversia como el padre Arana. Cuando lo conocí, en 2005, ya era una figura reconocida nacional e internacionalmente, y su apretada agenda lo llevaba de su oficina en Grufides a las comunidades campesinas, y de oficiar la misa dominical a hablar en conferencias en Lima y en el extranjero. En 2004, a raíz de las protestas del Quilish, recibió un premio otorgado por la Coordinadora Nacional de Derechos Humanos (una organización peruana de segundo nivel dedicada a los derechos humanos), el primero de varios premios, reconociéndolo como un "héroe del medio ambiente" (título que le otorgó la revista *Time* en 2009) (Chauvin 2009). El padre Arana nació y se crió en la ciudad de Cajamarca, y en ese entonces contaba con poco más de cuarenta años. Impulsado tanto por una búsqueda espiritual como intelectual, combinó su formación teológica con estudios en sociología, alcanzando el título de magíster por la Pontificia Universidad Católica del Perú. En declaraciones públicas a la prensa, el padre Arana desplegaba una tranquila elocuencia y hacía afirmaciones mesuradas. En persona era más fácil trascender su actitud seria. Por lo general, vestía informalmente, con jeans y una casaca deportiva, emanando calidez, humor y una fácil disposición, pero cualquier discusión acerca de Minera Yanacocha con seguridad despertaba en él opiniones apasionadas y un temperamento fuerte.

Cuando surgió la controversia del Quilish, él residía en la Parroquia de Guadalupe, en la ciudad de Cajamarca, junto con otros dos sacerdotes con los que compartió una sólida amistad y un compromiso con la justicia social y ambiental. Las oficinas de Grufides se ubicaban dentro de los predios de la Parroquia, justo debajo de la vivienda de los sacerdotes, y el rol combinado del padre Arana, de figura religiosa y activista de una ONG, era lo que incomodaba a mucha gente, particularmente a la jerarquía de la Iglesia católica. Los sacerdotes de la parroquia de Guadalupe reconocían las consecuencias problemáticas que podría generar la posición que tenían sobre los temas relativos a la minería, pero se mantuvieron críticos tanto frente a Minera Yanacocha como ante la Iglesia como institución. Uno de ellos me dijo: "Somos curas a pesar de la Iglesia", dejando en claro su rebeldía frente a la institución. Eran particularmente críticos del obispo de Cajamarca de ese entonces y de los sacerdotes que parecían proteger los intereses de los ricos y de las empresas mineras.

Parecían inspirados en la época en que José Dammert dirigió la Arquidiócesis, entre 1962 y 1992. El obispo Dammert fue parte de un movimiento internacional que buscó interpretar las enseñanzas de la Iglesia a través de los ojos de los pobres y los oprimidos, y trabajar en nombre de ellos. Al igual que en gran parte de Latinoamérica, las ideas de la teología de la liberación que inspiraron la obra del obispo Dammert tuvieron una influencia significativa en las ONG e individuos cuyos trabajos fusionaron las enseñanzas cristianas con temas de justicia económica, derechos humanos y, más recientemente, preocupaciones ambientales. Durante los años que estuvo en Cajamarca, el obispo Dammert dedicó especial atención a los pobres rurales de Cajamarca y apoyó la labor de las rondas campesinas, ganando amigos y enemigos en el camino. El padre Arana conoció al obispo cuando se unió a la Juventud Estudiantil Católica (un grupo de jóvenes católicos). El obispo Dammert se convirtió en un mentor para él y tuvo un papel esencial en su decisión de ordenarse sacerdote. El padre Arana empezó, de esta manera, su vida eclesiástica dentro de una iglesia militante que tuvo a los pobres como su principal prioridad, y con el optimismo juvenil compartido por un grupo que, como uno de sus mejores amigos me dijo, quería construir un mundo mejor.

Como parte de sus esfuerzos por servir a las zonas rurales, el obispo Dammert creó la parroquia Cristo Ramos, en Porcón Bajo, y envió al padre Arana a vivir allí en 1991, poco después de ser ordenado. Fue en esta época que Minera Yanacocha inició sus operaciones en Cajamarca y los campesinos contactaron al padre Arana para trasmitirle sus quejas con respecto a que la empresa estaba usurpando sus propiedades y presionándolos para que vendan sus tierras. En 1994, actuó como mediador en un acuerdo extrajudicial entre Minera Yanacocha y los campesinos, que reclamaban que la empresa minera había comenzado la actividad de exploración sin su permiso y que habían causado daños a su propiedad. Gracias a la intervención de la parroquia de Porcón, los campesinos recibieron una compensación monetaria por estos daños. Ya, en ese momento, las críticas del padre Arana con respecto a la minera estaban causando controversia y, para evitar problemas, el nuevo obispo quería que dejara la región. Dejó Porcón para continuar su formación, la misma que incluyó estudios en un seminario en Italia. Pero fue durante su permanencia como un cura rural que el padre Arana hizo contactos con la gente y se hizo de una reputación en el campo, la cual duraría más allá de sus años en Porcón. Incluso, cuando él ya no estaba allí, la gente lo buscaba para solicitar su apoyo.

El posicionamiento del padre Arana como una figura pública de confianza le permitió conocer de primera mano los altercados iniciales de los campesinos con la empresa minera e intervenir en nombre de ellos. En el proceso, su experiencia cotidiana con las comunidades rurales lo convencieron de que el cerro Quilish era más de lo que podía captarse por el valor utilitario de los recursos que ofrecía (tierra, agua y pastos) y que se podía ver afectado por la actividad minera. Los campesinos le manifestaron que siempre habían sabido que el cerro Quilish contenía oro y agua, y hablaban de una "fuente de oro" de la que brotaba agua y fluía en dos direcciones (Arana 2007). Esta, según el padre Arana, era una buena descripción de la ubicación del cerro Quilish en la zona de la divisoria continental que separa las cuencas que desaguan en el Pacífico y el Atlántico. También señalaban que, si las primeras nubes del mes de octubre aparecen por encima de la corona del cerro Quilish, el año sería de copiosas lluvias y cosechas abundantes (Arana 2007). Para el padre Arana, el significado de Quilish se evidenciaba en las historias transmitidas de generación en generación, y en los pequeños altares rituales o apachetas hechos de rocas, hasta donde los campesinos portaban agua bendita, licor, ajíes, sal, velitas amarradas, mechones de lana de oveja o pedacitos de cuero de toro o de vaca. "Acudían para rezar, primero al Dios de los Cielos, Padre de Jesucristo y luego venían las libaciones y el pago a la tierra con chorritos de agua...", escribió Arana (2007), traduciendo las prácticas de los campesinos de acuerdo con su entendimiento de la religión. De esta manera, el cerro Quilish se convirtió en un "cerro sagrado", una designación que se grabó en los medios de comunicación, aunque difería de lo que el cerro era para los campesinos: un ser agentivo con el que la población interactuaba y establecía relaciones que eran necesarias para preservar la vida.

Al igual que muchos sacerdotes que trabajaron en las zonas rurales peruanas desde el periodo colonial, el padre Arana aceptó la coexistencia de santos católicos y entidades sensibles de ofrendas especiales que se dejaban en cuevas rocosas y procesiones en honor a Cristo (como la celebración anual al Cristo de Ramos de Porcón). En sus escritos y reflexiones sobre el cerro Quilish, el padre Arana parecía golpear suavemente la conciencia de un mundo en el que las mezclas eran todavía posibles, aunque no siempre eran evidentes en la vida cotidiana de las personas. En Porcón, los *Apus* no tenían el protagonismo que tienen en el departamento sureño del Cusco, por ejemplo, donde algunas montañas son el centro de peregrinaciones anuales o son reconocidas como importantes protectores.

En la región de Cajamarca, por el contrario, la influencia del colonialismo español se impuso a muchas prácticas precoloniales. La lengua quechua indígena se habla tan solo en unas pocas comunidades, y un número significativo de la población rural asiste a las iglesias evangélicas que ahora predominan en la región. Al igual que en otras partes del Perú y Latinoamérica, el protestantismo evangélico se ha incrementado rápidamente desde la década de 1960. Según la información censal de 2007 del departamento, el 14% de la población profesa la religión evangélica (comparado con el 80% que se identifican como católicos). Si bien este es un porcentaje relativamente pequeño, los rápidos avances de las religiones evangélicas en Porcón se evidencian en la proliferación de iglesias cristianas no católicas. Además, dado que muchos católicos no son practicantes y los servicios regulares de la Iglesia no están disponibles en cada caserío, la mayoría de los practicantes activos son evangélicos. El evangelismo ha tenido una influencia significativa en la mayoría de los aspectos de la vida cotidiana, desde los aspectos políticos y de liderazgo comunitario hasta los hábitos personales, incluyendo el no consumo de alcohol. El evangelismo también desalienta cualquier comportamiento que podría ser visto como una violación de sus enseñanzas monoteístas (por ejemplo, hacer ofrendas a los muertos, o tener miedo de los lugares donde se ocultan los seres de la tierra).

Fue en este contexto que el padre Arana sostuvo que el cerro Quilish no era solo un cerro, y no solo una fuente de agua: se trataba de un *Apu* y de una fuente de vida. Era un mensaje que se convirtió en parte de sus escritos, entrevistas y sermones pronunciados durante los eventos organizados en defensa del Quilish. El 28 de agosto de 2001, miles de personas marcharon al cerro Quilish y simbólicamente demarcaron un área que había sido declarada área protegida en una controvertida ordenanza municipal. Los siguientes son fragmentos de una homilía pronunciada en el cerro durante este evento:

> El Quilish, para los campesinos de aquí, todavía es el *Apu*, el cerro protector de toda vida terrestre y celeste. Paganismo panteísta, podrían decir los que no entienden que la relación con la naturaleza es para los campesinos el delicado hilo sobre el que se sostiene toda la vida [...] El Quilish está a punto de sernos arrebatado, el destino que los mineros quieren dar al Quilish es el de convertirlo en unos millones de dólares que les llenarán los bolsillos, sin importar a cuántos el Quilish sirve como fuente de agua, y, por lo tanto, como fuente de vida. Hoy estamos para decirnos a nosotros mismos que en presencia de Dios queremos renunciar a la avaricia del oro, y que no vamos a permitir que otros conviertan a nuestra fuente de agua en un puñado de oro para saciar su codicia; que no vamos a permitir que su idolátrica forma de vida que todo lo sacrifica al ídolo del oro se perpetre sin importarles cuántas vidas dependen de esta nuestra fuente de agua. (Arana 2002)

Según el padre Arana, para "los mineros" (es decir, aquellos involucrados con la empresa minera y, en general, sus partidarios) el cerro Quilish era una fuente de minerales y ganancias. El hecho de que también pudiera ser un *Apu* y un acuífero permitió la condena moral del materialismo y la codicia que iba junto con la "idolatría del oro".

Además, la identidad de Quilish como un *Apu* desafió los argumentos que justificaban la actividad minera basada en cálculos económicos relativos al valor utilitario de los recursos. En otras palabras, el hecho de que el Quilish fuera un *Apu* lo convirtió en inconmensurable, en el sentido de que era irreductible al oro o a otras formas de beneficios materiales. La pregunta dejó de ser: "¿Cómo puede explotarse el cerro Quilish de manera responsable?" (que, a menudo, es como enmarcan el problema las empresas que promueven una imagen de responsabilidad social empresarial); y la disputa tampoco podría ser descrita simplemente como un desacuerdo sobre la manera en la que las comunidades se "beneficiarían" del proyecto. La multiplicidad del cerro Quilish desbarató las equivalencias que estaban en la base de las propuestas para "gestionar" los impactos de la actividad minera con soluciones tecnológicas y acuerdos de compensación para las comunidades afectadas.

Las interpretaciones del padre Arana acerca de las enseñanzas católicas y de la relación de los campesinos con el cerro Quilish eran ciertamente controvertidas, y muchos lo acusaban de ser un "falso profeta" y de introducir la idea del *Apu* donde nunca antes había existido. Fergus Bordewich (1997) describe una dinámica similar en *Killing the White Man's Indian*, donde narra la historia de un conflicto por la construcción del binocular en el monte Graham, en Arizona. Mientras que los opositores lo denominaban como una montaña sagrada apache, otros afirmaban que esta fue la invención de activistas y de sus bien intencionados pero desencaminados partidarios no indígenas. Bordewich argumenta que el éxito de la campaña para bloquear la construcción del telescopio se basó en "el poder del mito para influir en los corazones de los estadounidenses que siguen viendo las relaciones entre indios y blancos como un juego de moralidad sin fin entre los depredadores y las víctimas, entre el mal y la inocencia despojada" (1997: 238). Estos relatos de los pueblos indígenas como guardianes del medioambiente luchando contra intrusos malignos también pueden haber estado en la base de las campañas para proteger al cerro Quilish y contribuido a la apariencia romántica del *Apu*. Sin embargo, la oposición binaria entre tradición indígena "auténtica", por una parte, e interpretación inventada (y, por lo tanto, "fraudulenta"), por otra, no capta la forma en la que el cerro Quilish llegó a tener importancia como un *Apu* y como una fuente de agua.

Los argumentos del padre Arana eran controvertidos precisamente porque desbarataban un entendimiento "moderno" de la política que se deriva de la separación entre "sociedad y naturaleza" (Descola y Palsson 1996), y relega la política a la representación de los seres humanos (sociedad) y la ciencia a la representación de los no-humanos (naturaleza). Esta distinción se basa en lo que Latour (1993: 13) denomina el "Dios tachado, relegado a un segundo plano". A través del proceso de purificación (la siempre creciente separación entre sociedad y naturaleza), Dios fue separado del reino de lo profano y relegado a la esfera de la "espiritualidad", donde no podía intervenir en los asuntos mundanos. Según Latour, Dios se hizo trascendente y también irrelevante y, por lo tanto, no representa una amenaza para la racionalidad de la ciencia.

En las protestas contra la expansión minera y la posterior cobertura mediática de estos eventos, los activistas y periodistas en ocasiones definieron al cerro Quilish de acuerdo con una concepción católica de lo "sagrado" o una visión romántica de los conocimientos ancestrales, y lo relegaron a una dimensión "espiritual" separada de sus propiedades materiales. Se podría decir que el padre Arana también hizo esto y simplemente incorporó la idea del *Apu* en sus propias comprensiones (modernas) sobre el catolicismo y el ecologismo. La traducción del padre Arana sugiere que un *Apu* era un "cerro sagrado", según las creencias locales, que conserva el dualismo que mantiene a los seres de la tierra (y los mundos a los que pertenecen) confinados a la esfera de la espiritualidad. Tratado como creencia, el cerro Quilish no representa "una alternativa epistémica a los paradigmas científicos (ecológicos o económicos)" (De la

Cadena 2010: 349), y eso hace que sea más fácil descartarlo de la política.

Sin embargo, también se podría decir que el padre Arana trató de rechazar el análisis reduccionista que interpretaba la defensa del cerro Quilish en función de dos esferas incompatibles: aquella de la defensa mítica, espiritual, romántica e ideológica, y aquella de la esfera técnica y científica (Arana 2007). Al rechazar esta separación ontológica, el padre Arana conectó el plano de lo secular con el de las entidades sensibles como los *Apus*, e impregnó su crítica a la minería capitalista tanto con las enseñanzas religiosas sobre la moral como con los estudios hidrológicos sobre los acuíferos. Por lo tanto, se podría decir que el padre Arana trajo de nuevo al mundo de lo secular (y, por lo tanto, al ámbito de la política) al "Dios tachado" y, con ello, hizo que fuera imposible resolver la controversia únicamente a través de argumentos económicos, técnicos y científicos.

Las campañas en defensa del cerro Quilish evocaron un paisaje animado que era parte de la experiencia que tenían los campesinos respecto al campo de Cajamarca. La relación de las personas con los seres que poblaban ese paisaje no siempre se expresaba en la práctica cotidiana; no obstante, inspiraba las campañas en contra de la minería y contribuyó a su éxito. Fui a Porcón con la esperanza de entender la relación de la gente con la mina vecina, los recursos que permitían su subsistencia y el cerro que había llegado a ser tan emblemático en los debates sobre la minería.

## Encuentros de conocimientos en Porcón

Las comunidades que están salpicadas a lo largo de la carretera principal que conduce a la mina de oro Yanacocha han modificado la jurisdicción política y administrativa a través de los años, pero son parte de un área que los pobladores locales han denominado de manera genérica como "Porcón". Al igual que en otras comunidades alrededor de la mina, los porconeros tienen una relación ambigua con la empresa minera, una que oscila entre la dependencia y el rechazo, la resistencia y la cooperación. El agua que se usa en muchas de estas comunidades (para las actividades domésticas y agrícolas) tiene su origen en el cerro Quilish, y, por esta razón, muchas personas de la zona participaron en las protestas de 2004 contra la mina. Siguiendo la controversia del Quilish, sin embargo, la fuerte inversión de Minera Yanacocha en proyectos de desarrollo y el número de personas empleadas en la mina (ya sea directamente o a través de subcontratistas) lleva a que muchas personas acepten más a la empresa. En general, las personas que continuaron organizándose en contra de la mina después de las protestas del Quilish consideraban que los porconeros eran "pro-Yanacocha" o, al menos, se mostraban apáticos cuando se trataba de movilizarse en contra de la empresa.

Sin embargo, Porcón continuó manteniendo una especial importancia en las campañas contra la minería. Como uno de los últimos reductos de quechuahablantes en el norte de Perú, las características distintivas de la región —en particular sus festivales, las prácticas agrícolas comunales y tradiciones artísticas tales como el tejido y el tallado en piedra— captan el interés de muchos intelectuales urbanos, ONG, artistas y activistas, especialmente aquellos que son críticos a la mina. En el imaginario histórico, los porconeros fueron traídos desde lo que hoy es territorio ecuatoriano durante el reinado inca. Los incas utilizaron la práctica de los mitimaes, o el desplazamiento de un grupo de personas a otra área, como estrategia para debilitar a los grupos enemigos, maximizar sus recursos y expandir su imperio. Mucha gente, en Cajamarca, atribuye el carácter cultural distintivo de los porconeros a esta temprana historia de desplazamiento, así como a su posterior marginación y aislamiento relativo respecto de las comunidades circundantes. Las peculiares cualidades de Porcón pasaron a formar parte del imaginario tanto de los actores rurales como urbanos que participaron en la defensa del cerro Quilish, a la par que los cambios que vieron en Porcón se convirtieron en el foco de críticas en contra de Minera Yanacocha. Por ejemplo, cuando las casas de cemento con fachadas de losetas construidas por los campesinos trabajadores de la mina comenzaron a aparecer entre las típicas construcciones de adobe, la gente criticó lo que percibieron como un comportamiento ostentoso, crecientes disparidades sociales y una ruptura frente a las costumbres locales. En las narrativas contra la minería, Porcón representaba uno de los últimos remanentes de un pasado precolonial y una forma de vida que estaba siendo borrada por las influencias de la mina.

Fui a Porcón con la intención de explorar estas narrativas en torno a la minería y el papel de "el campo" (lo que la gente denomina de esta manera en contraste con la ciudad) en los conflictos que iban surgiendo. Mis primeros contactos en la zona los hice a través de Ernesto, un amigo que tenía en la ciudad y que había trabajado con el padre Arana en la escuela parroquial Porcón. Su fascinación por lo que él llamaba la "cosmovisión andina" inspiró su participación en las campañas del Quilish. Él ilustraba materiales educativos producidos por las ONG, entre los que se incluían pequeños libros de cuentos sobre las consecuencias de la actividad minera. En una de nuestras conversaciones, Ernesto me explicó que incorporaba lo que había aprendido sobre la realidad rural y la cosmovisión andina en Porcón en sus dibujos e historias, los mismos que estaban destinados a un público campesino. Lo que él quería que yo viera era que, a pesar de los cambios y la conversión al evangelismo, esta cosmovisión era algo que las personas llevaban con ellos y que se expresaba de maneras sutiles, incluso si tenían que comportarse, en apariencia, de acuerdo con las enseñanzas evangélicas (las que incluían estrictos códigos de vestimenta, dieta y conducta). Él me dijo que, así como los cristianos evangélicos ya no podían participar en la fiesta católica de Cristo de Ramos pero seguían observándola a la distancia, el hecho de que la gente no pudiera decir que el sol y el agua eran "sagrados" no significaba que las personas no los trataran como tales.

Ernesto me presentó a Salvador, quien estaba a cargo de la Academia de Quechua en Cajamarca, una de las muchas organizaciones que también habían prestado su apoyo a las campañas antimineras. El papel de la Academia de Quechua era promover el idioma, ofreciendo clases (principalmente a los maestros) en la ciudad, así como mediante la organización de actividades destinadas a fomentar el orgullo por el idioma quechua en las comunidades donde se lo hablaba. Esta no era una tarea fácil en una zona donde, según me dijeron con frecuencia, los padres prefieren que sus hijos aprendan inglés, pensando que esto podría ayudarlos a conseguir un trabajo en la mina.

Salvador, que tenía alrededor de treinta años, poseía una expresión seria y una manera de hablar suave. Su naturaleza sin pretensiones inspiraba confianza en los que lo conocían. Salvador había estudiado para ser maestro y aprendió el quechua de su abuelo. Él y sus dos hermanas fueron criados por sus abuelos después de que su madre murió cuando él tenía un mes de nacido. Su padre trabajaba en la granja Porcón, lo que hacía que tuviera que salir por largos periodos, y más tarde se casó y formó otra familia. Salvador era cercano a su abuelo, pero me contó que cuando él era pequeño no entendía ni valoraba sus indicaciones. Recién cuando tuvo diecinueve o veinte años, mientras se formaba como profesor, y al involucrarse con la Academia de Quechua, fue que comenzó a apreciar estas enseñanzas. Él fue el único de los nietos que sentía cierta afinidad con las ideas de su abuelo, y lo acompañaba en sus viajes a los cerros para llevar a cabo lo que Salvador denominaba rituales, los cuales involucraban la presentación de hojas de coca y otras ofrendas a los cerros como una forma de dar gracias.

El trabajo de Salvador en la Academia de Quechua lo puso en contacto con la gente del Perú y del extranjero que trabaja para promover la lengua quechua, y se convirtió en una especie de portavoz de la "cultura andina". En una ocasión fue invitado a Canadá (donde dejó pasar la oportunidad de quedarse y enseñar el idioma quechua en una universidad) y llevó algunos objetos típicos de Porcón como una manera de compartir aspectos de su cultura con sus anfitriones. Sin embargo, cuando visitó su natal Cochapampa, el trabajo que realizaba y aquello en lo que él creía no concordaban con su familia, la cual había adoptado la religión adventista. "Salvador adora a la luna, el sol, todo", comentó una vecina en una ocasión en la que ella me habló de la fricción que esto le ocasionaba a veces con su padre, quien participaba activamente en la iglesia adventista local.

Durante mis estadías con sus abuelos en Cochapampa, un pequeño caserío conformado por cerca de ochenta familias y que forma parte de Porcón Alto, la familia de Salvador me dio luces sobre las muchas facetas de la vida en Porcón. El viaje a Cochapampa requería simplemente tomar una de las muchas combis (furgonetas utilizadas para el transporte público) que viajan desde Cajamarca a diferentes puntos a lo largo de la carretera principal. Tomaba aproximadamente cuarenta minutos llegar al kilómetro 16, la última parada de una ruta con un servicio diario regular. Esta fluidez entre la ciudad y el campo era también una consecuencia de la llegada de la mina, y la gente se había acostumbrado a viajar con frecuencia a la ciudad —a hacer compras, visitar a familiares, atender cuestiones administrativas o asistir a la escuela—. Desde el kilómetro 16, una tenía que caminar cerca de veinte minutos hasta la casa de los abuelos de Salvador, que quedaba justo detrás de la escuela primaria.

Cochapampa era una comunidad típica dentro del "área de influencia" de Minera Yanacocha, una designación que la hacía elegible para recibir diversas formas de apoyo. La empresa hacía donaciones anuales de artículos escolares para la escuela primaria, y se podía ver a los niños llevando mochilas que decían "Yanacocha te ama" —regalos de Navidad del año anterior, entregados personalmente por los empleados de Yanacocha que ofrecían su tiempo de manera voluntaria como parte del trabajo de extensión comunitaria de la empresa—. En las comunidades rurales como esta, desde siempre, la gente combinó la agricultura de subsistencia y pequeñas fuentes de ingresos con el apoyo de una serie de programas de asistencia estatales: las madres se turnan para cocinar el desayuno basado en donaciones de alimentos proporcionados por el Programa Nacional de Asistencia Alimentaria (PRONAA), y tanto el programa de guardería infantil Wawa Wasi como el programa del Vaso de Leche proporcionan a las madres alimentos básicos como azúcar, leche en polvo, avena, así como oportunidades ocasionales de participar en actividades de generación de ingresos. Minera Yanacocha era un donante más que había sido integrado en esta red más amplia de asistencialismo del cual dependían las personas.

En la época de lluvias, el camino desde la carretera hasta Cochapampa se volvía barroso y por él discurrían pequeños arroyos que aumentaban su volumen con las fuertes lluvias. Los maestros de la escuela primaria, que subían desde la ciudad cada día en un medio de transporte pagado parcialmente por Yanacocha, se quejaban de la caminata que tenían que hacer por el camino anegado hasta llegar a la escuela. Las lluvias también le proporcionaban al paisaje un verde exuberante, una engañosa imagen de fertilidad, puesto que los campos no producían como antes y no había suficiente pasto para los animales. La mayoría de las familias sembraban granos, tubérculos y algunos vegetales adaptados a la altura, y complementaban la agricultura con la venta de leche. Además de ganado vacuno, algunas personas también criaban ovejas y animales menores (pollos, patos y cuyes) para la venta o su consumo.

Comparada con otras comunidades ubicadas en las proximidades de la mina, Porcón era una zona con una alta densidad de población y la tierra estaba dividida en pequeñas parcelas. La historia de la familia de Salvador era una muestra de la presión sobre la tierra, situación que es típica en Porcón. Sus bisabuelos vivían en lo que era la hacienda Porcón, pagando un alquiler a los propietarios a cambio de utilizar una parcela de tierra. Antes de la reforma agraria en la década de 1960, que puso fin al sistema de hacienda, compraron la tierra que ahora pertenece a la familia. Cuando estuvieron demasiado ancianos para trabajar la tierra, se la entregaron al abuelo de Salvador, quien a su vez dividió sus dos hectáreas de tierra entre sus cuatro hijos. El padre de Salvador, Mariano, estableció su hogar en la propiedad que le correspondía y tuvo que dividir su propiedad entre los seis hijos de sus dos matrimonios. Salvador me mostró la propiedad que iba a heredar, una franja de tierra de aproximadamente 20 por 50 metros, lo suficientemente grande como para construir una casa pequeña pero ciertamente no para cultivar. Salvador vivía en las afueras de la ciudad, en un terreno perteneciente a su esposa, y no tenía ninguna intención de trasladarse a vivir de manera permanente a Cochapampa, pero algunos de sus hermanos ya habían comenzado a construir sus casas. "Está comenzando a parecerse a un pueblito", comentó con una risa irónica cuando nos acercamos al grupo de casas, lamentando que cada vez era más difícil vivir de la tierra —y que tal vez esto ya no era lo que la gente quería—.

Esta era una típica historia que se repetía a lo largo de Porcón, en la medida que los campos disminuían de tamaño con cada generación. Los campesinos tenían dificultades para subsistir en pequeñas parcelas, luchando contra la rancha (una plaga que afectaba a la papa), la baja fertilidad del suelo y el clima impredecible. También era difícil mantener al ganado en pequeñas parcelas de tierra, y conseguir suficiente pasto o forraje para alimentar a los animales era una lucha constante, sobre todo en la estación seca. Cuando la escasez de pasto se hacía crítica, hacia el final de la estación seca, María, la abuela de Salvador, caminaba durante más de una hora cada día hasta Porcón Alto, donde alquilaba el pastizal de un pariente para alimentar a sus dos vacas.

Dada la importancia de tener acceso a pastos, muchos campesinos tenían múltiples propiedades y áreas de pastoreo. De esta manera, los animales podían rotar entre diferentes comunidades, a veces situadas a diferentes altitudes, para hacer frente a la permanente escasez de pastos. Esta estrategia era común entre los campesinos en la zona rural de Cajamarca y daba lugar a un flujo constante de personas, así como a un esfuerzo intencional para mantener vínculos con múltiples lugares de residencia. Cuando la actividad minera exacerbó la presión sobre los recursos existentes, esta fluidez de movimiento y los lazos de las personas con múltiples comunidades influyó en la manera en la que las personas se organizaron en contra de Yanacocha. Más allá de la simple defensa de la tierra donde se desarrollaría un proyecto minero, la gente estaba preocupada por la defensa de una extensa red de campos agrícolas, pastos y agua necesarios para mantener la economía familiar.

La reacción negativa de la gente frente al proyecto Quilish se originaba, en parte, en el aumento de las presiones que la mina ejercería sobre los recursos de tierra y agua que le permiten a la gente ganarse la vida. Sin embargo, la gente no necesariamente tenía una posición clara "a favor" o "en contra" de la minería. Yanacocha ya era parte de una red de relaciones que, en ocasiones, contribuía con la vida del pueblo y, en otras, la hacía más difícil. El trabajo asalariado temporal, las donaciones y los proyectos de desarrollo eran considerados útiles en la medida en que se habían llegado a integrar en las estrategias de vida de las personas, pero reconociendo que estos beneficios eran de corta duración. Esta relación contradictoria con Minera Yanacocha —sus promesas de empleo y desarrollo, por un lado, y su incapacidad de cumplir las expectativas de las personas, por el otro— contribuyó a la conflictiva y a veces interesada relación que la gente tenía con la empresa. La utilizaban para su beneficio, siempre que fuera conveniente y, en otros momentos, les molestaba. Las protestas del Quilish fueron un caso en el que el descontento de la gente trajo como resultado el rechazo del proyecto. Los argumentos sobre la importancia del Quilish como una fuente clave de agua resonaban entre las personas en Porcón, que ya estaban experimentando la escasez de pastos y la disminución de la producción de sus cultivos. Pero, ¿qué hay acerca de los argumentos sobre el "*Apu* Quilish" que también surgieron de la experiencia de vida en Porcón?

## Los científicos y los espíritus del cerro

Durante el tiempo que pasé en Cochapampa, los niños y los adultos me contaron muchas historias —sobre cerros buenos y malos, sobre las criaturas que emergen de los manantiales de agua en la noche, sobre lugares por los que uno no debe aventurarse por temor a perder su espíritu (ánimo), sobre los peligros del arco iris y sobre las plantas que curan el susto (que afecta a niños pequeños, en particular, cuando viajan por zonas peligrosas). A veces preguntaba acerca del cerro Quilish, pensando que las historias de las personas podrían ayudarme a entender por qué tanta gente se había unido en su defensa. La mayoría de las historias que escuché no eran acerca de un benévolo protector, que podría corresponder a una narrativa ecologista o a la imagen de un "cerro sagrado" que tendía a surgir en las campañas en contra de la minería. Estas narraciones, en cambio, se trataban de espíritus dañinos que se escondían en cuevas y manantes de agua, especialmente en cerros, que, al igual que el cerro Quilish, ocultan minerales preciosos y otros tesoros para atraer a los seres humanos al mundo subterráneo donde residen los espíritus malignos.

Estas historias coinciden con aquellas de una monografía de la antropóloga Ana de la Torre (1986), titulada *Los dos lados del mundo y del tiempo*, basada en la investigación llevada a cabo en las comunidades alrededor del cerro Quilish en 1979 y 1980. Sus informantes describen un *shapi*, un ser que surge del inframundo a través de túneles que desembocan en manantes de agua. En estas fuentes de agua, el *shapi* espera a sus víctimas con el fin de robarles su ánimo, tentándolos con la promesa de dulces, monedas de oro, ganado y otras ofrendas. Los cerros "malos" son aquellos que están asociados con el origen de los ríos y manantes de agua, puesto que el agua es propiedad del *shapi*. Su peligro radica tanto en sus malas intenciones como en su capacidad para fascinar y atraer a los seres humanos con los regalos prometidos. Esta naturaleza contradictoria —la tensión entre el peligro y la conveniencia, la destrucción y la fecundidad— es lo que produce el orden natural.

Salvador me explicó una vez que el agua utilizada en Cochapampa venía del Kunguna, un pequeño cerro que tenía una faz de una roca singular. En la parte superior del cerro había una cruz de madera adornada con flores y ofrendas de los pocos católicos practicantes que no se habían convertido al evangelismo. Una vez acompañé a Salvador y a un grupo de profesores de la Academia de Quechua al Kunguna, donde Salvador llevó a cabo los rituales que había aprendido de su abuelo y que continuaba haciendo por su cuenta, por lo general con grupos de visitantes como este.

El agua del Kunguna, me dijo Salvador, proviene del cerro Quilish. Me explicó la importancia del Quilish y su relación con otros cerros: "El Kunguna es hembra y el Quilish es su marido —él es macho—. Sus hermanos son Cerro Negro, Campanario, Qaqamarca… Los cerros se comunican entre sí a medianoche, para saber cómo la están pasando. Todos ellos tienen agua pero el Quilish tiene más agua. Ellos son como venas: si cortas un brazo, el agua comienza a disminuir. Ellos son como las personas". Esto era lo que su abuelo le había contado, y yo escuché historias similares de otras personas. La vitalidad del paisaje persistía a pesar de que muchas personas tenían nuevas obligaciones religiosas que desalientan tales formas de pensar. El cerro Kunguna era considerado como uno de esos lugares a los que uno debe aproximarse con cuidado, ya que la presencia de fuentes de agua y de entidades podían surgir a través de ellos y acarrear peligro para los que se aventuraban a acercarse. Las personas describieron a los seres que surgían de las fuentes de agua como demonios o criaturas maléficas con apariencia de aves.

Durante mi estadía en Porcón, las historias y relatos de la gente pusieron en evidencia su minucioso conocimiento acerca de la ubicación de las fuentes de agua, el flujo de ríos, la ruta de los canales de riego y otros detalles pertinentes a sus medios de sustento. Pero mis conversaciones con la gente también me recordaron que la experiencia de la vida íntima, cotidiana, que a menudo se concibe como el conocimiento "local" o "tradicional", siempre nace de encuentros. Julie Cruikshank explora tres distintos tipos de encuentros de conocimientos en su recuento de la historia socionatural de los glaciares en Alaska: los encuentros toman la forma de reuniones reales entre extraños. Son las interacciones entre humanos y un paisaje rápidamente cambiante, y se refieren a intercambios entre los relatos y sus posteriores lectores y oyentes (Cruikshank 2005: 16). Del mismo modo, algunos de los encuentros de conocimientos que dieron forma a la historia socionatural de Porcón incluyen interacciones entre porconeros y funcionarios del Estado, sacerdotes católicos, misioneros evangélicos, las ONG e ingenieros de minas. Pero los encuentros de conocimientos también implican elementos del paisaje circundante (tanto del paisaje previo como posterior a los efectos transformadores de la minería) y las entidades animadas que lo conforman. Por otra parte, los encuentros se producen cuando los relatos sobre el cerro Quilish salen de Porcón, y cuando estos relatos se traducen, se reinterpretan y tal vez se reincorporan en diferentes prácticas de conocimiento.

Aprendí acerca de estos múltiples encuentros durante una conversación con Margarita, una madre de veintinueve años, cuyo marido trabajaba para un subcontratista de la mina. La familia de Margarita vivía justo encima del camino que conduce a la carretera, y en mi ruta hacia o desde Cajamarca a veces la encontraba pelando habas o cosechando papas. No era una buena cosecha: los "medicamentos" (pesticidas) eran demasiado costosos y las papas estaban llenas de gusanos que ella sacaba y arrojaba a la boca expectante del perro que estaba sentado al lado de ella. La familia compartía algo más de media hectárea de terreno con la hermana de su marido, que vivía al otro lado de la chacra. Un día estábamos charlando en su casa mientras ella lavaba los platos en un gran lavatorio colocado en el suelo, cuando se nos unió Jaime, su hijo de doce años. A Jaime le gustaba contarme historias sobre demonios que habitan en la mina Yanacocha, que él había escuchado contar a su padre y a su tío que trabajaban allí. Le pregunté a Margarita acerca de lo que sabía sobre el cerro Quilish:

M: El agua que tomamos viene del Quilish, dicen. Dicen que en el Quilish hay laguna, lo que nace por todo lado, dicen.
F: ¿Quién dice eso, los antiguos?
M: Los científicos. Lo estudian pues, por eso dice así.
J: Por la radio también pasa.
M: Conversan. Los diablos conversan con los gringos.
J: La Kunguna también conversa con el Aliso.
M: Y el Aliso conversa con Quilish.
J: Eso lo graban, cuando conversan, y lo pasan por la radio. Hablan en quechua, en inglés.
F: ¿Los científicos qué más dicen?
M: El Quilish tiene, dicen, laguna. Adentro. Que nace ahí por todo lado.
F: Y, ¿de ahí sale el agua?
J: Nace pues. Al pie del cerro. De ahí reservorio lo hacen, por el tubo ya viene. De ahí recogen el agua potable y llega a nuestra casa.
F: ¿Esta agua de su pila viene del Quilish?
M: Así dicen. Laguna dicen.
F: Antes de que escuchara estas cosas en la radio, ¿los antiguos también les contaban cosas sobre el Quilish?
M: No nos contaban. Ahora por la radio así escuchamos, pues. El Quilish es vida. Si se explota, el agua se contaminará y moriremos, como gallinas.
J: Sapitos había, ahora se han muerto, ya.
M: Sapitos ya no hay, antes había, sapitos verdes.
J: Ahora ya lo ha contaminado la minera.

M: Por el camino había... Chilín sapito les hacían llamar, esos ya no hay. Siete, ocho años que ya no hay. Yo tenía miedo caminar, sapitos encontrábamos.

Margarita pasó a relatar algunas historias que su abuelo le había contado sobre los cerros que contenían oro. Le pregunté si su abuelo también le había contado historias sobre el cerro Quilish, y ella respondió:

> Quilish decían antes era malo. Sí, nos han contado. Lo comía. Minera Yanacocha de arriba, no podían llegar. Los agarraba puquio. Quilish era tremendo malo eso contaban mis abuelitos. Muchachitos secado se morían. Ahorita ya no. Ya se ha amansado ya. No sé cómo. Ahorita, llegamos, nada tenemos miedo. Antes creían, nuestros abuelitos. Y por la creencia morían los niños. Ya sabemos la palabra de Dios, no creemos. Ni miedo nos da.

El relato de Margarita combina las historias de su abuelo con las campañas de las ONG en contra de la minería, así como con sus propias observaciones de manantiales de agua a los pies del cerro Quilish y su experiencia de caminar por senderos llenos de sapos hasta la cercana comunidad de Chilimpampa (llamada así por el *chilín*, uno de los tipos de sapos que se encuentran comúnmente en la zona). Muchos campesinos se refirieron a la ausencia de sapos como resultado de la actividad minera, y esta preocupación fue recogida por las campañas ambientalistas y las propias campañas antimineras. Los "científicos" que ella menciona podrían ser los miembros de las ONG locales o consultores internacionales que fueron a Cajamarca a brindar apoyo a las campañas del Quilish. Por ejemplo, un evento público celebrado en marzo de 2004 para presentar las observaciones al estudio de impacto ambiental de Yanacocha, contó con la participación de los miembros de Grufides, un abogado de Lima y un científico ambiental de Bélgica. Las cuñas radiales, los materiales impresos y los talleres educativos dirigidos por las ONG, por lo general, hacían referencia a estudios realizados por organizaciones locales e internacionales, a pesar de que la información se traducía a un lenguaje no técnico. Por lo tanto, la "laguna" se refiere a descripciones científicas del Quilish como un cerro que contiene agua, pero esta idea se fusionó con las historias contadas en las comunidades andinas, que dicen que existen grandes lagos subterráneos por debajo de los cerros. Mientras que los ríos, lagos y manantiales son obvias fuentes de agua, los propios cerros también pueden ser considerados fuentes de agua, incluso aunque no muestren ninguna evidencia de serlo (Sherbondy 1998: 229).

Jaime y Margarita atribuían sus conocimientos sobre el cerro Quilish a lo que habían escuchado en la radio, pero, en sus relatos, las cuñas radiales (producidas por las ONG para crear conciencia sobre la minería) se entrelazaban con sus propias concepciones sobre los seres de los cerros. Los cerros tienen cualidades humanas y "hablan el uno con el otro". Se refieren también a versiones de historias sobre cerros auríferos e individuos codiciosos que encuentran un destino trágico cuando se enfrentan a espíritus malignos. En las versiones recientes de esta historia frecuentemente contada, los perpetradores "gringos" son norteamericanos y peruanos de la capital que trabajan en Minera Yanacocha. Las campañas de las ONG se basaban en estas historias a fin de llegar al público rural, a pesar de que, como afirma Margarita, las personas que se convirtieron al evangelismo ya "no creen" más en ellas. Al mismo tiempo, continuó atribuyendo una agencia al cerro Quilish cuando explicó que la razón por la cual el cerro ya no hace daño a las personas es que "se ha 'amansado'".

Los relatos narrados por Margarita y Jaime engranan narrativas "científicas" sobre la importancia del Quilish con un mundo de espíritus y cerros agentivos. Ambos eran necesarios para que las historias sobre el cerro Quilish viajaran fuera de los límites de Porcón y de la región de Cajamarca. Si bien los argumentos hidrológicos apelan a la universalización de los ideales de la ciencia y el ambientalismo, los testimonios incorporados en las campañas antimineras apelan a las particularidades de los conocimientos locales. Sin embargo, tal como me acordaba constantemente en el campo, los conocimientos que se suelen considerar "científicos" y "tradicionales" son tanto el resultado de encuentros locales como globales —encuentros que son desiguales e inestables y tienen efectos impredecibles—.

Ni los relatos científicos ni las historias locales son fijos e inmutables, y conforme pasan a formar parte de los nuevos contextos transnacionales —de la minería mundial, el ambientalismo y los derechos culturales— son transformados y, a su vez, ayudan a transformar los contextos con los que se fusionan. En ocasiones, estos diferentes tipos de conocimiento se conectan y a veces se separan (Cruikshank 2005), pero como deja en claro el caso Quilish, estos conocimientos no tienen que estar basados en intereses compartidos o en una comprensión común del mundo. Los conocimientos divergentes también pueden comunicarse y unirse de forma inesperada. Una de las maneras en las que los conocimientos incongruentes confluyeron en la controversia del Quilish fue en las discusiones en torno al agua. Como mostraré, los argumentos acerca del significado del cerro Quilish como fuente de agua eran importantes para las campañas en contra de la mina, pero también ayudaron a promover los intereses de los partidarios del proyecto.

## *Conocimientos que viajan*

En el Perú, los espíritus y otros seres que habitan en los cerros (conocidos con diversos nombres como "muki" y "duendes", entre otros) han sido parte de la actividad minera durante mucho tiempo y han estado involucrados en negociaciones complejas con los trabajadores mineros que enfrentan los peligros de los socavones.[2] Las ideas sobre un paisaje sensible con las que me encontré en Cajamarca eran parte de este mundo socionatural más grande que sigue presente en la imaginación popular en la sierra peruana. Sin embargo, el *Apu* que el cerro Quilish vino a representar todavía no era parte de una "cosmología andina tradicional", pero salió a la luz pública a través de

2. June Nash (1993) ilustra estas relaciones en el contexto de las minas de estaño de Bolivia.

múltiples interacciones conforme se fue incorporando en las protestas antimineras.

Las evocaciones del padre Arana sobre la "sacralidad" del cerro Quilish tuvieron eco en la gente del campo, así como entre los residentes urbanos, incluidos aquellos que no eran parte de su congregación, pero también en otros que compartían su formación católica. La protección del medioambiente contra la contaminación minera y, en particular, la defensa del cerro Quilish, llegaron a ser vistas por algunos que estaban dentro de este grupo como una parte intrínseca de su deber de católicos. Un ejemplo de cómo se articularon estas ideas se encuentra en un boletín publicado en 2003 por la Asociación para la Defensa Ambiental de Cajamarca, que incluía a algunos miembros de la parroquia de Guadalupe del padre Arana: "[...] los cristianos de Cajamarca defendemos el cerro Quilish, el *Apu* Sagrado, para la mentalidad tradicional campesina [...] defender el Quilish como un cerro en el que los campesinos pueden adorar a Dios... es un desafío para los cristianos, quienes estamos llamados a cultivar una espiritualidad, es decir, una vida según el Espíritu de Jesucristo que recupere el sentido de Dios, siempre presente en la naturaleza que nos habla de su Creador". La idea de lo "sagrado" ayudó a traducir la relación entre los campesinos y el cerro Quilish al idioma del catolicismo. Al mismo tiempo, la identidad del cerro Quilish como un *Apu* viajó más allá de un público religioso, inscribiendo a ambientalistas, periodistas y otros colaboradores —incluidos los propios campesinos, que tal vez se reapropiaron de los significados del cerro Quilish en formas que ayudaron a fortalecer sus reivindicaciones—.

Las narrativas sobre el "*Apu* Quilish" que formaban parte de los escritos del padre Arana fueron rápidamente recogidas por los medios de comunicación, al igual que los argumentos sobre el agua que los activistas enfatizaron en sus campañas. Las historias periodísticas nacionales e internacionales que circulaban acerca de las protestas del Quilish describían constantemente el conflicto como uno que giraba en torno a la defensa de la principal fuente de agua de Cajamarca. Por ejemplo, *La República* (2004), un diario nacional con una inclinación progresista, se refirió al cerro Quilish como un acuífero que proporciona agua a la ciudad. Algunos informes periodísticos nacionales también mencionaron la necesidad de realizar estudios hidrológicos e hidrogeológicos de la cuenca antes de que continuara cualquier trabajo de exploración, un punto que fue inscrito en un acuerdo entre la empresa minera y los líderes locales, que puso fin a las protestas (*El Comercio* 2004). En notas de organizaciones como Oxfam América y en la prensa internacional, las descripciones del cerro Quilish como una fuente de agua a menudo estuvieron acompañadas con referencias a su importancia local como un cerro sagrado. Un artículo del servicio de noticias AFP declaró que "... los campesinos justifican su actitud [contra la actividad de exploración] aduciendo que el cerro es sagrado y que los dioses de la mitología andina (*Apus*) se los dieron 'en concesión' para cuidarlos" (Cisneros 2004). En otro artículo titulado "Continúan las protestas contra la exploración de oro en un cerro sagrado del Perú", un periodista de la Associated Press escribió que el cerro Quilish había sido "históricamente considerado un '*Apu*' o deidad, por las comunidades locales indígenas" (Caso 2004). En la prensa nacional, el término *Apu* no aparece con mucha frecuencia, pero el supuesto carácter sagrado del cerro Quilish estaba, sin embargo, presente en los medios de comunicación (e. g., Sandoval 2004) e influyó en la opinión pública sobre el tema.

Antes de las protestas del Quilish, los *Apus* y otras entidades habían sido, generalmente, relegados a estudios de "folclor" (o, más recientemente, al turismo, y a los debates tipo Nueva Era y ambientalistas), pero no fueron tomados en serio en los debates políticos. Además, la idea de que el cerro Quilish era un acuífero importante aisló el conflicto respecto de las disputas previas en torno a la actividad minera en el país. Ciertamente, el agua había sido previamente una preocupación en las regiones mineras, en particular cuando los ríos y manantiales habían sido contaminados por las escorrentías de las minas. Sin embargo, la idea de que un cerro requería ser protegido "porque era una fuente de agua" marcó un cambio en el pensamiento sobre la minería, el agua y el medioambiente. El agua contribuyó a hacer del tema del Quilish algo imperioso y atrajo el apoyo de la gente que no necesariamente se identificaba con una postura ambientalista o antiminera.

En parte, el paso a las discusiones sobre el agua se relacionaba con las nuevas tecnologías de la minería a tajo abierto, las cuales involucraban el movimiento de grandes cantidades de tierra, el uso de productos químicos que podían filtrarse en los cuerpos de agua y el uso de grandes cantidades de agua en el proceso minero. En las minas modernas como Yanacocha, los riesgos desconocidos e impredecibles asociados con las operaciones mineras son los más preocupantes para las comunidades vecinas: el descenso del nivel freático, la reducción de los flujos de agua en los ríos y canales de riego, y los contaminantes que a menudo son indetectables a simple vista. Una vez que el cerro Quilish fue identificado como una fuente de agua clave para la región, estos peligros no vistos y no previstos se hicieron más tangibles. Los activistas utilizaron estos argumentos para detener el proyecto e hicieron del agua un elemento clave para los futuros conflictos.

## *El Quilish en tanto agua*

Las protestas antimineras del Quilish, sin precedentes en la historia del país, llevaron a que Yanacocha se retirara en forma definitiva del cerro Quilish. Cediendo a la presión pública, Minera Yanacocha solicitó al Ministerio de Energía y Minas la revocatoria de su permiso de exploración. Tras las protestas, la empresa minera emitió un comunicado en el que reconocía sus errores:

> Los eventos ocurridos en septiembre nos han hecho comprender la verdadera dimensión de las preocupaciones que nuestra insistencia por iniciar estudios y actividades de exploración en Quilish generó en la población tanto del campo como de la ciudad.
>
> Hemos escuchado, además, la preocupación expresada tanto por la población del campo como de la ciudad respecto a la preservación de la calidad y cantidad del agua. En este sentido, trabajaremos de forma conjunta con las comunidades con el objeto de lograr una solución integral y transparente que permita proteger este preciado recurso.

> Queremos dejar constancia de nuestra voluntad de escuchar siempre el sentir del pueblo de Cajamarca, reconocer nuestros errores y promover cambios positivos en nuestro comportamiento que permitan reconstruir nuestra relación con la población. (Minera Yanacocha 2004)

Fue un reconocimiento de culpa sin precedentes por parte de la empresa y se refería explícitamente la importancia del agua. El activismo en contra del proyecto Quilish, incluidos los argumentos científicos sobre la importancia de este cerro como un acuífero, ayudó a que el agua se convirtiera en el lenguaje común en el que se discutieron los temas sobre la minería. Durante la controversia del Quilish, y en los conflictos mineros posteriores, los manifestantes sostuvieron que la minería "en la cabecera de cuenca del río" afectaría inevitablemente al agua de las comunidades cuenca abajo, y no debía ser permitida.

El foco de atención en torno al agua en los debates sobre la minería surgió junto con una preocupación nacional acerca de los problemas del agua, que no se limitaban a los impactos de la actividad extractiva sino que incluían desde el agua potable y el saneamiento en las zonas urbanas hasta la escasez y la privatización mundial del agua. Sin embargo, "el agua y la minería" se convirtió en un tema prominente en las numerosas conferencias, foros y eventos educativos relacionados con el agua que se organizaron en Cajamarca y en todo el país en los años posteriores a la protesta del Quilish. Estas conferencias contaron, a menudo, con la participación de expertos internacionales y figuras clave como el padre Arana y portavoces del sector minero. En mayo de 2007, en Cajamarca, por ejemplo, el primero de una serie permanente de foros sobre el agua (organizados por una coalición de actores que incluyó a la industria minera) reunió a representantes de las empresas, el gobierno y la sociedad civil para discutir temas y estrategias de gestión relacionadas con el agua. En varias conferencias sobre minería organizadas por las ONG, el agua también tuvo prioridad en las presentaciones y discusiones.

Si bien los argumentos sobre el papel del cerro Quilish como fuente de agua contribuyeron a generar un discurso antiminero, Minera Yanacocha también comenzó a prestar más atención al agua en sus campañas de relaciones públicas. Estas campañas transformaron al cerro Quilish en un objeto de gestión técnica y científica, y tuvieron como propósito contrarrestar las críticas relacionadas a la empresa minera. Gran parte del trabajo de relaciones públicas de Minera Yanacocha se centró en los problemas del agua que los propios activistas habían contribuido a introducir en el debate: por ejemplo, la empresa cuestionó la afirmación de que los procesos mineros comprometían la disponibilidad de agua para las comunidades locales. En cambio, los materiales educativos de Minera Yanacocha y las presentaciones públicas sugerían que el problema no era la "escasez" sino la "gestión" del agua. En sus materiales de relaciones públicas, la empresa sostenía que Cajamarca tenía agua abundante, pero "se perdía" porque no se captaba ni se aprovechaba plenamente antes de que desembocara en el mar. Por ejemplo, una campaña de afiches y videos para fomentar los planes de gestión del agua de Minera Yanacocha afirmaba: "Ya estamos juntando algo del agua que Cajamarca pierde en el mar. Agua hay. Pensemos todos en cómo juntamos más. (Yanacocha Cajamarca 2008). Así, la solución estaba en la recolección de más agua mediante la construcción de reservorios, diques y depósitos de agua. Otros proyectos patrocinados por la empresa se centraban en la mejora de los sistemas de riego mediante el recubrimiento de canales para reducir la pérdida de agua y la introducción de tecnologías de riego por aspersión. La empresa también invirtió en diversos programas de monitoreo participativo del agua que involucraron a instituciones del Estado y a las comunidades locales. Este énfasis en los aspectos técnicos de los problemas del agua redujo la complejidad del cerro Quilish y facilitó los esfuerzos de la empresa para volver a enfocar el debate en la gestión de los recursos.

Tras la protesta del Quilish, la empresa centró sus esfuerzos en promover una imagen de responsabilidad ambiental, transparencia institucional y participación pública, todo legitimado con argumentos técnicos. Esta estrategia se hizo evidente en los eventos que tuvieron lugar por el segundo aniversario de las protestas del Quilish. El 2 de septiembre de 2006, la empresa instaló una serie de paneles informativos en los alrededores de la fuente de piedra de la plaza de

Armas de Cajamarca que describían las operaciones en la mina Yanacocha (véase la imagen 3.3). Los paneles presentaban fotografías de los laboratorios de la mina y las instalaciones de la planta, los programas de monitoreo de agua y los proyectos de regeneración para restaurar la vegetación alrededor de la mina. Según una nota de prensa de Yanacocha del 28 de mayo de 2007, la idea de este evento surgió a partir de un grupo de empleados de la mina y fue aceptada por la empresa porque su objetivo era mostrar de una manera "transparente y directa, a través del contacto con los trabajadores de la mina, cómo se lleva a cabo el trabajo en Yanacocha". Las presentaciones visuales alrededor de la fuente, junto con la disponibilidad de los ingenieros para responder a las preguntas de la gente, estaban destinadas a informar acerca de los complejos procesos que intervienen en las modernas operaciones mineras.

En torno al evento había un ambiente festivo, dado que los ingenieros y otros empleados de la mina que se habían ofrecido a salir esa mañana de sábado se reunieron alrededor de la fuente para charlar, y se turnaban para atender al público. Sin embargo, el ambiente relajado y festivo en la plaza ocultaba lo que había sido, de hecho, uno de los periodos más difíciles para Minera Yanacocha desde la llegada de la empresa. Tan solo un mes antes, los habitantes de Combayo habían iniciado un bloqueo de la carretera para protestar en contra de los planes de Yanacocha de expansión de sus operaciones mineras en el área. Los líderes de Combayo insistieron en que la razón principal de su oposición era su preocupación por los efectos de la actividad minera sobre la calidad y cantidad de su agua (y, en consecuencia, sobre las actividades agrícolas y ganaderas). Los funcionarios de la empresa desestimaron los reclamos de los líderes de Combayo con el argumento de que el conflicto había sido impulsado por intereses económicos personales —en otras palabras, que las protestas eran una manera de obligar a la empresa a dar empleo a personas de la comunidad y a establecer contratos con empresarios de Combayo que querían trabajar en proyectos de desarrollo financiados por Minera Yanacocha—.

*Imagen 3.3.* Un ingeniero de Yanacocha explica los aspectos técnicos del proceso minero en la plaza de Armas de Cajamarca.

Los paneles informativos desplegados alrededor de la fuente formaban parte de los esfuerzos de la empresa por superar las persistentes tensiones existentes desde que comenzaron las protestas de Combayo. Pero el evento fue importante por otra razón. Si bien las noticias acerca de Combayo circulaban por todo el país, en la mente de las personas lo que estaba presente era un conflicto anterior: el del cerro Quilish. La empresa previó que algunos activistas podrían tratar de conmemorar el segundo aniversario de las protestas del Quilish, pero la feroz reacción contra las ONG y los manifestantes de Combayo —expresadas en iracundos editoriales, concentraciones a favor de Yanacocha e, incluso, la hostilidad directa hacia los principales críticos de la mina— frustraron los planes de los activistas. En su lugar, escuché a los ingenieros de la minera explicar a los transeúntes que la mina no contamina el medioambiente ni afecta la cantidad de agua, incluso en medio de algunas observaciones escépticas y preguntas directas del público. Las explicaciones técnicas de los ingenieros constituyeron un intento por disipar los conflictos que afectan a la industria y que se atribuyen a la emoción irracional, la desinformación y la manipulación política. El contacto directo con los residentes locales formaba parte de los esfuerzos renovados del sector minero por reducir al mínimo la oposición a través del intercambio de información y el reemplazo de las incertidumbres y temores de las personas frente a las amenazas ambientales con argumentos técnicos destinados a disiparlos.

## Vinculando múltiples mundos

"¿El Quilish dará su consentimiento para ser explotado?". La pregunta de Herlinda resalta el reto de entender los conflictos basados en diferencias ontológicas. Para muchos campesinos de la región, el cerro Quilish es parte de un paisaje sensible, animado, afectado por los últimos proyectos de la minería a gran escala. Sin embargo, según la "cosmología andina" tradicional, el cerro Quilish no existía como un *Apu*, más bien, pasó a formar parte de la opinión pública a través de múltiples interacciones y prácticas de conocimientos que giraban en torno a las protestas antimineras.

El propio papel de Salvador en las campañas me dio algunas ideas sobre la manera en la que él ponía en escena los "conocimientos tradicionales" que estaba buscando preservar con su trabajo. Cuando lo visité en 2012, parecía que los años que habían pasado desde el conflicto del Quilish le habían dado la distancia necesaria para analizar estos acontecimientos emblemáticos desde un punto de vista diferente. Salvador continuó trabajando en la Academia de Quechua y estaba escribiendo un libro sobre la historia de Cochapampa, desde los tiempos precoloniales hasta el presente, basado en las historias que su abuelo y otras personas le habían contado. Era un proceso lento, puesto que trabajaba en él durante los descansos que tenía entre las clases de quechua que dictaba como parte de la formación en interculturalidad que el gobierno ofrecía a los profesores. Cuando leí el texto de Salvador —lo que había logrado salvar después del último accidente que tuvo con la computadora— me percaté de que el cerro Kunguna ocupaba un lugar destacado en su relato. Le pregunté acerca de la importancia del cerro y si Kunguna era considerado un *Apu*.

Salvador aclaró que la palabra *Apu* se utilizaba únicamente en la región central y sur del país, mientras que *orqo* era la palabra que se utilizaba en la variante del quechua de Cajamarca. También explicó que no todas los cerros son *orqo*; algunos son *qaqa*. Cuando le pedí que me hablara acerca de cada tipo de cerro, me dijo que *orqo* es una montaña con "plantas, agua y animales. Uno puede caminar y sembrar productos en él. Tiene espíritu y la gente trata de respetarlo. Esto es lo que mi abuelo me decía. *Qaqa*, por el contrario, tiene características opuestas: no hay animales, plantas o agua. No se puede caminar en él, o es difícil hacerlo, y no se puede sembrar. Es un cerro que no es natural". Le pedí que me explicara lo que quería decir con "natural", y él respondió: "Cuando hay terremotos o huaycos (deslizamientos de tierra), colapsan; no son estables, cambian de forma. No es lo mismo que el *orqo*, que es roca firme, que no cambia, que es estable". Para aclarar aún más la diferencia se acercó a una pizarra y dibujó los diferentes tipos de cerros. Ilustró el *qaqa* como una fila de picos puntiagudos superpuestos, mientras que el *orqo* tenía forma redondeada, con una pendiente gradual. El Kunguna y el Quilish eran *orqo*, puesto que tenían las características que él había descrito: contienen agua, plantas y animales, y también tienen espíritu.

La explicación de Salvador dejó en claro que *Apu* había sido un término utilizado en otras partes del país, pero no por la gente de Cajamarca. Dijo que el término fue adoptado por los foráneos y periodistas que informaron sobre el conflicto del Quilish, y se arraigó. Reconoció la ironía de esto así como las ventajas de utilizar el término que era más "pegajoso" para expresar lo que es, en esencia, la misma idea. Me di cuenta de que en su propia redacción utilizaba indistintamente *orqo* y *Apu*, y le pregunté por las razones que tenía para esto. "*Apu* es más... internacional", respondió con una carcajada. Lo dijo medio en broma, pero también estaba siendo práctico.

Lo que le importaba era que las historias consiguieran contarse y que los niños aprendieran sobre la historia de la región. Salvador, al igual que el padre Arana, estaba realizando un tipo de traducción propia y los cambios que se necesitaban hacer para preservar lo que él consideraba como la cultura de Porcón.

Las luchas por el cerro Quilish involucraron a un gran número de participantes, cuyos intereses se traslapaban y divergían de manera productiva, lo que contribuyó a darle fuerza a la campaña en contra de la mina. Como he demostrado en este capítulo, las múltiples formas del cerro Quilish hicieron posible que la campaña atrajera a una diversa base de simpatizantes y que viajara a través de las redes de activistas y de medios de comunicación internacionales. No estoy sugiriendo que la multiplicidad del Quilish fuera algo planeado o intencionalmente fabricado; más bien, los diversos actores y eventos que he descrito ayudaron a dar forma y a colocar en primer plano las formas particulares que el Quilish tomaría en varias etapas de la controversia.

Cuando el movimiento estaba en su punto más alto, la multiplicidad del cerro Quilish le planteó un reto a Minera Yanacocha. Sin embargo, como he tratado de demostrar, "hacer que (las cosas) importen" requiere un esfuerzo permanente, y la precariedad de esos múltiples mundos se hizo evidente en los momentos en los que los movimientos contra la expansión minera se fragmentaron y el activismo se debilitó. Los argumentos sobre la calidad y la cantidad del agua que los activistas antimineros introdujeron en los debates, junto con las soluciones tecnocráticas de la industria minera centradas en la gestión ambiental, tuvieron el efecto de desestabilizar la multiplicidad del cerro Quilish y permitir que se afianzara una realidad singular (el agua). Esta singularidad parecía tapar (al menos de forma temporal) otras realidades. Sin embargo, el potencial del conflicto en curso se mantiene, puesto que esas otras realidades no dejan de existir. La atención a los múltiples mundos revela los procesos de colaboración para la puesta en escena que lleva a la existencia de las entidades. Los conflictos contemporáneos sobre la minería pueden, de este modo, ser entendidos como un proceso continuo de controversias sobre mundos socionaturales. Este es siempre un proceso inacabado y continuará así mientras que las múltiples formas del cerro Quilish se pongan en escena y se recreen en un contexto en evolución de la expansión minera.

# 4

# RIEGO Y EQUIVALENCIAS CONTROVERTIDAS

Antes de que saliera el sol partimos de Cajamarca con el señor Santos, un líder campesino que me había invitado a participar en la inspección del canal de riego Túpac Amaru. Con una extensión de treinta y dos kilómetros a través de cuatro comunidades (Cince Las Vizcachas, Hualtipampa Alta, Hualtipampa Baja y Tual), era uno de los más extensos dentro del área de influencia de la mina Yanacocha. En los últimos años, el canal se había convertido en el centro de una serie de controversias sobre los efectos de las operaciones de la mina respecto de la cantidad y calidad del agua en la región. En el año 2002, a medida que la mina Yanacocha ampliaba sus operaciones, la empresa desvió el agua de uno de los arroyos que alimentan el canal debido a que los vertimientos de aguas ácidas de los botaderos de roca estéril de la mina habían hecho que no fuera apto para el consumo humano. Más de doscientos campesinos registrados como usuarios del canal recibieron $4000 cada uno, además del equivalente a $6000 por usuario en proyectos de desarrollo comunitario, como compensación por los daños y perjuicios.

El canal Túpac Amaru es uno de los seis canales de riego (de un total de treinta y cinco dentro del área de influencia de la mina) cuyos usuarios han llegado a acuerdos similares, además de distintas cantidades de dinero en efectivo, contratos de trabajo y asistencia para el desarrollo. Adicionalmente, Minera Yanacocha construyó el reservorio San José a partir de uno de los tajos abiertos que ya no estaba en explotación. El reservorio fue diseñado para acumular cerca de seis millones de metros cúbicos de agua tratada, la cual sería bombeada a los canales afectados (este proyecto fue terminado en 2008) (Minera Yanacocha 2006). En el caso específico del canal Túpac Amaru, los usuarios del agua y Minera Yanacocha firmaron, en 2004, la transacción extrajudicial Quebrada Cushuro.

Como parte de este acuerdo, la empresa se comprometió a revestir con cemento toda la extensión del canal de tierra, una medida destinada a reducir la filtración y a aumentar la disponibilidad de agua para riego. Los contratos de trabajo para la construcción serían otorgados a las microempresas que serían creadas por los usuarios de canales afectados como una forma de generar oportunidades de empleo. Por otra parte, Minera Yanacocha se comprometió a bombear al canal el agua químicamente tratada para compensar los reducidos flujos de agua. El arroyo afectado había estado proporcionando un caudal de 39 litros por segundo al canal, por lo que la empresa sustituiría agua por agua, retornando al canal 40 litros por segundo desde su planta de tratamiento de agua. Al aceptar estas medidas de compensación y mitigación, los usuarios del canal Túpac Amaru cedieron su derecho a utilizar el agua de la quebrada Cushuro (MWH 2006: 189). Un año después de la firma de los acuerdos, sin embargo, la gente, nuevamente, comenzó a notar una reducción en los flujos de agua, y los usuarios del canal percibieron que el agua tratada que les estaba siendo "devuelta" por la empresa minera no compensaba de manera adecuada el agua que habían perdido —ni en calidad ni en cantidad—.

Mi anfitrión, el señor Santos, era abiertamente crítico de Yanacocha. Como uno de los varios campesinos que iniciaron la construcción del canal en la década de 1980, ahora tenía la intención de defenderlo. Conocí al señor Santos a través de nuestros contactos comunes con la ONG Grufides, puesto que él era uno de los líderes campesinos que habían jugado un papel importante durante las protestas del cerro Quilish y había mantenido una relación con la organización. Participé en la inspección del canal junto con un estudiante de geografía, peruano, que hacía trabajo de campo como parte de un programa de posgrado en Europa. Para nosotros, era una oportunidad para aprender acerca de los cambios en el paisaje desde la llegada de la mina; para el señor Santos, éramos testigos adicionales de la inspección.

Luego de un corto trayecto en autobús desde la ciudad, y una llamada a su teléfono celular, nos encontramos al borde de la carretera con un grupo de familiares y amigos del señor Santos que habían venido de Tual, una comunidad campesina vecina a la mina Yanacocha. Nos trasladamos en su camioneta hasta donde nos permitió la trocha carrozable, luego nos dirigimos hacia las instalaciones de la mina. A lo largo del trayecto se nos unió otro grupo de pobladores, caminamos en contra de un viento helado sobre matas de ichu, el duro pasto que cubre los cerros a esta gran altitud de más de 3700 metros sobre el nivel del mar. El paisaje se muestra monótono y estéril a alguien que no está familiarizado con él, pero las personas que viven en las comunidades cercanas son conocedoras de sus fuentes de agua, sus plantas de usos múltiples y sus caminos, que son distinguibles solo gracias a los viajes frecuentes.

A medida que nos acercamos a un montículo de grandes rocas, uno de los hombres del grupo me dijo que estábamos en "Las Viejas", zona llamada así porque las formaciones rocosas parecían mujeres ancianas petrificadas. Su familiaridad con este terreno provenía de haber seguido innumerables veces las rutas de los canales de riego y haber pastoreado animales por ahí. Este era un lugar configurado por la unión de fenómenos humanos y no humanos: el trabajo físico, la lluvia, el capital transnacional, los pastos y el ganado. La ganadería lechera, la cría de ovejas y la agricultura a pequeña escala eran los principales medios de sustento de las personas y todo dependía del agua —las lluvias torrenciales de la estación húmeda, lagunas, estanques, pantanos, ríos y arroyos—. Igualmente importantes eran los medios artificiales diseñados para controlar estos recursos hídricos y mitigar los efectos de la sequía y las fuertes lluvias: canales de riego, presas y embalses. La escasez de agua en la sierra plantea un desafío constante, que se puede mitigar con un conocimiento profundo del paisaje: cambios en los patrones climáticos, tipos de pastos, fertilidad de los suelos y, lo más importante, el origen de los arroyos y sus fluctuantes niveles de agua en la estación seca y la de lluvias.

Preocupados por la cantidad cada vez menor y el aspecto poco familiar del agua que llegaba a sus campos, los campesinos exigieron lo que llamaron una inspección ocular para verificar sus afirmaciones. En castellano, este es un término que se utiliza principalmente en el contexto de las investigaciones policiales y procesos judiciales. En los conflictos con la empresa minera, la adopción del término pone de relieve la necesidad de testigos que den fe de las afirmaciones de los campesinos, así como el apoyo de experiencias visuales y sensoriales para detectar los cambios producidos por la mina. Esta inspección ocular implicaría caminar a lo largo de la ruta del canal para identificar cualquier cambio que pudiera haber sido causado por las operaciones de la mina —cambios por los cuales los usuarios del canal consideraban que debían ser compensados—.

Las inspecciones, por lo general, eran coordinadas por la Administración Técnica del Distrito de Riego (ATDR) de la región, una dependencia del Ministerio de Agricultura a cargo de la administración de la infraestructura de riego en la región. La ATDR fijó la fecha para la inspección, solicitó la participación de usuarios empadronados y representantes de la empresa minera, y envió a los técnicos para llevar a cabo la inspección. La inspección en sí era una operación de baja tecnología: en diferentes intervalos, durante el curso del canal, el técnico de la ATDR empleó un velocímetro para medir el tiempo que tomaba llenar un balde de plástico con agua (véase imagen 4.1). El técnico registró los litros por segundo de flujo de agua en cada punto designado, y esta información, luego, fue comparada con los datos oficiales registrados para el canal.

En esta ocasión en particular, los usuarios del canal Túpac Amaru habían añadido otro componente para la inspección. Su objetivo —sin tener la aprobación de la ATDR o de la Minera Yanacocha— era

*Imagen 4.1.* Midiendo el caudal del canal durante la "inspección ocular".

iniciar la inspección en el punto de origen del canal, que ahora se encontraba dentro de la propiedad de la mina (véase imagen 4.2). Los campesinos se sentían con derecho a inspeccionar la infraestructura del canal y las fuentes de agua que lo alimentaban, algo que ellos estaban acostumbrados a hacer libremente antes de la llegada de la mina. Sin embargo, esto ahora implicaba entrar a una propiedad privada (y, por lo tanto, una violación de esta), de manera que, cuando llegamos, los guardias de seguridad de la mina nos estaban esperando. Para el grupo de campesinos, la propiedad legal de la tierra en la que se encontraba el origen del canal no determinaba el derecho de acceso. "Aquí era donde yo pastaba mis animales", dijo indignado uno de los usuarios del canal. La construcción de la mina no solo había cambiado la propiedad de la tierra, también había alterado diferentes tipos de conexiones entre las personas, la tierra, las fuentes de agua y otras características del paisaje que no

*Imagen 4.2.* Origen del canal Túpac Amaru, ubicado dentro del área de operaciones de la mina Yanacocha.

podían reducirse a las disputas sobre los derechos de propiedad. Por el contrario, implican una reconfiguración del lugar y todos los componentes humanos y no humanos del mismo.

En el manantial que era el origen del canal había un camión cisterna de agua. Para los campesinos, esto era una evidencia de que Minera Yanacocha estaba usando agua del manantial para sus propias operaciones, con lo que disminuía el flujo del canal aguas abajo. Luego de una confrontación tensa, pero no violenta, con los agentes de seguridad, un grupo de ingenieros de Yanacocha llegó al lugar, junto con un autobús lleno de guardias de seguridad de refuerzo, el mismo que permanecía estacionado cerca. Los campesinos comenzaron a expresar sus preocupaciones, algunos de forma más agresiva que otros. "¿Por qué se ve amarilla el agua?", preguntó un hombre, señalando el agua que veíamos gotear por una pendiente rocosa al costado de la carretera donde nos encontrábamos. Un ingeniero respondió que Yanacocha operaba dentro del marco legal y que el agua cumplía con los estándares legales de calidad. Explicó que el agua era tratada con cloro gaseoso, y una reacción con el concreto hacía que apareciera un color amarillento. El ingeniero admitió que esta agua no era apta para el consumo humano, pero dijo que, de acuerdo con la ley, no era necesario que el agua de riego cumpliera con los mismos estándares que el agua potable. Además, argumentó que (debido a su acidez o alto contenido de minerales) ninguno de los manantiales naturales en la zona era técnicamente apto para el consumo humano (lo que significaba que tampoco cumplían con los estándares legales para el agua potable).

Durante esta tensa confrontación, los usuarios del canal y los ingenieros parecían estar hablando de la misma cosa —la cantidad y calidad del agua—, pero desde un conjunto diferente de supuestos. Para los campesinos, la empresa minera estaba "robando" el agua de las fuentes naturales que alguna vez alimentaron su canal, y el agua tratada que les devolvían no era igual que el agua que alguna vez tuvieron. Para los ingenieros, la responsabilidad de la mina era asegurar que el agua cumpliera con los estándares legales de calidad y que los canales de riego fueran reabastecidos con el agua de su planta de tratamiento para compensar la disminución de los caudales de agua. Los supuestos de los ingenieros se apoyaban en lo que he llamado una "lógica de la equivalencia": en primer lugar, que el agua de una fuente natural es intercambiable con el agua de una planta de tratamiento; en segundo lugar, que la calidad del agua es aceptable si se demuestra que cumple con los estándares legales establecidos; y en tercer lugar, que los efectos de la mina sobre el canal podían ser revertidos "devolviendo" la misma cantidad de agua que se perdía y compensando a los usuarios del canal con pagos en efectivo, empleo temporal y proyectos de desarrollo.

En este capítulo quiero examinar esta controvertida lógica de la equivalencia. Lo hago centrándome en el canal para vislumbrar cómo funcionaba dicha lógica de las equivalencias, la forma en la que se estableció, lo que ocultaba y cómo llegó a ser aceptada o cuestionada. El concepto de equivalencia sirve como una herramienta analítica para dar sentido a los procesos que pretendían resolver los conflictos entre la empresa minera y los usuarios del canal, pero que contribuyeron, más bien, a que esas disputas se mantuvieran. Empleo el término "equivalencia" para captar dos procesos relacionados: en primer lugar, la equivalencia se refiere a los instrumentos científicos y técnicos utilizados para hacer las cosas cuantificables y comparables; y, en segundo lugar, tomo la equivalencia como una relación política que implica la negociación constante sobre lo que se considera el conocimiento autorizado (véanse Espeland 1998, Espeland y Stevens 1998).

Para las empresas mineras y los funcionarios públicos empeñados en la resolución de conflictos, la equivalencia era la meta de toda solución propuesta e implicaba un ajuste permanente de cuentas: por ejemplo, bombear agua a los canales para satisfacer los flujos de agua establecidos, o compensar la contaminación con contratos de trabajo. Las disputas y los desacuerdos debían resolverse a través del cálculo (de costos económicos, de riesgos ambientales y de potenciales beneficios) y una cuidadosa negociación sobre la base de una lógica de mercado. Por ejemplo, las negociaciones con los usuarios de canales involucraban la "valoración de recursos" para determinar la pérdida de ingresos por metro cuadrado de tierras en propiedad, según lo establecido por indicadores económicos tales como la disminución de la producción de leche. Los funcionarios de la empresa esperaban que estos acuerdos trajeran una solución permanente a los conflictos que empañaban las relaciones con las comunidades locales, aunque lo que observé en Cajamarca fue que estas disputas tenían una determinada manera de proliferar.

Los intentos de la empresa minera para establecer la equivalencia y hacerla legítima ampliaron el número de actores involucrados en las protestas, así como las negociaciones y las demandas de compensación. Traducir los reclamos por daños y perjuicios al canal en una compensación monetaria para los usuarios tuvo el efecto de multiplicar el número de personas inscritas en el padrón de usuarios con el fin de poder ser elegibles para la compensación. Las disputas entre los usuarios del canal y la empresa minera también incorporaron a otros actores, tales como científicos, ingenieros, ONG, abogados y otros expertos necesarios para establecer la validez legal y científica de los reclamos en contienda. Estas relaciones que se multiplicaban eran lo que los medios de comunicación, las empresas y el público en general habían etiquetado como "conflictos", pasando por alto la forma en las que se establecían las mismas. Caminar más de treinta kilómetros desde un extremo del canal al otro durante la inspección de dos días me permitió ver el canal como una red viva de relaciones, conocimientos e historias que no pueden ser abarcados por la lógica de equivalencias y que, a su vez, plantean un desafío.

## Logrando que la evidencia cuente

Los reclamos de los campesinos por la mermada calidad y cantidad del agua no pueden entenderse tan solo como conflictos por el uso de "recursos"; más bien, nos desafían a pensar en cómo se experimenta un paisaje, cómo llega a ser definido y cuales son las evidencias que cuentan como válidas al hacerlo. Si bien los usuarios del canal tenían numerosas formas de detectar los efectos de la mina —el cambio de color y sabor del agua, los reducidos flujos, la negativa del ganado a beber el agua, las extrañas manchas en el pasto después de regado—, tenían que fundamentar esta evidencia con mediciones científicas, datos técnicos y peritos. Las inspecciones oculares constituían una oportunidad para crear esta evidencia y hacerla visible para los representantes del Estado y de la empresa. Caminar y ver los efectos de la mina, de primera mano, adquirió una importancia particular para los campesinos que querían que su conocimiento basado en la experiencia fuera tomado en cuenta. Nadie, insistían, conocía el terreno mejor que ellos, que lo transitaban a diario y podían observar sus cambios sutiles.

Las inspecciones oculares eran algunas de las pocas ocasiones en las que los campesinos sentían que tenían la sartén por el mango. Durante la inspección del canal Túpac Amaru, los campesinos demostraron sus conocimientos sobre la zona guiándonos por el camino, determinando las mejores rutas y atajos que debían tomarse e insistiendo sobre ciertos puntos de monitoreo que querían hacer constar en la inspección. Ellos bromeaban sobre cómo el equipo de ingenieros de Yanacocha que se unió a la inspección luchaba para mantener el veloz ritmo de los campesinos y se mostraba visiblemente exhausto después de horas de camino. Consideraban esto como una señal de que los ingenieros apenas si salían de sus oficinas, y que su trabajo se hacía con poco conocimiento práctico de los sistemas de riego. Para los campesinos, el acto de caminar —manteniendo el equilibrio en pendientes peligrosas y un paso firme en terrenos irregulares, así como la resistencia para caminar de una comunidad a otra en condiciones meteorológicas adversas— era un marcador de la diferencia social y definía su habituación al paisaje. Caminar era crucial para determinar quién estaba calificado para hablar de los cambios que veían que estaban ocurriendo. Así como su facilidad para caminar fue adquirida a través de la actividad cotidiana a lo largo de toda la vida, sostenían los campesinos, sus conocimientos acerca de las fuentes de agua y los cambios en las condiciones ambientales también fueron adquiridos a través de esta interacción cercana y permanente con el paisaje.[1]

Los datos recopilados en la inspección —mediciones de caudal tomadas durante dos días en los puntos designados a lo largo del canal y los manantiales que lo alimentaban— contribuyeron a que los usuarios fortalecieran sus demandas de indemnización y solicitaran más apoyo de la empresa minera. Las quejas de los usuarios sobre la calidad y cantidad de agua obligaron a la empresa minera a hacer

---

1. Según Tim Ingold, el conocimiento del medioambiente se basa en el sentimiento, está formado por habilidades, se adquiere en el largo plazo a través de la experiencia y el aprendizaje. Estas "habilidades de vida" se adquieren a través de una práctica activa y el compromiso constante con la tierra y los seres que habitan en ella (Ingold 2000: 133).

de los problemas del agua una prioridad en sus esfuerzos de gestión ambiental y en las campañas de relaciones públicas. Para Minera Yanacocha, el canal era un lugar de conflicto, pero establecer la equivalencia a través de acuerdos de compensación también hacía posible transformar un fiasco de relaciones públicas en una vitrina de los planes de gestión ambiental de la empresa y del compromiso con las comunidades locales. Para los campesinos, los efectos de la mina sobre el canal hacían evidentes las posibles amenazas de la minería a gran escala, pero el canal también ayudó a transformar estas posibles amenazas en dinero, puestos de trabajo y relaciones sociales. Así, el canal se convirtió en el medio para negociar beneficios que contribuyeron a su sustento: paquetes de compensación, empleo en la mina y en proyectos de desarrollo patrocinados por la empresa, creación de microempresas que brindaran servicios a la minera, donaciones benéficas, relaciones de compadrazgo con los ingenieros de Yanacocha y otros beneficios directos e indirectos derivados de la empresa minera.

En las comunidades cercanas a la mina, la capacidad (o voluntad) de las personas para calcular los costos y beneficios de la actividad minera y negociar con la empresa los convertía en sujetos "racionales" a los ojos de los ejecutivos de la minera, políticos y público en general. Por el contrario, la falta de voluntad para aceptar los términos de equivalencia o participar en la negociación marcaba a los campesinos como irracionales —y, por lo tanto, se legitimaba su exclusión política, mientras que los proyectos mineros se justificaban en nombre del progreso—. Los que se beneficiaron de los privilegios que la empresa minera podía proporcionar eran aquellos que eran capaces o estaban dispuestos a hacer cálculos, como por ejemplo los líderes de la comunidad y los representantes del canal, y su capacidad de negociación requería que adoptaran los términos de equivalencia. Si bien estas negociaciones son el resultado deseado por la empresa minera, crean a su vez condiciones que reproducen las relaciones desiguales de poder, facilitando la corrupción, el paternalismo y nuevas formas de exclusión.

Tal como demuestra la inspección del canal, la legitimidad de las demandas a Yanacocha hechas por los usuarios y los ingenieros se basan en la participación del público, la evidencia visual, la autoridad legal y el reconocimiento científico. A través del canal, el agua se convirtió en un punto común de discordia y en foco de los esfuerzos para establecer equivalencias entre daños ambientales y formas de compensación. Los intentos de establecer —y rechazar— la equivalencia han conectado la política y la ciencia de nuevas maneras, creando no solo diferentes formas de ver y medir la contaminación, sino también novedosas formas de participación y exclusión política. La trayectoria del señor Santos como líder campesino ilustra algunas de las continuidades y trasformaciones en la política rural, antes y después de la llegada de la mina.

## La "antigua" y la "nueva" política

El señor Santos vivía en San Francisco, un barrio construido unos teinta años atrás en las colinas ubicadas en las afueras de la ciudad de Cajamarca por los campesinos que querían aprovechar las oportunidades que la ciudad tenía para ofrecer, pero no podían permitirse el lujo de vivir en el núcleo urbano. Llevaba con orgullo un sombrero de paja y ojotas (sandalias de goma usadas por los campesinos), negándose a dejar atrás estos marcadores típicos de la identidad campesina a pesar de que pasaba la mayor parte de su tiempo en la ciudad. Uno de los principales motivos que tuvo el señor Santos para mudarse fue educar a sus ocho hijos en escuelas de la ciudad. El señor Santos encabezaba el Comité de Agua Potable y había trabajado para llevar servicios básicos a la vecindad. También participaba en las rondas campesinas urbanas, continuando con su compromiso de larga data con las rondas en Tual. Su participación en organizaciones comunales lo hizo muy conocido y respetado en su nuevo barrio, como también lo era en el campo, algo que se ponía de manifiesto cada vez que sus vecinos y conocidos nos detenían en la calle para saludarlo y pedirle consejo o ayuda.

Un tiempo después de la inspección, acompañé al señor Santos a Tual para una reunión de la asociación de usuarios del canal Túpac Amaru. Más que su casa en Tual o las pocas ovejas que todavía tenía allí al cuidado de un vecino, el canal era lo que lo mantenía vinculado a la comunidad. El transporte público a Tual era irregular, ya que se encontraba ubicada fuera de la carretera principal, a unos dieciocho kilómetros de la ciudad de Cajamarca. Aun así, hubiera sido posible tomar un taxi, pero el señor Santos prefería viajar en combi hasta el desvío y caminar el resto del trayecto. Caminamos a lo largo del sendero de tierra y subimos el cerro entre las casas y los ladridos de los perros para cruzar el camino zigzagueante, hasta que conseguimos que un carro que pasaba nos diera un aventón. A medida que caminábamos, el señor Santos me habló de su larga trayectoria en los movimientos campesinos del norte de Perú.

Actualmente, con cerca de cincuenta años, el señor Santos ha dedicado la mayor parte de su vida a la política rural. Su formación política la inició por su propia cuenta cuando, siendo adolescente, aprendió a leer a través de lecciones improvisadas con uno de los chicos mayores en Tual. Cuando llevaban los animales a pastorear, la tierra se convirtió en la pizarra en la que aprendió a formar letras con una ramita. En su juventud, fue a la ciudad para convertirse en un peón y comenzó a asistir a reuniones políticas. Lo que escuchaba lo llevaba a la comunidad y hablaba sobre la explotación y la difícil situación de los campesinos frente a la clase terrateniente, solo para enfrentar la indiferencia o el ridículo. Al principio, nadie lo tomó en serio, pero su carisma, perseverancia y automotivación lo convertirían finalmente en un líder influyente (aunque también controvertido) de la comunidad.

A medida que crecían sus contactos y su experiencia política, se fue involucrando en la Confederación Campesina y fue elegido como representante regional para el Congreso Nacional de la Confederación General de Trabajadores del Perú (CGTP) a realizarse en Lima. Con los años, las alianzas del señor Santos cambiaron al incursionar en diversos partidos políticos de izquierda o populistas (el APRA, Izquierda Unida y, más recientemente, el Partido Nacionalista, de Ollanta Humala). Pero lo que se mantuvo constante a lo largo de su vida fue su participación en la Federación de Rondas Campesinas. Sus actividades con la Federación lo llevaron a recorrer todo el país —y a la cárcel por un breve periodo—. Cuando Yanacocha llegó a Cajamarca, el señor Santos era presidente de la filial regional de las rondas y de su propia base de Tual. Su trabajo como líder campesino lo puso en contacto con ONG internacionales, instituciones públicas, estudiantes, ingenieros y otras personas que trabajaban para "desarrollar" el campo, proporcionando los conocimientos tecnológicos. El señor Santos se enorgullecía de haberles enseñado, en cambio, una o dos cosas —sobre tecnologías locales, técnicas agrícolas y a valérselas con el difícil paisaje de la campiña de Cajamarca—.

En la década de 1960, ingenieros y funcionarios públicos viajaron a Cajamarca para construir canales de riego, empleando a menudo costosos equipos y la asesoría de "expertos" en desarrollo. Sin embargo, según cuenta el señor Santos, los campesinos consiguieron construir, con éxito, el canal Túpac Amaru con su propio conocimiento del paisaje y herramientas muy sencillas, incluyendo lo que él llama el "teodolito del hombre pobre". Mientras que el teodolito es un costoso instrumento de medición que consiste en un telescopio diseñado para girar horizontal y verticalmente a fin de medir ángulos, los campesinos utilizaron simples palos de madera y cordel, lo que les permitió trazar la ruta del canal que sigue proporcionándoles agua hasta ahora.[2] En sus narraciones sobre la construcción del canal (al igual que en la inspección ocular) los campesinos privilegian las formas experimentales de conocer el paisaje. El canal fue producto del trabajo, habilidad, ingenio y los rigores de la vida diaria. Esta

2. El relato del señor Santos apareció en un documento elaborado en el marco del Proyecto Piloto sobre Ecosistemas Andinos (PPEA), creado bajo los auspicios del Programa de Naciones Unidas para el Medio Ambiente (PNUMA) y financiado por el gobierno alemán. La publicación en francés titulada *Le Paysan, l'expert et la nature* (*El campesino, el experto y la naturaleza*) (Zutter 1992) buscó evaluar y sintetizar el trabajo del PPEA a lo largo de cinco años (1985-1990). Sobre la base de entrevistas grabadas y presentadas en formato testimonial, la contribución del señor Santos mostró las experiencias que conformaron su educación: las enseñanzas de sus abuelos y sus viajes, el trabajo y su experiencia de liderazgo.

forma de pensar acerca del canal contribuyó a un sistema de valoración que estaba reñido con la compensación en dinero y agua tratada que les ofrecía la empresa.

A la vez que siguió siendo crítico del "conocimiento experto" y de los burócratas, el contacto cercano del señor Santos con la comunidad internacional y la política de las ONG moldearía su propio rol de liderazgo. Lo que aprendió junto a estos agentes de desarrollo fue la capacidad para moverse entre distintas esferas de la política —desde los partidos de izquierda y las asociaciones campesinas hasta los círculos internacionales de desarrollo y las asambleas comunales—. Esta capacidad de actuar como intermediario entre los diferentes mundos políticos convirtió al señor Santos en un líder clave en las recientes protestas contra la mina. Sus contactos y habilidad política le ayudaron a unir a las comunidades campesinas al movilizar a los ronderos y a los usuarios del canal de riego, los dos grupos que se convirtieron en la columna vertebral de todas las protestas contra la minera.[3] También construyó alianzas con gente de la ciudad: abogados, periodistas, sindicalistas, defensores internacionales, y el padre Arana y la ONG Grufides.

El señor Santos fue una de las varias figuras clave en la protesta del cerro Quilish en 2004. Familiarizado con el campo, así como con el funcionamiento de la política urbana, Santos y otros líderes vocearon las preocupaciones de los campesinos y otros grupos marginados. Según él, muchas personas estuvieron, inicialmente, contentas con la llegada de la empresa minera, en la creencia de que podría traer oportunidades para las comunidades locales, pero esto empezó a cambiar cuando la muerte de animales y los problemas con los canales levantaron preocupaciones en torno a la presencia de la mina: "Al principio no sabíamos, solo apoyamos [a la empresa

3. Algunos ronderos y usuarios del canal también participaron en marchas y actividades en apoyo a Minera Yanacocha. La empresa, consciente de la influencia que estas asociaciones podían tener, trató de movilizarlas en su favor. En algunos casos, las organizaciones de ronderos se formaron específicamente para promover una agenda prominería.

minera]... Nos dieron comida, parecían buenas personas, ¿verdad? Pero después comenzaron los problemas y nos dimos cuenta de que no eran buenas. Eso fue cuando los sapos, las truchas estaban muriendo; el ganado se estaba muriendo... Fue allí cuando nos dimos cuenta. Aquí en Tual muchos animales murieron".

Los testimonios campesinos fortalecieron el trabajo de defensoría realizado por las ONG como Grufides, que intentaron documentar las muertes de los animales y la enfermedad de los rebaños con fotografías e inspecciones. Recabar evidencias que vincularan estas muertes con la actividad minera resultó difícil, ya que no siempre era posible llevar a cabo las pruebas de laboratorio necesarias para demostrar una relación definitiva; sin embargo, las imágenes captadas y los testimonios de los campesinos fueron cruciales para sus campañas de oposición a la mina. El señor Santos y otros que decidieron hablar en contra de la mina lo hicieron invocando una identidad campesina forjada a través de una conexión con el paisaje y una forma de vida que dependía de la agricultura y la ganadería. Él jugó un papel activo en las reuniones de organización y fue una presencia constante en las protestas y marchas, donde se dirigía a la multitud con su retórica apasionada.

En sus recuerdos del pasado, señala el señor Santos, los campesinos tenían todo el dinero y alimentos que necesitaban antes de que Minera Yanacocha llegara a ensuciar el agua y que los animales empezaran a morir. Las declaraciones del señor Santos, incorporadas en las campañas locales e internacionales contra la minería, combinan una defensa radical de los derechos campesinos con lo que podría interpretarse como una sensibilidad ecológica y una visión romántica de un pasado rural. Sus testimonios y los de otros dirigentes campesinos también proporcionan evidencia anecdótica sobre la localización de las fuentes de agua que se estaban secando o habían desaparecido, y la menguante productividad de los animales y los cultivos. Estos testimonios ayudaron a conectar la minería con importantes preocupaciones globales, tales como la conservación de la biodiversidad, los derechos indígenas y los efectos de la contaminación sobre la salud. El enmarcar los conflictos mineros en términos "ecológicos" ayudó, sin duda, a llamar la atención de las ONG internacionales y los medios de comunicación, y a apoyar la causa de los campesinos que denunciaban a Minera Yanacocha. Aun cuando el idioma de la protesta era diferente del utilizado en las luchas campesinas por la tierra, el activismo político contra la minería surgió a partir de una larga historia de organización campesina. Los dirigentes campesinos con experiencia en la administración de sus canales transfirieron esa práctica para organizarse en contra de Minera Yanacocha. Su lucha no fue una lucha "ecologista" en un sentido convencional.[4] Aun así, la tierra, el agua y el ganado eran la base de su sustento diario y, en consecuencia, de la política campesina, incluida la labor de las rondas campesinas y asociaciones de usuarios del agua.

Situar las acciones de protesta de los campesinos dentro de estas redes de organización política y producción agrícola rebate la afirmación de Minera Yanacocha de que las preocupaciones "ambientales" se introdujeron a través de la manipulación política de extraños (como las ONG Oxfam y Grufides). Lejos de sugerir que los campesinos son ecologistas intrínsecos o custodios del planeta, lo que quiero señalar es que la compleja política que surgió en los conflictos por la minería congregó los discursos locales, nacionales y globales (sobre el agua, los cambios en el paisaje y el desarrollo) que estaban, en cualquier caso, fundamentados en la materialidad de la campiña de Cajamarca. En este caso particular, esa materialidad se corporeiza tanto en lo concreto del propio canal de riego como en la fluidez de las relaciones que giraban alrededor de él. Estas relaciones eran cambiantes e inestables: en ocasiones, vinculaban a las personas (y cosas) a través del afecto, el parentesco y la necesidad; en otras, producían antagonismos y fricciones, incluso a medida que la gente buscaba cooperar y llegar a un acuerdo. Así, la historia del canal no es una simple historia de cooptación o resistencia.

4. Algunos teóricos han sugerido que tales luchas son parte de un "ecologismo de los pobres", donde la defensa de los medios de sustento se puede expresar en función de derechos de propiedad y acceso a los recursos; sin embargo, representan un anhelo por justicia ambiental y sostenibilidad (Martínez-Alier 1991).

Cuando las actividades de Minera Yanacocha comenzaron a interferir con el uso que hacían los campesinos de los canales de riego y los recursos hídricos, la ya vasta red de relaciones del canal —organizada a través de las asociaciones de campesinos y de regantes, conexiones familiares y de pertenencia a una comunidad— movilizaron al área rural. Los canales organizan a las personas en juntas de usuarios, y las relaciones forjadas a través de la participación en la administración del canal a menudo se superponen con las de otras asociaciones (rondas campesinas, liderazgos comunales) o la participación en la política local y regional. El canal también une a la gente a través de lazos de parentesco, en la medida en que el número de horas asignadas a cada usuario del canal se transfiere a sus hijos e hijas. Por otra parte, el canal es un elemento crucial de pertenencia comunal ya que requiere que cada usuario cumpla obligaciones relacionadas con el mantenimiento y la administración del mismo.

El señor Santos, en tanto líder campesino, ya se encontraba imbuido de estas relaciones establecidas y trabajó para fortalecerlas y multiplicarlas. Si bien estaba firmemente arraigado en la "vieja" política de la izquierda y la organización campesina, fue capaz de forjar nuevos espacios políticos que ayudaron a hacer públicas las demandas de los campesinos. Su capacidad para involucrarse en múltiples mundos le permitió encarnar muchos papeles al mismo tiempo: revolucionario de izquierda, héroe campesino, ecologista y, más recientemente, empresario campesino que prestaba servicios a la empresa minera.

Si bien cada uno de estos papeles le hizo ganar amigos y enemigos, no necesitan ser vistos como contradictorios. Por el contrario, las relaciones y alianzas construidas alrededor del canal (y facilitadas por este) son fluidas y contingentes, ya que reflejan las múltiples capas de una controversia que no se pueden dividir en "pro-" y "anti-" campamentos mineros. Más que una simple pieza de la infraestructura, el canal Túpac Amaru vinculaba al agua, a los campesinos y a la empresa minera en un nudo de relaciones que fueron moldeadas por eventos pasados, conflictos presentes y un futuro incierto.

## Los canales de riego de Tual

Tual es una comunidad ubicada bajo la sombra del cerro Quilish. El cerro piramidal se alza como telón de fondo de las dispersas casas de adobe y vacas lecheras que pastan en los campos; pero su presencia amenazante se erige también como un recordatorio constante de las protestas de 2004 que movilizaron a los campesinos de todas las comunidades de los alrededores. Los usuarios del canal de Tual salieron con toda su fuerza para protestar contra el proyecto de expansión propuesto por Minera Yanacocha, dado que las fuentes de agua en el cerro Quilish alimentan dos de los tres canales que pasan por esta comunidad. Sin embargo, después de las protestas, los pobladores de Tual llegaron a ser vistos por sus vecinos como "aliados de la mina", o "aliados de la empresa minera", un término que la gente a menudo utilizaba de manera peyorativa para describir las relaciones de cooperación con Yanacocha. La construcción de locales escolares, una posta rural, carreteras y otros proyectos de desarrollo habían sido patrocinados por la empresa minera, y muchas personas fueron contratadas para estos proyectos o en la propia mina. Además, la compensación monetaria les dio a los usuarios acceso a bienes de lujo (tales como vehículos para uso personal y comercial) y otras oportunidades antes inimaginables, como el establecimiento de una pequeña empresa. Los críticos de Minera Yanacocha y muchos de los propios usuarios señalaron que este tipo de asistencia se produjo como consecuencia del acuerdo con la empresa minera. Y, algunos argumentarían, fue a costa de poner en peligro uno de sus recursos más valiosos: el agua.

El agua siempre constituyó un reto para Tual. La relativa escasez de este recurso en las zonas altas volvió necesaria la canalización de agua desde fuentes distantes. Aquellos que relataban la historia de cómo llevaron el agua a Tual lo hacían con un orgullo y sentimiento de heroísmo sin reparos. La construcción de un canal a través de las laderas y valles de este difícil terreno requirió un arduo trabajo físico, ingenio y un conocimiento minucioso del paisaje. Uno de los hombres que participó en la construcción del canal fue Teófilo, quien también había participado en la inspección del canal y, al igual que el señor Santos, tenía una larga trayectoria como líder comunal. Cuando lo visité en Tual, unos meses más tarde, se estaba recuperando de una enfermedad; sin embargo, tenía la energía suficiente para hablar sobre el canal, un tema que siempre le entusiasmó. Sentado fuera de su casa, con su sombrero de paja protegiéndole la cara del sol, describió el arduo proceso que implicó llevar agua a Tual. Con un palo en la mano, hizo marcas en el suelo y me hizo conocer los esfuerzos de la medición, nivelación y trazado de la ruta del canal, utilizando las herramientas más simples y mucha perseverancia.

Todo comenzó con largas caminatas para identificar posibles fuentes de agua y rutas viables que evitaran las partes más escarpadas del terreno. Poco a poco, el grupo comenzó a excavar el canal, colocando tablas de madera y recubriéndolas con cemento. En ocasiones, el agua que se estaba canalizando comenzaba a fluir y luego se agotaba. Tenían que evitar su filtración tapando los agujeros con champas de paja o piedras. Las fuertes lluvias planteaban otro reto, pero tenían que trabajar a pesar de las inclemencias del clima, aprovisionándose de comida para poder pasar el día e incluso, a veces, las noches que iban a estar lejos de casa. Las mujeres preparaban y enviaban alimentos a los trabajadores, y se quedaban en casa para cuidar de los niños y de los animales.

Para aquellos que participaron en su construcción, el canal se convirtió en un símbolo del ingenio, sacrificio y trabajo duro de los campesinos. En las narraciones populares de la historia del canal, son estas cualidades las que prevalecieron sobre los conocimientos técnicos de los ingenieros y los recursos limitados del gobierno, y continuaron influyendo en la relación de los campesinos con los ingenieros de Yanacocha. "Hemos sufrido mucho por nuestro canal", dijo Teófilo, al explicar por qué ahora tenía que defender el canal a toda costa y denunciar las consecuencias de la actividad minera:

> Hemos tenido más agua, pero ahorita ya está fregando la mina. Y nos fregará más, pues. Nos dejará sin agua. El agua lo utiliza. [Antes] llegaban 163 litros. Cuando la mina ya está trabajando, ha estado bajando, bajando. Ahora apenas llegará a 100 litros. Ya no llega más. Y eso que nos están dando bombeada. Si no, no tuviéramos ni a 50 litros. De la

> quebrada Shiyamayo, 4½ litros había. Dicen que van a bombear. Ahora nos están dando 1½ litros, a veces un litro, a veces nada. Por eso es que le gritamos a los ingenieros. Acaso nuestra agua no la conocemos, no sabemos cuánto hay de agua para que nos digan, oye, les doy más, buena agua, más limpia? Mentira. Por eso, a los ingenieros, ahí los agarramos, ¡les gritamos más que a perro!
>
> Nosotros reclamamos nuestros derechos. No les estamos reclamando, danos tu sueldo. No estaré ahí en tu mesa, mirando a que me des un pan. Nuestra agua hemos trabajado, y hemos comido nuestro propio sudor y nuestro propio terreno. Aquí ha parao papas, ocas, trigo, cebada. Pero en vista de que ya se ha plagueado, la cebada ya no ha querido dar, el trigo tampoco, las papas, las ocas, sin abono ya no hay. Ahí hemos empezado a sembrar nuestros pastos.

Teófilo pasó a explicar que la gente en Tual había cultivado productos como la papa, la oca (un tubérculo nativo), el trigo y la cebada, pero ahora la tierra se había agotado y ya no producía nada sin fertilizantes. Esto explicaba por qué habían pasado a cultivar pastos y a dedicarse a la ganadería lechera. Teófilo asociaba la llegada de la mina con la transición de la agricultura a una mayor dependencia de la producción de leche y de la propia empresa minera. El canal era un logro que representaba la autosuficiencia campesina, una autosuficiencia que muchas personas sienten que han perdido. Tal como los comentarios de Teófilo también dejan en claro, los campesinos se sentían engañados no solo por los inadecuados intentos de Minera Yanacocha por compensar la disminución de los caudales del agua, sino por la falta de voluntad de los ingenieros para reconocer sus conocimientos sobre el agua, el trabajo y el esfuerzo invertido en la construcción del canal y todo lo que habían sacrificado.

Según Teófilo, la construcción del canal fue un proceso lento y frustrante de ensayo y error que implicó más de un intento fallido, y les llevó más de cinco años en completarlo. En el camino hubo desacuerdos y peleas, y la lucha constante para encontrar personas dispuestas a dar su tiempo para trabajar. Comenzaron la construcción con una veintena de personas que trabajaban con regularidad, y como máximo había treinta o treinta y cinco personas trabajando cada semana. Solo bastante tiempo después, cuando ya era más seguro que el agua podría llegar a sus comunidades, más personas comenzaron a unirse al esfuerzo. En el momento en que terminaron, más de ochenta personas participaban de la construcción. Esto también se convirtió en una fuente de conflicto, ya que los que se habían involucrado primero se resintieron con los recién llegados que no dedicaron el mismo tiempo ni esfuerzo, pero querían beneficiarse del canal. En un intento por llegar a la solución más equitativa, todos los que participaron en la construcción del canal se convirtieron en usuarios, pero el número de horas que recibían de agua dependía de cuánto habían contribuido al proceso de construcción. Quienes más contribuyeron a los esfuerzos de construcción eran probablemente los que tenían más tierras y, por lo tanto, lograrían un mayor beneficio al obtener más agua. En una asamblea, cada uno de los "fundadores" originales del canal recibió entre dos y diez horas de riego basadas en el trabajo y los recursos que habían aportado.

Esta forma de distribuir de manera colectiva los derechos de agua, en base a la inversión de cada usuario en el sistema de riego, no necesariamente correspondía con una distribución tecnocrática que tenía como objetivo aumentar la productividad (Gutiérrez y Gerbrandy 1999: 261). Por el contrario, el acceso al agua dependía del trabajo que había hecho un usuario en el canal, que incluía su mantenimiento diario, y una limpieza anual que continuó siendo una faena comunal importante. En Cajamarca, la limpieza anual de canales era un evento tecnológico y social que, por lo general, implicaba dos días, en los que participaban consumiendo alcohol, tocando música y bailando. El evento perdió su antiguo carácter festivo cuando la mayoría de la gente se convirtió al evangelismo, que prohíbe estas actividades, pero la limpieza siguió siendo un evento social y una responsabilidad compartida por todos los usuarios. Además, estos tenían otras funciones: asistir a las reuniones, asumir cargos administrativos (como presidente, tesorero y repartidor de agua) y ofrecerse como voluntarios para realizar las rondas nocturnas a fin de prevenir el robo de agua. El canal convocaba a la gente y activaba relaciones que, al igual que la infraestructura del canal, requería mano de obra y atención permanentes.

Cuando Minera Yanacocha compensó a todos los usuarios con $4000 por daños al canal, alteró el sistema de distribución de agua que se había establecido entre los usuarios de este. Si bien los acuerdos de compensación estaban destinados a resolver los conflictos, muchas personas sintieron que estos creaban más desigualdad e injusticia. En primer lugar, los paquetes de compensación solo beneficiaban a usuarios, y los que no eran usuarios se sintieron excluidos. En segundo lugar, los acuerdos iban en contra de un sistema en el que el acceso al agua se determinaba sobre la base de la pertenencia a una colectividad y sobre la participación de los usuarios en actividades relacionadas con el canal. Mientras que el uso del agua había estado previamente determinado por la activa participación de los usuarios y la toma colectiva de decisiones, las negociaciones con Minera Yanacocha cambiaron el énfasis hacia los usuarios individuales, a quienes se les compensó con la misma cantidad de dinero independientemente del número de horas de riego que tenían.

Quienes tomaban las decisiones dentro de la empresa elaboraron el acuerdo basados en dos supuestos: (1) que la compensación monetaria era equivalente a las pérdidas financieras ocasionadas debido al daño del canal, y (2) que todos los usuarios tenían igual derecho a los mismos beneficios. Para los campesinos, sin embargo, la compensación monetaria no reflejaba el hecho de que los usuarios no eran todos iguales cuando se trataba de los derechos sobre el agua del canal. Las equivalencias contenidas en los acuerdos no captaban las asimetrías de poder que ya formaban parte de la historia del canal, ni tampoco compensaban las décadas transcurridas desde su construcción.

La construcción del canal, realizada entre 1980 y 1986, fue solo el primero de una serie de eventos que, en conjunto, transformaron el paisaje y la economía de Tual. Una vez que se dispuso del agua de riego, hubo un cambio gradual de la agricultura a pequeña escala hacia la producción lechera. Este cambio en la economía local fue posible gracias a otros tres grandes cambios que reconfiguraron las conexiones entre las personas y el canal. El primer cambio se produjo cuando, a mediados de la década de 1990, la empresa minera construyó un camino que lleva a sus instalaciones. El camino pasa a través de Tual y la conecta a la ciudad de Cajamarca. En segundo lugar, la carretera facilitaba el acceso de los camiones de Gloria, la empresa transnacional de productos lácteos, a la que se facilitaba el transporte desde las chacras de los campesinos hasta el mercado. Una vez que los camiones pudieron llegar directamente a los productores de Tual para comprarles su leche, la gente se animó a incrementar su producción y dedicarse íntegramente a la ganadería lechera. En tercer lugar, una vez que se intensificó la ganadería lechera, las tierras comunales fueron divididas en parcelas de una a dos hectáreas como parte de un cambio, de una propiedad comunal a una individual. Desde su creación como una comunidad campesina en 1976, algunas de las tierras de Tual fueron manejadas de manera colectiva, un arreglo que había funcionado bien para el pastoreo de ovejas (dado que estos animales pueden pastar en pastos naturales, no cultivados). Sin embargo, algunos líderes (entre ellos el señor Santos) sintieron que la ganadería lechera requería inversión individual para el cultivo y mejora de los pastos (principalmente *rye grass*, así como el trébol y la alfalfa), y que la tierra sería mejor utilizada si era de propiedad individual.

Para el año 2006, el 68% de la tierra en Tual tenía riego (Montgomery Watson Harza 2006a). La venta de leche proporcionaba a la mayoría de las familias en Tual un ingreso pequeño pero constante. La construcción del canal permitió hacer el cambio hacia el cultivo de pastos y dio a los usuarios una ventaja sobre los no-usuarios, quienes continuaron dependiendo de la agricultura a pequeña escala para su subsistencia. Debido a la baja productividad de la tierra y el pequeño margen de beneficios derivado de la venta de productos agrícolas, los usuarios dedicaron cada vez menos tierras a cultivos de pan llevar e intensificaron la producción lechera. Los ingresos monetarios que percibían por la leche les permitían comprar papas, arroz, fideos, verduras y otros alimentos básicos en la ciudad, a la que accedían con los numerosos vehículos de transporte que viajaban por la carretera desde Tual hasta Cajamarca. Estos eventos clave —la construcción de la carretera, la división de las tierras comunales y el cambio a la producción lechera— intensificaron la dependencia de la gente del agua de riego y la competencia por esta. Como mostraré a través de la historia de Wilmer y Herlinda, los efectos de estos cambios fueron evidentes en las economías familiares de Tual y en la forma en la que las personas respondieron a la llegada de la mina.

### *Wilmer y Herlinda*

En la inspección del canal conocí al sobrino del señor Santos, Wilmer, quien participaba activamente en la administración del canal y en las asambleas comunales. Cuando visité Tual algunos meses más tarde, Wilmer me invitó a quedarme en su casa con él y su esposa, Herlinda. La joven pareja, que estaba en sus treinta años, tenía un hijo pequeño, y una hija que vivía con sus familiares en Cajamarca para que pudiera asistir a la escuela en la ciudad. Wilmer y Herlinda eran propietarios de un par de hectáreas de tierra que utilizaban principalmente para sembrar pasto para las vacas lecheras, y recientemente habían construido una gran casa de dos pisos. Sin embargo, pasamos la mayor parte del día en la casa antigua, sentados en la cocina mientras Herlinda preparaba las comidas del día en el fogón de leña, o simplemente fuera de la casa, calentándonos bajo el sol de la tarde.

Después de la inspección del canal, Wilmer se convirtió en un líder importante de la "nueva junta" —denominación que se daba a sí mismo el grupo que comenzó a desafiar la legitimidad de la "vieja junta", es decir, los líderes de la comunidad que previamente habían participado en las negociaciones con Yanacocha—. Herlinda no participó en ninguna de las juntas, pero hubiera podido ser una buena dirigente comunal; era obstinada y elocuente, y se mantenía al día sobre todo lo que sucedía en las reuniones, cosas de las que se enteraba a través de Wilmer. Cuando conversábamos acerca de los últimos acontecimientos ocurridos en la comunidad, por lo general se mostraba seria y reflexiva, pero matizaba las conversaciones con humor y un estallido de risa. Ella bromeaba acerca de que, teniendo más años de educación que su marido, estaba calificada para involucrarse en la política comunal, pero no estaba interesada en hacerlo.

De acuerdo con la división del trabajo en el campo, se consideraba que, por lo general, los hombres estaban a cargo de la agricultura y tenían bajo su responsabilidad el control de la administración de los canales de riego. Al igual que en otras comunidades andinas, las mujeres en Tual podían inscribirse como usuarias del canal, pero no solían ocupar puestos de autoridad en las asambleas comunales o en las asociaciones de usuarios del agua.[5] En general, los hombres tenían más probabilidades de ser alfabetos y tener un mayor nivel de educación, lo cual era necesario para lidiar con los largos trámites documentarios, las actas de reuniones y solicitudes que normalmente van de la mano con interacciones con los burócratas de la ciudad y los funcionarios de la empresa. Como resultado, las mujeres, a menudo, sentían con mayor agudeza las consecuencias de la actividad minera sobre el agua de riego (ya que se quedaban a cargo de la ganadería lechera y las tareas del hogar), pero no participaban plenamente en las reuniones y negociaciones relacionadas con el canal.

La economía de la ganadería lechera generó una nueva división del trabajo por la cual principalmente las mujeres estaban a cargo del ordeño y cuidado diario de las vacas, mientras que muchos hombres ya no participaban de las actividades agrícolas que solían realizar antes de que los campos se convirtieran en terrenos de pastos. El trabajo asalariado y el empleo relacionado con la mina era, por lo general, temporal e inestable, por lo que algunos hombres trabajaban tan solo dos o tres meses al año. En esta economía incierta, caracterizada por el esporádico subempleo masculino, cualquier oportunidad de trabajo era bienvenida. Sin embargo, incluso cuando Wilmer estaba trabajando, Herlinda se jactaba de que "lo adelantaba" al obtener más dinero vendiendo leche que lo que él ganaba con sus trabajos de subcontrata con la mina. Con cuatro vacas lecheras, Herlinda podía obtener cerca de 1100 a 1200 soles mensuales ($305 a $330 de ese momento), monto similar al salario de un trabajador manual. La ventaja era que ella podía contar con un pago puntual cada dos

5. Sobre el papel de las mujeres en la organización de los sistemas de riego véanse Gelles 2000 y Lynch 1991.

semanas, mientras que los trabajadores subcontratados de la mina no tenían certeza de cuándo llegarían sus cheques de pago.

El terreno en el que vivían Wilmer y Herlinda había sido comunal, hasta que fue parcelado entre los miembros de la comunidad campesina. Wilmer recibió una hectárea y compró un terreno adyacente con el dinero de la venta de otra hectárea que había heredado de su padre. Herlinda contó que, cuando la pareja se estableció por primera vez como familia en su terreno, lo utilizaban para cultivar papas y otros cultivos de pan llevar, para el consumo personal y para la venta local. Más tarde, cuando este ya no era rentable y dispusieron del canal con agua de riego, convirtieron su chacra (una parcela de tierra utilizada principalmente para el cultivo) en terreno de pastos y compraron algunos animales para iniciar la producción de leche. Fue en esta época que comenzaron los problemas con la mina.

En 2002, Minera Yanacocha construyó un botadero de roca estéril cerca de la quebrada Cushuro, que afectaba a uno de los afluentes que alimenta el canal de riego Túpac Amaru. La escorrentía se producía conforme la lluvia "lavaba" el material de roca estéril y fluía hacia los arroyos cercanos, y eso provocó cambios en el agua de riego. La gente decía que, después de regar sus campos, la hierba parecía brillar con motas amarillas similares a la chochoca (maíz molido). El agua tenía una coloración inusual y un sabor diferente, lo que llevó a algunos campesinos a diagnosticar esto como contaminación. También relacionaron estos cambios en el agua con la muerte de animales y el daño a los pastos. Herlinda recordó que "el canal estaba limpio, pero después ya no. Tenía un color diferente... Los animales estaban muriendo, y dijimos: [debe ser] el agua. Un grupo de usuarios fue a ver el agua [en una inspección]. Ya estaba contaminada la quebrada Cushuro. Ovejas y vacas estaban muriendo, pero no las nuestras. A nosotros se nos murieron los cuyes". Herlinda regó el pasto con el agua del canal y recogió este pasto para alimentar a los cuyes, por lo que atribuyó sus muertes al agua contaminada.

En el año 2003, los representantes elegidos del canal presentaron una denuncia contra Minera Yanacocha por la que exigían una compensación por los daños y tomar medidas correctivas para detener la contaminación del agua. En una carta, con fecha 30 de mayo de 2003, la empresa reconoció "el impacto generado en la calidad del agua en la quebrada Cushuro... la cual muestra valores superiores a los establecidos para la Clase III [agua para uso agrícola y ganadero] por la Ley General de Aguas". Indicaba que en un acuerdo extrajudicial, la compañía le ofreció cuarenta sacos de gallinaza (estiércol de pollo) a cada usuario del canal para que fuera empleado en sus campos como abono. Después de haber cumplido con este compromiso, la empresa alegó que no se justificaba ninguna compensación adicional, dado que los posteriores resultados del monitoreo del agua mostraron que estos estaban dentro de los límites permisibles. Minera Yanacocha también afirmó haber abordado el problema de la disminución del flujo de agua, ya que había estado bombeándola desde su planta de tratamiento para compensar a los usuarios del canal.

Esta carta —firmada por el entonces gerente de Relaciones Comunitarias de Minera Yanacocha— circuló ampliamente por los activistas y las ONG como una forma de denunciar las prácticas de la empresa. El reconocimiento explícito que se hacía en la carta sobre los problemas con el canal, así como el intento de la empresa de resolver el problema entregando a los usuarios del canal sacos de estiércol, brindó evidencias que los críticos de Minera Yanacocha podían utilizar para hacer conocer las consecuencias sociales y ambientales de la minería en Cajamarca, y más allá.[6]

Tras este controvertido acuerdo de compensación, se sospechó que los representantes del canal se habían puesto del lado de Minera Yanacocha con el fin de lograr beneficios personales y fueron acusados de traición a los intereses de los usuarios, dado que negociaron con la empresa sin la plena participación comunal. A pesar de que estos representantes habían sido elegidos por los usuarios, la gente comenzó a percibir que no podían confiar en los miembros de la

6. La carta se utilizó como documento de apoyo en el caso presentado por la ONG Grufides contra Yanacocha en el Tribunal Interamericano del Agua, que se celebró en la Ciudad de México en 2006.

Junta de Usuarios debido a sus conexiones con la empresa minera. El presidente del canal, por ejemplo, era un empleado de Yanacocha. Esto llevó a que se organizara una facción política (promovida por el señor Santos) que pretendía reemplazar a los miembros de la Junta y exigió ser incluida en las futuras conversaciones con la empresa, lo que dio lugar a una nueva serie de disputas y negociaciones. Estos usuarios rechazaron la lógica de la equivalencia implícita en la manera que tenía Minera Yanacocha de lidiar con el tema del canal. Cuestionaron la afirmación de que los "impactos" generados se habían revertido con el bombeo de agua desde las plantas de tratamiento de la mina y estaban indignados porque la empresa hubiera ofrecido cuarenta sacos de estiércol para compensar su pérdida, como si el fertilizante pudiera compensar la alteración permanente que producía la mina en su principal fuente de agua.

A medida que los problemas con los canales ganaron notoriedad, la empresa estableció una mesa de diálogo para negociar con los usuarios acuerdos para los cinco canales afectados por sus operaciones. En estas reuniones de discusión, los usuarios y los representantes de la empresa minera negociaron los términos de la compensación, la cantidad de agua que se devolvería a los canales desde la planta de tratamiento de la mina y los proyectos comunales que la empresa se comprometía a realizar. Los funcionarios de la compañía asumieron que la firma de estos acuerdos significaría una resolución exitosa de un conflicto, pero lo que no tuvieron en cuenta fue la manera en la que el agua del canal y las relaciones construidas en torno de este alteraban las equivalencias en las que se basaban dichos acuerdos.

### *"El agua ya no es la misma"*

Al igual que otras campesinas en Tual, Herlinda organizaba sus días en torno al cuidado de sus vacas lecheras, que constituían una fuente de ingresos regular para la familia. Esto significaba levantarse temprano, por la mañana, para ordeñarlas y colocar los porongos de leche al lado de la carretera antes de que llegara el camión para recogerlos. A lo largo del día, caminaba al campo que estuviera usando para el pastoreo, trasladaba las estacas a las que las vacas estaban amarradas para asegurar que tuvieran suficiente pasto para comer y volvía a llenar sus baldes de agua. A ella le gustaba el ritmo que estas actividades le daban a sus días y me contó que se aburría cuando pasaba demasiado tiempo en la ciudad con sus parientes.

Desde la casa, divisé que Herlinda estaba en la chacra, al otro lado del canal, y caminé para darle el encuentro. Su falda en capas, blusa de color rosa brillante y chompa azul destacaban sobre el pasto, y su sombrero de paja yacía a su lado revelando su cabello separado por una raya y unas trenzas cayendo por su espalda. Mientras ordeñaba las vacas, Herlinda me habló de los cambios que llevaron a que las personas en Tual comenzaran a percatarse de los problemas con el canal Túpac Amaru. Los usuarios se quejaban de que sus pastos se secaban y que el agua del canal se estaba volviendo amarilla y de la "polvadera", el polvo producido por el movimiento constante de la tierra de la mina, que era trasladada a sus campos por el viento. También añadió: "El agua ya no era rica". La gente solía beber agua del canal cuando llevaba a los animales a pastar, pero dejaron de hacerlo si lo podían evitar y comenzaron a recurrir a los otros dos canales que pasaban por Tual y que aún no habían sido afectados por la mina.

La potabilidad del agua del canal fue un punto clave de la discordia en las controversias con la mina, puesto que Yanacocha argumentaba que el agua de riego no era apta para el consumo humano, y nunca fue segura para beber, incluso antes de la llegada de la mina. Según los estándares legales, el agua del canal no es apta para beber. De acuerdo con la Ley General de Aguas, el agua se clasifica en tres tipos: las Clases I y II son para el consumo doméstico (con diferentes grados de tratamiento), y la Clase III es para el riego de los cultivos y el consumo de los animales. Según la ley, los canales no son, y no están obligados a ser, seguros para beber. Sin embargo, estos estándares legales no siempre coinciden con el uso que los campesinos le dan al agua. Herlinda sabía que el agua debe ser hervida antes de beberla y dijo que la gente, por lo general, lo hacía. "Tomamos agua hervida, pero cuando no hay agua, ¿qué vamos a hacer? Si estamos fuera con los animales, cuando no hay agua potable, tenemos que tomar [el agua del canal]". En una zona donde el agua siempre ha sido escasa, beber de los canales cuando uno está fuera de casa o lejos de manantiales naturales de agua es parte de la vida en el campo, es simplemente la forma en que se hace: la fuerza de la costumbre, decía la gente. Unos cinco años antes, cuando no disponían de agua corriente, la gente no tenía otra opción que beber agua de los canales o de las fuentes de agua naturales.

Wilmer reconoció que el agua del canal, de acuerdo con su calificación legal (en el Perú y en el ámbito internacional), no era para el consumo humano, sino que solo servía para el riego y el consumo de los animales. Sin embargo, agregó: "Por supuesto, hemos tomado esa agua y sabemos que no nos va a pasar nada". Antes de la llegada de la mina, el canal Túpac Amaru se utilizó no solo para el riego, sino también para cocinar, lavar la ropa y otras actividades del hogar. Alicia, la cuñada y vecina de Herlinda, me dijo que ella utilizaba el agua del canal Túpac Amaru para lavar la ropa, pero dejó de hacerlo cuando se dio cuenta de que la ropa quedaba aceitosa y con una película blanca cuando se secaba. Ella comenzó a usar uno de los otros dos canales que no habían sido afectados por la mina, de los que a veces también sacaba agua para cocinar. El pilón público al aire libre que proporcionaba el agua potable a su familia no estaba cerca de su casa recién construida, por lo que siguió recurriendo al agua del canal para cocinar cosas como el arroz y las lentejas, aunque, al hacer la sopa, se aseguraba de usar agua potable del pilón. Alicia hacía una distinción entre los diferentes tipos de agua y su adecuación para cada tarea, pero estos usos, incluso, iban en contra de las recomendaciones de Minera Yanacocha. Independientemente de su calificación legal, los campesinos habían desarrollado sus propios criterios para determinar si el agua era apta para el consumo humano: su sabor, su color, su origen y sus efectos sobre los animales y los pastos.

Además de los cambios en la calidad del agua, los usuarios comenzaron a notar que el caudal del canal había disminuido. Como parte del acuerdo de compensación que se logró en 2004, Minera Yanacocha accedió a bombear agua de su planta de tratamiento para satisfacer el caudal señalado en los registros de la ATDR. Pero, para Herlinda, este compromiso no había incrementado el caudal a sus niveles anteriores. "No es lo mismo", me dijo Herlinda. "Si la maquinaria se malogra, el agua no llega"; en esos días, la única agua que alimentaba los canales provenía de los ojitos de agua o manantiales naturales.

Un día, mientras se discutían las negociaciones con Minera Yanacocha, le pregunté a Wilmer si entrar en un acuerdo de compensación con Yanacocha era esencialmente como "vender" el agua a la empresa minera. Respondió que este no era el caso: simplemente querían que la empresa devolviera el agua que había tomado. "Eso se llama compensación", dijo. Pero, pregunté, si Yanacocha les iba a devolver la misma cantidad de agua (de su planta de tratamiento) que se llevaron, ¿por qué deberían estar de acuerdo en pagar, además, miles de dólares en efectivo? A esto Wilmer respondió: "El agua ya no es la misma. Viene tratada. Ya no es natural".

Aunque Wilmer afirmó que el agua no era la misma, sí reconoció que el agua que recibían de Yanacocha era "limpia" (en otras palabras, no "contaminada"), puesto que salía de la planta de tratamiento de la mina. Esto coincidía con los propios argumentos de Yanacocha cuando se enfrentaba a las críticas sobre la calidad del agua de los canales. Para Minera Yanacocha, el agua estaba "limpia", puesto que había sido tratada para cumplir con los límites legales permitidos. Sin embargo, para Wilmer, el hecho de que el agua estuviera "limpia" no quería decir que era la misma agua y, por lo tanto, se requería una compensación adicional.

El punto de vista de Wilmer apuntaba a las diversas formas en que se medía y evaluaba la calidad del agua. Para los usuarios, el agua que se devolvía a los canales no era la misma porque la calidad del agua no se determina únicamente por su composición química y contenido mineral, sino por las prácticas cotidianas que involucran su uso: el cuidado del ganado, las tareas del hogar o un vaso de agua luego de una tarde de trabajo en el campo. Si bien los acuerdos suscritos entre Yanacocha y los usuarios implicaban que el conflicto se había resuelto mediante una compensación equitativa, estaba claro que este no era el caso —ni para los usuarios del canal para quienes el agua era un agua diferente, ni para Yanacocha, la cual se vio obligada a proporcionar más dinero y proyectos de desarrollo cada vez que surgía un nuevo "conflicto"—. En el resto del capítulo examino los intentos por forjar equivalencias a través de negociaciones entre los usuarios y la empresa minera, así como los esfuerzos para subvertir estas equivalencias.

## Negociando con la contaminación

Una vez al mes, los miércoles por la mañana, Tual experimentaba un hervidero de actividad. Los vehículos de Yanacocha se detenían en el centro comunal que servía como lugar de reunión, y cincuenta delegados de los usuarios se preparaban para asistir a la reunión mensual. Las reglas eran estrictas. Sabiendo que las reuniones podían alargarse durante horas, Yanacocha había fijado un límite de tiempo, y los ingenieros se retiraban puntualmente al mediodía, independientemente del avance de la agenda. Los usuarios del canal y los ingenieros parecían funcionar con concepciones del tiempo diferentes. Los ingenieros se enfocaban en los resultados de las negociaciones y en la necesidad de llegar a un consenso dentro del tiempo asignado. Para los usuarios del canal, por el contrario, las asambleas comunales eran la oportunidad para hacer oír sus propias voces y para tomar decisiones basadas en largas deliberaciones, que a menudo se extendían durante horas (y podían quedar inconclusas). Las asambleas no se limitaban simplemente a los acuerdos alcanzados; también eran una manera de crear relaciones, mantenerlas y hacerlas visibles. Los usuarios observaban el nivel de participación de cada representante y qué tan bien articulaban sus argumentos con el fin de evaluar su capacidad para representar al canal. De manera similar, las reuniones eran una oportunidad para conocer a personas de la empresa, juzgar su confiabilidad y desarrollar lazos que luego podrían ser utilizados para asegurar oportunidades de empleo.

La designación de los cincuenta delegados fue uno de los resultados de la inspección de la que yo había sido testigo, así como de medidas de presión más directas. Algunos meses después de la inspección, un grupo de personas, entre ellas el señor Santos, Wilmer y otros asociados de la nueva junta, interrumpió una reunión entre Minera Yanacocha y los representantes del canal que habían sido elegidos. Protestando por lo que consideraban negociaciones a "puerta cerrada" y actos de corrupción, el grupo exigió que se tengan en cuenta los intereses de la comunidad en general. Los representantes del grupo y de la empresa llegaron al acuerdo de que en una asamblea comunal se elegirían cincuenta personas para reunirse con Minera Yanacocha (el grupo que fue elegido estuvo conformado por cuarentainueve hombres y una mujer). Además, estas reuniones ya no tendrían lugar en hoteles de lujo de Cajamarca, como había sido la costumbre, sino en la comunidad de Tual. Por último, se acordó que estos cincuenta delegados cumplirían turnos rotativos de doce horas, pagados, para actuar como "vigilantes" del canal. Vigilar el canal significaba cuidar cualquier actividad irregular, como el "robo" de agua por los usuarios del canal, y contribuir al mantenimiento general del canal (cortar la hierba de los bordes, sacar las piedras, etc.). Lo que era más importante, sin embargo, fue que esto significaba asegurar que Yanacocha acataba su compromiso de mantener un caudal de agua regular y no dañar el canal con su maquinaria, la construcción de carreteras u otras actividades.

El papel de los vigilantes tenía cierta semejanza con las rondas campesinas, donde grupos de hombres realizaban una vigilancia alrededor de la comunidad durante la noche para evitar el robo de animales y otros delitos. Las rondas comenzaron como una manera que tenían los campesinos de proteger sus medios de sustento; la vigilancia de los canales cambió el foco del robo de ganado al robo de agua, y de las transgresiones de otros campesinos a aquellas de la empresa minera. La ironía de ser pagados por Minera Yanacocha para vigilar las propias acciones de la empresa no pasaba desapercibida por los vigilantes del canal, pero ambas partes la vieron como una situación de ganar-ganar. La Minera podría afirmar que estaba creando transparencia y construyendo confianza (y algunos también podrían añadir "y silenciando a la oposición"), mientras que los vigilantes recibían un salario muy necesario por sus funciones. Por 900 soles ($250) mensuales, este trabajo era comparable a cualquier trabajo temporal que las empresas de la zona podían ofrecer a los trabajadores no calificados.

Wilmer había sido elegido como uno de los cincuenta delegados. Cuando regresó a casa después de una de las reuniones, explicó que los delegados estaban pidiendo un aumento sobre los 40 soles ($11) que recibían como dieta por asistir a cada sesión. El razonamiento que hacían era que debían pagarles más por su tiempo, sobre todo teniendo en cuenta que Yanacocha estaba ahorrando dinero al tener las reuniones en Tual en vez de sostener las reuniones en Cajamarca. Pero también había asuntos más importantes sobre la mesa. Estaban tratando de llegar a un acuerdo sobre la cantidad que debía entregarse en compensación por el impacto de la mina en la quebrada Shillamayo, así como los proyectos de desarrollo que se ejecutarían como parte del paquete de compensación. Algunas de las posibilidades que se estaban considerando eran una planta de quesos, la mejora de las tecnologías de riego y el desarrollo turístico. Sobre la base de sus experiencias previas de negociación con los usuarios del canal, Minera Yanacocha estaba cambiando sus políticas para promover el desarrollo a largo plazo en lugar de entregar una compensación económica. También estaba implementando permutas de tierra por tierra (entregándoles a las personas una parcela de tierra con riego en la costa) con la esperanza de alcanzar una solución permanente a las continuas demandas de las comunidades afectadas.

Al igual que cualquiera de los cincuenta delegados que negociaban con la Minera Yanacocha, Wilmer estaba luchando por un paquete de compensación que trajera proyectos de desarrollo para Tual. Minera Yanacocha presentó estos proyectos de desarrollo como una inversión a largo plazo que les ofrecería a las personas un medio de sustento en el futuro. Sin embargo, cuando hablé con Wilmer acerca de sus visiones para el futuro, él insistió en que no había futuro en Tual —la mina los iba a dejar sin agua, dijo, y la tierra ya era inútil—. Sin suficiente agua y sin pastos abundantes, la vida en Tual no era imaginable. Al igual que muchas personas en la comunidad, Wilmer consideraba que la vida rural ya no abrigaba ninguna esperanza para sus dos hijos, sobre todo si el canal, la tierra y otros recursos peligraban por la actividad minera. Sin embargo, para él, las negociaciones eran una inversión para el futuro, puesto que los proyectos de desarrollo incrementarían el valor de la tierra que él asumía que Minera Yanacocha finalmente compraría para seguir ampliando sus operaciones. Los beneficios que buscaba no implicaban un retorno a un pasado preminería, sino un nuevo comienzo que no estaba necesariamente ligado a la forma de vida que él trataba de defender. El canal no obligaba a la gente a una forma de vida agrícola y ganadera, sino que abría un nuevo futuro imaginado; también significaba que las nuevas inversiones y sueños empresariales se hicieran posibles a través de las negociaciones con la empresa.

Una forma de interpretar estos acuerdos de compensación podía ser que los campesinos rechazaban los intentos de llegar a un acuerdo justo y que sus demandas eran arteras, irrazonables o excesivas. Ciertamente, algunos de los ingenieros de Yanacocha con quienes conversé expresaban esos puntos de vista y sugerían que la proliferación de las demandas de indemnización fue un intento de los campesinos de manipular a la empresa para obtener beneficios personales. Sin embargo, también es posible considerar que los cambios producidos por la actividad minera no eran comparables con los acuerdos de compensación.[7] Ni el dinero ni el agua tratada químicamente se podían equiparar con lo que se había perdido. La aceptación de los términos del acuerdo no significaba que los usuarios aceptaban la lógica de la equivalencia implícita en ellos. Sabiendo que el agua y la tierra no estarían igual de disponibles como alguna vez lo estuvieron, ellos tenían que tomar la mejor de sus decisiones y aceptar las propuestas de la empresa con la esperanza de que esto

7. Según Kirsch, acuerdos extrajudiciales reflejan un cambio neoliberal en las políticas, que ha "alentado la transferencia de la responsabilidad de monitorear los impactos sociales y ambientales de los Estados a las empresas" (2006: 128), dejando a las comunidades afectadas por las minas con pocas alternativas, salvo buscar una compensación directamente de las empresas mineras. El resultado es una proliferación de reclamos de compensación —y conflictos similares— que desafían los intentos de las empresas mineras por limitar su responsabilidad por los efectos de sus operaciones.

conduciría a otras oportunidades para el futuro. Así, los canales en Tual se convirtieron en mucho más que una fuente de agua de riego; también trajeron oportunidades de empleo y compensación, y se incorporaron en las relaciones que estaban siendo transformadas por las operaciones de la mina.

## *El agua del canal*

Los canales ubicados alrededor de la mina Yanacocha —y los problemas y oportunidades que generaron— movilizaron relaciones de parentesco y moldearon la forma en que las personas se relacionaron entre sí. Al mismo tiempo, las operaciones de la mina alteraron esas relaciones, así como las actividades cotidianas de las personas y los usos del agua. Esto fue especialmente evidente cuando el canal proporcionó a Wilmer y Herlinda una prometedora oportunidad de trabajo, pero de corta duración.

La familia de Herlinda era de Llushcapampa, un caserío situado entre Tual y la carretera principal. Su padre, José, era usuario del canal Arcuyo, que tenía su origen en el cerro Quilish. Esta es la razón por la cual, al igual que muchos campesinos, José participó en las protestas para evitar que el Quilish fuera explotado —un agujero remendado en sus pantalones era la prueba de la confrontación con la policía, cuando fue golpeado en la pierna con un envase de gas lacrimógeno—. La maquinaria de Minera Yanacocha dañó un pequeño tramo del canal Arcuyo y, tras las quejas de los usuarios, la empresa aceptó la responsabilidad y se ofreció a proporcionar materiales de construcción y un mes de salario a quince campesinos para que llevaran a cabo trabajos de mantenimiento en el canal. José formó una microempresa y se le otorgó el contrato de trabajo. Minera Yanacocha fomentaba la creación de microempresas como una forma de mejorar sus relaciones con la comunidad; sin embargo, esta iniciativa también tuvo algunas consecuencias no deseadas: creó más microempresas que los contratos de trabajo disponibles, lo que traía como resultado un sistema donde los empresarios se enfrentaban entre sí, y aquellos con poca experiencia corrían el riesgo de irse a la quiebra. La competencia por las oportunidades de trabajo llevó a algunos empresarios a protestar contra la mina o a movilizarse en su favor —dependiendo de las circunstancias del momento—.

El contrato de José incluía proporcionar una minivan para el transporte de los trabajadores hacia y desde el lugar de trabajo. Era responsable de las comidas de los trabajadores, razón por la cual contrató a Herlinda para cocinar comidas diarias para ellos. Este tipo de oportunidad era muy codiciado en las comunidades cercanas a la mina, porque significaba un ingreso seguro para varias personas en el hogar. Wilmer y Herlinda tenían que hacer viajes semanales para realizar compras en Cajamarca y traer los víveres e insumos a Tual. Herlinda les pidió a su hermana menor, a su cuñada y a una vecina que la ayudaran en la cocina. Además del proyecto de su padre, Herlinda fue contratada por su tío (otro campesino microempresario) para que cocinara para otros cincuenta trabajadores que estaban instalando un sistema de riego por goteo. Este también era un proyecto auspiciado por Minera Yanacocha como parte de sus programas de desarrollo comunitario. Ambos contratos proporcionarían a Herlinda y Wilmer dos meses de trabajo, con la posibilidad de una ampliación.

Poco después de haber comenzado a cocinar, me reuní con Herlinda y su equipo en la cocina. Habían estado trabajando desde las 6 a. m. con el fin de que los alimentos estuvieran listos para que en el momento que la camioneta pasara por Tual, al mediodía, los recogiera. Cada almuerzo consistía en sopa, arroz, lentejas y un pequeño trozo de carne, por lo que era una mejor comida que la que algunos de los trabajadores hubiesen recibido en sus casas. La cocina era un hervidero de actividad conforme se cortaban las verduras, se movían las ollas y se repartía la comida en recipientes de plástico. De pronto, todo se detuvo cuando la camioneta paró delante de la casa antes de lo esperado, y una mujer que llevaba puesta una chaqueta de Yanacocha apareció en la puerta de la cocina.

La visitante era lo que Minera Yanacocha llamaba una "prevencionista", por lo general una joven ingeniera de la ciudad de Cajamarca contratada para acompañar a los trabajadores campesinos de una microempresa subcontratada para llevar a cabo un proyecto. El trabajo de la prevencionista era permanecer en el lugar de trabajo y garantizar que se cumplieran las medidas ambientales, de salud y de seguridad (según lo establecido por la Minera). Cuando la prevencionista entró a la cocina, Herlinda se puso visiblemente nerviosa. En el apuro por preparar la comida, no había tenido tiempo para barrer y la cocina era un desbarajuste. Peor aún, el burro de un vecino que se había quedado a su cuidado estaba vagando suelto fuera de la casa y había causado un desastre fuera de la cocina. Con estos asuntos que le preocupaban, ella se olvidó de pensar en un problema más importante: no había agua corriente. Tal vez una tubería se había reventado (un evento frecuente) y no había agua en el lavadero que estaba afuera de la casa, que era la única fuente de agua potable de la familia. Cuando la prevencionista preguntó de dónde obtenían agua, Herlinda estaba completamente desprevenida, y rápidamente respondió: "del canal Quilish". Ese era el lugar donde su hermana estaba lavando los platos en ese mismo momento. No había, después de todo, otra alternativa si querían tener el almuerzo listo a tiempo.

Herlinda se dio cuenta de su error en cuanto terminó de responder. No se debía utilizar el agua del canal para las actividades domésticas, y la prevencionista informaría debidamente de esta falla a sus superiores. Casi tan pronto como la minivan partió, Herlinda supo que había perdido el trabajo. De hecho, esa misma noche recibió una llamada de su tío, que le informaba que no tenía más remedio que cancelar su contrato y contratar a otra persona. Cuando analizó los acontecimientos de ese día, Herlinda estaba en condiciones de reírse del burro y su mala suerte, pero se culpó a sí misma por lo que ella consideraba su mayor error: informarle a la prevencionista sobre el uso del agua del canal. El hecho de haberlo dicho con tanta rapidez demostró que esto no era un hecho aislado, sino algo que estaban acostumbradas a hacer. Si ella solo hubiera vacilado, se lamentó Herlinda, o hubiera dicho que estaban esperando que volviera el agua, tal vez las cosas habrían sido diferentes.

Los daños causados por las operaciones mineras creaban oportunidades de empleo para la gente como Herlinda y su familia, lo que al mismo tiempo cambiaba su relación con la empresa minera y limitaba (al menos temporalmente) su participación en protestas y reclamos contra ella. Al mismo tiempo, Minera Yanacocha modificó los hábitos de las personas relacionados con el uso del agua al poner en peligro la calidad del agua del canal Túpac Amaru y hacer hincapié en que esta, en general, no era apta para el consumo humano. Las nuevas reglas de uso del agua fueron definidas, monitoreadas y sancionadas por la propia empresa minera a través de sus campañas de educación, programas de gestión ambiental y pautas de salud y seguridad. Sin embargo, las advertencias de la empresa no modificaron la realidad del uso del agua en las comunidades rurales, ya que las personas a veces se quedaban sin más alternativa, salvo la de usar el agua del canal. Esta dependencia de los canales reforzó su deseo de proteger las fuentes de agua que no habían sido afectadas por la actividad minera, incluidas las que provenían del cerro Quilish.

### *Relaciones que se multiplican*

Tras la llegada de Minera Yanacocha, los canales en torno a la mina generaron relaciones de cooperación y antagonismo, con lo que contribuyeron a la creación de microempresas, juntas, mesas de diálogo y alianzas familiares que funcionaron a favor y en contra de la mina. A pesar de que las personas se quejaban de que los acuerdos no compensaban lo que habían perdido, se acercaron a estas negociaciones de manera pragmática y trataron de aprovechar al máximo las nuevas oportunidades que el canal les ofrecía. Después del pago de la primera compensación, los usuarios del canal Túpac Amaru encontraron una manera de extender las alianzas mediante la ampliación del padrón de usuarios del canal para, así, aumentar el número de personas que potencialmente podrían beneficiarse de los sistemas de compensación de Yanacocha.

El padrón de usuarios es un documento que detalla los nombres de las personas con acceso al agua del canal, así como el número de horas de riego que le corresponde a cada una. El padrón se presenta a la ATDR pero, sin duda, son los propios usuarios los que controlan la distribución de los derechos de agua sobre la base de lo que está registrado en el padrón. El incremento en el número de usuarios en los últimos años es evidente si examinamos el padrón (véase cuadro 4.1). En 1985, cuando recién se construyó el canal, había 90 personas registradas como usuarios. En 2002, cuando Yanacocha hizo entrega de los paquetes de compensación por daños en el canal, había 205 usuarios. En 2004, había 460 usuarios, y para el final de la siguiente ronda de negociaciones, en 2011, había 650.

El incremento de usuarios entre 1985 y 2002 refleja un patrón general de herencia en el que los padres tienden a dividir sus horas de riego entre sus hijos. Sin embargo, el hecho de que el número de usuarios se duplicara entre 2002 y 2004 es el resultado de la compensación entregada por Minera Yanacocha. Las negociaciones entre la empresa minera y los usuarios del canal Túpac Amaru crearon una gran controversia en Tual y en las comunidades circundantes. La compensación creó una división marcada en las comunidades, con usuarios que tenían acceso a una serie de beneficios económicos que estaban fuera del alcance de los no-usuarios: no solo el dinero de la compensación, sino también las oportunidades de empleo que formaban parte de los paquetes de compensación, tales como la mejora y el revestimiento de los canales o la instalación de sistemas de riego por aspersión. Minera Yanacocha concedió una compensación a cada usuario (independientemente del número de horas de riego que tenía cada uno), mientras que los no-usuarios solo se beneficiaron indirectamente de proyectos comunitarios. Los no-usuarios sintieron que ellos también deberían haber recibido más ayuda de la empresa.

Cuadro 4.1
USUARIOS DEL CANAL TÚPAC AMARU

| Año | Número de usuarios |
|---|---|
| 1985 | 90 |
| 2002 | 205 |
| 2004 | 460 |
| 2011 | 650 |

El creciente padrón de usuarios podría ser visto como una forma de desafiar los esfuerzos de la empresa para limitar su responsabilidad por daños ambientales al canal mediante la restricción del número de relaciones que estaba dispuesta a reconocer. El antropólogo Stuart Kirsch (2006) describe una situación similar en su trabajo en la mina Ok Tedi en Papúa, Nueva Guinea, y los esfuerzos de las comunidades por buscar compensaciones de la empresa minera BHP. Él sostiene que las demandas de compensación revelan supuestos contradictorios sobre la responsabilidad y la obligación, que podrían ser comparados con las diferencias entre las ideas acerca de la propiedad y la titularidad. En algunos contextos, los derechos de propiedad son establecidos "cortando la red" (Strathern 1996), como cuando las prácticas del tipo patentes y derechos de autor restringen el número de quienes reclaman el derecho a un objeto de valor. En el caso de las demandas de compensación, las estrategias de propiedad incorporaron una gama más amplia de demandas sobre las personas, que tuvieron el efecto acumulativo de "mantener la red a la vista" (Kirsch 2006: 126). Del mismo modo, el padrón facilitó la manera de que los campesinos tuvieran a la vista las múltiples relaciones entre las personas y el canal que se mantuvieron ocultas o se excluyeron de las negociaciones y acuerdos de compensación de la Minera con las comunidades.

Si bien la política de riego siempre había sido un aspecto importante de la vida rural, la llegada de la empresa minera otorgó una renovada importancia a la administración de los derechos de agua. Como tesorero de la Junta de Usuarios, y tal vez porque era, probablemente, la única persona en Tual que tenía una computadora personal (adquirida con el dinero de la compensación), a Wilmer se le dio la tarea de asegurar que el padrón estuviera actualizado. Mirando los registros en una hoja de cálculo Excel, me pidió que le ayudara a hacer la lista de los usuarios y a asegurar que sus horas estuvieran correctamente sumadas. El cuadro 4.2 indica el número de usuarios en relación con la duración de los turnos de agua del canal Túpac Amaru. Esto muestra que los usuarios, en ese momento, tenían, en promedio, menos de dos horas de tiempo de riego, lo que reflejaba el grado en el que los derechos de agua se habían subdividido con el fin de maximizar el número de usuarios en el padrón.

Antes de que surgieran los problemas con el canal, la distribución del agua se determinaba, a veces, internamente, lo que significa que alguien podía tener el tiempo de riego otorgado por el repartidor sin estar inscrito en el padrón oficial que se presentaba a la ATDR. Cualquier disputa sobre el agua se discutía y se resolvía en asambleas generales, y este era también el espacio donde los usuarios podían detectar cualquier irregularidad en el uso de esta (es decir, el robo de agua) y determinar si las personas que figuraban en el padrón eran usuarios legítimos. Los programas de compensación de Minera Yanacocha le dieron más importancia a estos procedimientos. El nuevo poder de las autoridades de riego y de los líderes de la comunidad sobre el padrón, y las negociaciones con la empresa, condujeron a luchas políticas constantes entre diferentes facciones.

La compensación también creó tensiones dentro de las familias. La narración de Herlinda acerca de cómo Wilmer heredó los derechos de agua de su padre revela cómo la minería cambió la relación de las personas con el canal:

> Cuando era vivo mi suegro, él asistía a las reuniones, a las limpiezas del canal. Se muere mi suegro, ya no había quién riegue pues. No había pasto. Entonces lo que se muere mi suegro, sus hijos querían que

Cuadro 4.2
TURNOS DE RIEGO DEL CANAL TÚPAC AMARU

| Comunidad | Número de usuarios | Total de horas | Número promedio de horas por usuario |
|---|---|---|---|
| Cince Las Vizcachas | 58 | 147 | 2,5 |
| Hualtipampa Alta | 16 | 40 | 2,5 |
| Hualtipampa Baja | 193 | 339 | 1,75 |
| Tual | 193 | 338 | 1,75 |
| **Total** | **460** | **864** | **1,88** |

> encabece un hermano. Entonces dicen, hay que regalarlo al Wilmer, porque papá dice que al Wilmer hay que darle el agua. Y le dan todas las horas a él. No pensaban que iban a recibir plata. Lo regalan, hacen documentos, once años ha tenido el agua. En lo que dan apoyo, $4000, ahí los hermanos querían que les den. Ellos tuvieron la culpa, no querían asistir a las reuniones ni a las limpiezas.

Según Herlinda, la razón por la que ella y Wilmer tenían más derecho a la compensación era que habían dado su tiempo para las reuniones y el mantenimiento del canal, y porque utilizaban el agua para el riego, mientras que los hermanos de Wilmer no lo hacían. Sus comentarios también apuntaban a los cambios en la relación de la gente con el canal: cuando los campesinos comenzaron a centrarse en la producción de leche como fuente principal de sustento, el agua de riego se volvió crucial para los pastos cultivados destinados a alimentar al ganado; y una vez que se dieron cuenta de que ser un usuario podía volverlos elegibles para el dinero de la compensación, el rol del canal se transformó una vez más. El acuerdo de compensación creó mucho resentimiento en la familia de Wilmer y llevó a una disputa familiar que dio lugar a la posterior distribución de las horas de riego entre sus hermanos.

Los programas de compensación y el nuevo valor del agua formalizaron la distribución de esta, ya que solo los usuarios que estaban registrados "oficialmente" eran elegibles para tal compensación. La necesidad de ser incluidos en el registro oficial llevó a un aumento en la demanda de empadronamientos, no solo en el caso del canal Túpac Amaru sino también en los de otros canales existentes en el área de influencia de la mina.

Hubo dos maneras de hacer esto. Los que ya tenían horas de riego podían elegir dividirlas entre los miembros de sus familias. Dado que los turnos se dividieron entre los hijos, cónyuges y otros familiares, no fue raro que un usuario tuviera tan solo media hora de tiempo de riego, que podía o no haber utilizado para regar sus parcelas (el tiempo mínimo de riego que podía ser asignado a un usuario también fue un punto de discusión: el canal Túpac Amaru mantuvo un mínimo de una hora, mientras que otros lo bajaron a media hora para permitir un mayor número de miembros, y algunos, incluso, consideraron turnos de un cuarto de hora). Otra manera de conseguir ser incorporado al padrón fue la compra de horas de un usuario registrado. Me encontré con casos de personas que habían pagado 2000 soles por una hora de tiempo de riego, aunque Wilmer dijo que la tarifa vigente era de unos 5000 soles. La legalidad de estas operaciones era cuestionable, y existía la posibilidad de que se cometiera abusos: las personas que esperaban poder beneficiarse de futuros programas de compensación estaban dispuestas a pagar por el tiempo de riego, sin ser capaces de garantizar que, efectivamente, serían incorporados en el padrón oficial.

El canal Quilish, que también pasa por Tual, aún no se había visto afectado por la mina, pero algunas personas esperaban que Minera Yanacocha, finalmente, ampliara sus operaciones al cerro Quilish, lo que aumentó el número de personas también en ese padrón. Herlinda era una usuaria del canal Quilish, ya que su padre le había dado tiempo de riego a ella y a su marido. Su padre dividió sus once horas entre sus hijos y sus cónyuges, a pesar de que él era el único que utilizaba el agua para el riego. Herlinda consideró su inclusión en el padrón como una manera de cubrir sus pérdidas en el caso de que el canal Quilish también se viera afectado por la mina. La división de horas fue realizada específicamente con la intención de "que la empresa nos pague a todos nosotros". Ella aclaró que, para la empresa minera, el número de usuarios en el padrón no implicaba una diferencia en sus planes de compensación, ya que cualquier cantidad de dinero que acordaran dar sería dividida en partes iguales entre todos los usuarios. Así, la responsabilidad se la entregaban a las juntas, las que determinaban las reglas de membresía.

Multiplicar el número de usuarios del canal Quilish era una forma de seguro, dada la probabilidad de que con el tiempo se viera afectado por la ampliación de la mina, pero, en última instancia, Herlinda esperaba que esto no ocurriera. El dinero de la indemnización era mejor que quedarse sin nada (lo que ocurriría si no se convertían en usuarios), pero se gastaría rápidamente, tal como ella ya había visto con los anteriores acuerdos de compensación. El dinero nunca sería equivalente a aquello que se perdería, pues recibir una compensación significaba la ruptura permanente de una relación productiva con el canal.

## Conflictos que se multiplican

Para los campesinos que viven en las cercanías de una mina, la actividad extractiva produce cambios drásticos que alteran los modos de vida y las relaciones entre las personas y los elementos del paisaje, entre los que se incluyen los canales de riego de los que dependen. Sin embargo, como he tratado de demostrar, estas relaciones y los conflictos que ellas generan no solo se refieren al valor utilitario del agua. El agua también es parte de una relación que surge de experiencias y formas particulares de entender el paisaje. Por otra parte, la forma que tienen las personas de evaluar y responder a los cambios ambientales se basan en observaciones y experiencias que no necesariamente coinciden con los estudios científicos o normas legales que establecen los estándares de calidad del agua. La lógica de la equivalencia descalifica estas formas de conocimiento y deslegitima puntos de vista contrapuestos, haciendo posible que se justifiquen los proyectos mineros en nombre del progreso y el desarrollo.

Las equivalencias, por lo tanto, podrían ser vistas como una forma de crear un consenso, negando el desacuerdo y produciendo una forma predominante de conocimiento. Viendo la forma cómo se establecen las equivalencias, se torna evidente un conjunto de conexiones que permanecen sin explorar en el análisis del conflicto. Este requiere ser entendido como un conjunto de relaciones —y no simplemente en cuanto a rupturas—. Estas relaciones siempre están llenas de fricciones o antagonismos que la equivalencia busca neutralizar, pero que no puede negar.

Los problemas con el canal —que Yanacocha reconoció públicamente y que no se habían previsto en los estudios de impacto ambiental de la empresa— ayudaron a visibilizar muchas de las críticas sobre las prácticas ambientales de la minera que habían estado circulando desde la apertura de la mina. Fue a través del canal —su infraestructura física, así como las relaciones que giraban en torno a su administración, uso y mantenimiento— que la gente forjó relaciones con la empresa minera. La pertenencia de las personas a asociaciones de riego permitió que los campesinos organizaran protestas contra Yanacocha, buscando una compensación por los daños y perjuicios, y se beneficiaran de los proyectos de relaciones comunitarias de la empresa. La inspección ocular fue una de las formas en las que los campesinos podían hacer que sus reclamos a la mina fueran verificables y científicamente válidos, fortaleciendo así su poder de negociación en futuros acuerdos con representantes de la empresa.

En una conversación acerca de la Mesa de Diálogo, Wilmer me dijo una vez: "No se le puede poner un precio al agua, pero tenemos que calcular el valor de lo que se está perdiendo". La oscilación entre la inconmensurabilidad del agua y los esfuerzos para calcular los daños causados por la actividad minera estaban en la raíz de las negociaciones con la empresa. Las equivalencias ayudaron a establecer consensos y acuerdos, pero estos acuerdos eran arreglos necesarios (y solo temporales) por una pérdida irreparable.

En todas sus negociaciones con las comunidades afectadas, la estrategia de Yanacocha era la de limitar el número de actores involucrados —las reuniones para las negociaciones no permitían la participación de ONG mediadoras o de representantes del gobierno, y los acuerdos se discutían con los delegados elegidos antes que con las asambleas comunales—. Sin embargo, los campesinos encontraron la manera de presionar en estos límites de exclusión. La ampliación del padrón de usuarios apeló a relaciones ya existentes en torno a los canales para expandir las redes de asociación. "Ahora todo el mundo quiere ser un usuario", escuché decir a mucha gente, y esto fue reconocido incluso por un funcionario de relaciones comunitarias de Yanacocha que estaba familiarizado con la política de riego en Cajamarca. La empresa minera era muy consciente de esta tendencia, aunque era poco lo que podía hacer para evitarla.[8] De esta manera, el canal —su

8. Lo que la empresa está tratando de hacer es impulsar la formalización de los canales, exigiéndole a cada junta de usuarios registrar el canal ante la ATDR,

infraestructura material, así como las relaciones sociales que fueron generadas y sostenidas por los sistemas de riego— hizo posible que los campesinos exigieran formas de compensación a la empresa minera.

El canal creó y sostuvo relaciones en una serie de formas. En el pasado lo hizo mediante la ampliación de los derechos de agua a través de la herencia, mientras que, más recientemente, la gente trató de convertirse en usuaria a través de conexiones familiares, así como de intercambios monetarios. Estas conexiones permitieron que los campesinos protestaran contra la mina y presionaran a la empresa por beneficios. Una vez obtenidos, los beneficios derivados del canal también tenían una manera de hacer proliferar las relaciones, dado que el ser usuario trajo oportunidades de empleo y conexiones sociales que permitieron que muchos campesinos se convirtieran en empresarios. Hacia el final de mi trabajo de campo en 2006, el señor Santos, su yerno y Wilmer habían formado una microempresa para brindar servicios de transporte a Minera Yanacocha. Compraron un microbús para transportar a los trabajadores desde la ciudad hasta las instalaciones de la mina y establecieron una pequeña oficina en Cajamarca para llevar adelante la operación. La asociación del canal Túpac Amaru también formó una microempresa que proporcionó algunas oportunidades económicas a los usuarios. En algunos casos, los campesinos-empresarios compraron vehículos o equipos que fueron alquilados a Yanacocha, de manera que los contratos no generaban ningún trabajo real de su parte sino que tendían a durar solo unos pocos meses.

Este nuevo papel de empresarios cambió su relación con la empresa y con el canal. Así, las relaciones en torno al canal no son estables, sino que cambian constantemente a medida que los usuarios, campesinos y empresarios adquieren diferentes roles y pasan de uno a otro. Las alianzas se forman y transforman a través de las acciones de las ONG, la empresa minera, las organizaciones campesinas y el

---

obtener una resolución formal del gobierno y pagar por los derechos de agua (lo que constituye un cambio importante en un área donde las relaciones del canal han sido en gran medida informales).

propio canal. Estas relaciones cambiantes exigen formas de analizar los movimientos sociales y la política ambiental que no se basen en categorías sociales predefinidas tales como "campesinos", "empresas", "ecologistas" o "activistas antiminería" —en la medida que cada uno de estos grupos están motivados por intereses compartidos—. Estos grupos no son internamente coherentes ni inmutables, sino que son un conjunto de conexiones en movimiento y, a menudo, se caracterizan por las contradicciones, la ambivalencia y la ambigüedad. Así, lo que he tratado de hacer, más bien, es pensar acerca de las controversias mineras no en cuanto a "partes interesadas", un término usado a veces en estudios sobre conflictos ambientales y en la retórica empresarial, sino en términos de conexiones —conexiones entre personas, y entre personas y cosas como el propio canal—. Como ilustra el caso del siempre creciente padrón del canal, su efecto de multiplicar las relaciones también puede conducir a la multiplicación de conflictos.

## Tercera parte

# ACTIVISMO Y EXPERTICIA

# 5

# TOMANDO DISTANCIA DEL DOCUMENTO

Temprano, una mañana de abril del año 2006, un grupo de manifestantes se reunió en las afueras de un auditorio en la ciudad de Cajamarca para expresar su oposición a la expansión de la mina Yanacocha. Un gran contingente policial cuidaba el edificio donde funcionarios del gobierno, representantes de la empresa, trabajadores mineros, ingenieros y otros participantes estaban realizando una audiencia pública para evaluar el proyecto propuesto. Fuera del auditorio, la tensión escalaba a medida que las personas que protestaban (muchos de ellos campesinos de comunidades cercanas) consideraban si la manera más efectiva de resistencia era hacer escuchar su oposición en la reunión o negarse a participar en un proceso que, ellos sentían, conduciría inevitablemente a la aprobación del proyecto.

En los análisis académicos y de los medios de comunicación, la proliferación de conflictos en torno a la actividad extractiva en el Perú se atribuye, por lo general, a un Estado "ausente" o "débil".[1] Las empresas también culpan al Estado por su incapacidad para resolver los conflictos o controlar a las poblaciones insurrectas. Sin

1. Véanse, por ejemplo, Lanegra 2008, Alayza 2007, Lenka 2005 y Defensoría del Pueblo 2005.

embargo, el énfasis en la ausencia o debilidad del Estado elude las formas complejas en las que este y sus estructuras legales operan en las controversias sobre la actividad minera. Tal como ha sugerido Timothy Mitchell (1991), el Estado no puede ser analizado como una entidad fija, monolítica, que se mantiene al margen de la sociedad; más bien, es la suma de los "impactos" estructurales que obran de manera permanente (a través del establecimiento de límites, mecanismos de vigilancia, documentación y otras prácticas sociales) en formas que hacen que este parezca poderoso y evasivo. Si bien los conflictos mineros en el Perú con frecuencia son analizados en función de la ausencia del Estado, propongo darle un enfoque diferente, examinando cómo, en el contexto de la gobernanza neoliberal, las estructuras reguladoras facilitan la extracción de recursos.

En la década de 1990, la reestructuración neoliberal en el Perú tuvo como objetivo liberalizar el comercio, privatizar el sector público y desregular la economía. Sin sugerir que el neoliberalismo es un proyecto político unificado, todopoderoso o carente de oposición, sostengo que estas reformas económicas trajeron consigo nuevas prácticas de conocimientos, que incluían los mecanismos de rendición de cuentas que se han vuelto centrales en la retórica del Estado y de las empresas con respecto a la actividad minera. Formuladas en un lenguaje de transparencia, gestión ambiental y participación democrática, estas prácticas están muy difundidas y son difíciles de criticar.[2]

Este capítulo analiza un proceso clave en la creación de la responsabilidad social y ambiental en los proyectos mineros: la evaluación de impacto ambiental (EIA). Según la Asociación Internacional para la Evaluación de Impactos, la EIA es un proceso de "identificación, predicción, evaluación y mitigación de los impactos biofísicos, sociales y otros de las propuestas de desarrollo" (IAIA 1999). Me centraré en la EIA del Proyecto Suplementario Yanacocha Oeste (PSYO), el cual ampliaría la mina de oro de Yanacocha.

En los conflictos en torno a la minería, a menudo, las personas demandan mecanismos públicos de evaluación y documentación

2. Véanse Strathern 2000b; Paley 2001, 2008; Murray Li 2007 y Coles 2007.

que se puedan utilizar para exigir que las empresas y los gobiernos rindan cuentas a los ciudadanos. Sin embargo, sostengo que las prácticas de rendición de cuentas dan prioridad a los intereses mineros y permiten que las empresas definan los estándares de desempeño que los gobiernos utilizarán para establecer su cumplimiento. La "rendición de cuentas" se refiere a ello, pero difiere de la noción más amplia de "responsabilidad", un término que se utiliza comúnmente en los debates sobre minería (i. e., la responsabilidad social empresarial). En este capítulo, mantengo una distinción entre los dos términos: la rendición de cuentas se refiere a la obligación de una empresa de responder a los ciudadanos y al Estado, y de proporcionar evidencias que demuestren que se han conseguido ciertos resultados. Por el contrario, la responsabilidad puede referirse a iniciativas para las que no se requiere necesariamente rendir cuentas a una entidad específica: por ejemplo, una empresa puede afirmar que actúa con responsabilidad al implementar programas sociales y ambientales voluntarios diseñados por ella misma, sin responsabilizarse por los resultados. En otros casos, la responsabilidad empresarial se puede transformar en un sentido de responsabilidad compartida en la medida en que los ciudadanos, las instituciones estatales y las ONG se incorporan en las formas participativas de monitoreo, gestión y auditoría ambiental.

Mi análisis de la EIA tiene en cuenta este documento, así como las prácticas de conocimiento que le dan forma y son consecuencia de su elaboración y aprobación. Este enfoque se inspira en un cuerpo de literatura que aborda los documentos como "artefactos paradigmáticos de prácticas de conocimiento modernas" (Riles 2006: 2) y asume un enfoque etnográfico que se aleja de un análisis textual o discursivo para centrarse en lo que un documento hace —las acciones que prevé y habilita—.[3] Los documentos no solo son acerca

3. Además de los trabajos de Riles (2006), esta literatura incluye a Strathern 2000a, Hull 2003 y Hetherington 2011.

de información o representación directa, sino que pueden ser algo diferente de lo que dicen.[4]

Sobre la base de estas perspectivas teóricas, sostengo que la forma de los documentos producidos para la EIA (i. e., sus componentes requeridos, según lo establecido en los marcos legales) y el proceso de hacerlos públicos (reuniones participativas y foros públicos) pueden llegar a tener prioridad sobre su contenido. Son dos los aspectos de la EIA que hacen que esto sea posible. En primer lugar, los riesgos que son identificados en la EIA son aquellos que una empresa considera que son técnicamente manejables, basados en los tipos de soluciones e intervenciones que tiene para ofrecer. En segundo lugar, el proceso participativo de la EIA crea relaciones de colaboración entre los agentes del Estado, las empresas, las ONG y las comunidades. Estas formas de colaboración fortalecen las reivindicaciones de rendición de cuentas de la EIA, a la vez que circunscriben los espacios para la oposición a un proyecto presentado.

Mi objetivo en este capítulo no es señalar las debilidades de la EIA o sugerir que el Estado o las empresas han fracasado en su intento de atender las preocupaciones públicas. Más bien, estoy interesada, precisamente, en aquellos mecanismos de "buen gobierno" que están siendo implementados en respuesta a la presión pública y en concordancia con las normas internacionales que buscan transformar al Estado en una entidad eficiente, transparente y que rinde cuentas al público (Anders 2008). Sin duda, el componente participativo de la EIA ha expuesto el documento al escrutinio público y, en algunos casos, esto ha posibilitado que se preste atención a las preocupaciones de los activistas. Sin embargo, cuestionar la aprobación de una EIA ha demostrado ser un proceso difícil.

---

4. La antropología de los documentos examina los aspectos materiales y burocráticos de las ONG y de los actores transnacionales que arrojan luces sobre las actuaciones cotidianas del Estado, así como sobre las interacciones entre las instituciones estatales, las ONG y los actores transnacionales (e. g., McKay 2012). Para un recuento de la antropología de los documentos y la burocracia véase Hull 2012.

Hasta el momento, solo un proyecto minero importante ha sido paralizado en la etapa de la EIA como consecuencia de la oposición pública: el proyecto Tambogrande, en el norte del Perú, en 2004. En este caso, tres ONG norteamericanas (Oxfam América, el Mineral Policy Center y el Consejo de Minería Ambiental de Columbia Británica) contrataron al hidrólogo Robert Morán para realizar una evaluación independiente del proyecto minero, el cual estaba siendo desarrollado por la empresa canadiense Manhattan Minerals. Empleando los estándares y normas ambientales canadienses para evaluar el proyecto Tambogrande, el señor Morán sostuvo que la "extremadamente pobre calidad" de los estudios de línea de base de la empresa no serían aceptables en Canadá (Morán 2001a: 9). El señor Morán cuestionó también la afirmación de la empresa acerca de que la producción minera y agrícola podían coexistir, considerando los riesgos que representaba la contaminación de los desechos mineros para el agua, la tierra y la producción agrícola. Si bien el señor Morán y otros críticos del proyecto minero destacaron las deficiencias fundamentales del trabajo presentado por Manhattan Minerals, el Ministerio de Energía y Minas (MEM) se refirió a la incapacidad de la empresa para cumplir con los requerimientos financieros (no ambientales) como la razón del fracaso del proyecto.

En este capítulo, me concentro en una EIA específica presentada por Minera Yanacocha, aunque los procesos que analizo se aplican de manera más general a la evaluación ambiental y otros mecanismos de responsabilidad empresarial. Empiezo con la descripción de los procedimientos de una audiencia pública para mostrar cómo la EIA define los riesgos potenciales de la actividad minera. Si bien la EIA tiene por objeto garantizar la rendición de cuentas ambiental, sugiero que lo que se incluye (y no se incluye) en la EIA está definido por los intereses mineros. Luego me refiero a un taller que se llevó a cabo seis meses antes de la audiencia pública para discutir los resultados preliminares de la EIA y responder a las preguntas del público. Demuestro que el énfasis de la EIA en la "participación" puede, de hecho, limitar la crítica pública y descalificar a la oposición a la actividad minera. En la parte final de este capítulo retomo la audiencia pública para analizar cómo las técnicas de rendición de cuentas han llevado a algunos activistas a tomar distancia del documento oficial, adoptando estrategias políticas que apelan a la no participación y a negarse a ser informados.

### *Documentando la rendición de cuentas*

El día en que la EIA iba a ser presentada en la ciudad de Cajamarca, mucha gente llegó al centro de convenciones Ollanta antes de las 7 de la mañana y empezó a formar fila frente a la entrada (véase imagen 5.1). Un grupo de cerca de veinte campesinos de comunidades cercanas había pasado la noche en el exterior del auditorio donde se llevaría a cabo la audiencia pública de la EIA, esperando poder expresar su oposición a un proyecto que ellos creían iba a impactar aún más en las fuentes de agua de la región. Al igual que con la mayoría de las manifestaciones en contra de Minera Yanacocha, esta protesta se organizó tan solo sobre la base de los vínculos comunitarios, las asociaciones de usuarios de canales y las rondas campesinas. Dado que la actividad minera tiende a crear divisiones dentro de las comunidades, es probable que personas de las mismas comunidades estuvieran dentro y fuera del auditorio, ya sea como trabajadores que apoyaban a Minera Yanacocha o como manifestantes que se oponían al proyecto. Otros simpatizantes que se unieron a los manifestantes incluían a profesionales urbanos, estudiantes y periodistas.

Poco después, llegó un grupo de policías antidisturbios que se ubicó frente a las imponentes puertas de madera del auditorio. El grupo de manifestantes fue creciendo a medida que iban llegando otras personas que se les unían, pero eran ampliamente superados en número por quienes se encontraban formando largas filas a ambos lados de las puertas del auditorio: ingenieros de Yanacocha, empleados mineros y otros que los manifestantes consideraban como "aliados" de la empresa.

Aunque la audiencia se había retrasado por más de una hora, esta se realizó aun cuando la gente continuaba protestando fuera del edificio. Dado que preferí mantenerme en el exterior, con los

*Imagen 5.1.* Gente formando fila en el exterior del auditorio donde tendría lugar la audiencia pública.

manifestantes, mi análisis sobre lo que sucedió en el interior del auditorio se basa en el material grabado en video sobre la audiencia pública. Las normas de la EIA establecen que la audiencia debe ser filmada en su totalidad y puesta a disposición del público. Varios meses después de la audiencia pública, presenté una solicitud por escrito para obtener una copia de las imágenes, y Minera Yanacocha respondió a mi pedido.

En el auditorio estaban presentes los representantes de Minera Yanacocha, junto con consultores de Montgomery Watson Harza (MWH), la firma que la empresa había elegido, contratado y pagado para realizar los estudios que formarían parte de la EIA (de acuerdo con el marco legal de la EIA en el Perú, las empresas mineras deben encargar y pagar por una evaluación técnica escrita que esboza los planes de mitigación de la empresa). Al igual que la minería, la consultoría ambiental es también una operación trasnacional: MWH tiene su sede en los Estados Unidos pero, como señala en su página web, cuenta con más de seis mil especialistas de diferentes profesiones trabajando en 36 países. La consultoría ambiental ha crecido a la par que la industria minera, creando nuevas profesiones y transformando otras ya existentes (incluidas aquellas de los campos de las ciencias del medioambiente, la antropología y la sociología) a medida que crece el número de profesionales atraídos por el trabajo de consultoría en minería.

En el auditorio, funcionarios del Ministerio de Energía y Minas (MEM) y de los gobiernos municipal y regional se abrieron paso hacia las mesas centrales ubicadas en el estrado. La presentación que estaba por llevarse a cabo era la segunda de dos audiencias públicas destinadas a los residentes urbanos de Cajamarca. Dos días antes había tenido lugar otra audiencia en una comunidad campesina en el área que sería afectada por el proyecto propuesto, la cual también se vio empañada por protestas. La presentación en el distrito que sería afectado por el proyecto era una modificación reciente en la legislación en torno a la EIA, ya que antes de 2003 las audiencias públicas se realizaban solo en Lima, la ciudad capital.

El moderador dio la bienvenida a los asistentes y resaltó la importancia de este aspecto participativo de la EIA. Mientras explicaba que luego de la presentación se realizarían rondas de preguntas orales y escritas, mencionó que la participación y la democracia se aprenden en la práctica. Destacó que el objetivo de estas reuniones no era simplemente responder a las preguntas de la población, sino darles también una oportunidad para "mejorar la calidad de sus preguntas, permitiéndoles participar de mejor manera en la toma de decisiones" [transcripción parcial a partir del video]. Todas las preguntas serían grabadas y abordadas por la empresa minera en el documento final que sería presentado al MEM, y pasarían a formar parte del expediente de la EIA. Una vez que el expediente fuera presentado, el público dispondría de treinta días para hacer observaciones. Luego, la empresa tendría la oportunidad de responder a las observaciones, y con toda esta información el Ministerio deliberaría.

La audiencia empezó con un resumen de la EIA y los marcos legales concernientes a la actividad minera. La EIA se estableció por primera vez en los Estados Unidos en 1969 y, desde entonces, ha sido implementada en muchos países del mundo. En efecto, se trata de una herramienta global de rendición de cuentas y ha sido adoptada por bancos de desarrollo multilaterales, agencias donantes bilaterales y agencias de las Naciones Unidas. Dos eventos clave contribuyeron a la difusión internacional de estos estudios: en 1989, las EIA se convirtieron en un requisito para todos los proyectos financiados por el Banco Mundial, y, en 1992, la Cumbre de la Tierra dio lugar a una serie de leyes y políticas internacionales que fomentó que los firmantes adoptaran las EIA como instrumentos nacionales (Sadler 1996). El alcance internacional de estas prácticas de rendición de cuentas demuestra que estas no están restringidas a una parte del mundo en particular o a un solo grupo de instituciones (Strathern 2000b, Power 1994).

En el Perú, las EIA se empezaron a aplicar en 1990, cuando el gobierno peruano implementó reformas legales y económicas para atraer la inversión extranjera. En particular, la Ley de Promoción de Inversiones en el Sector Minero garantizaba una serie de beneficios para los inversionistas mineros (impuestos y tasas de cambio fijos, libertad de movimiento de capital, etc.). Como parte de las condiciones impuestas por las instituciones financieras internacionales que apoyaron estas reformas, el gobierno también debía introducir nuevas regulaciones ambientales incluyendo la EIA, la que fue puesta bajo la jurisdicción del Ministerio de Energía y Minas (De Echave y Torres 2005).

Pasando a los objetivos específicos de la EIA, una representante de la Dirección General de Asuntos Ambientales del MEM explicó: "Lo que la EIA busca hacer, en primer lugar, es identificar cómo es el lugar donde se desarrollaría el proyecto de inversión. La línea de base es [...] una descripción de este lugar en particular: flora, fauna, actividades socioeconómicas, todas las características físicas del lugar [...]. Esta caracterización del proyecto [servirá para] identificar los posibles impactos positivos y negativos que podría tener el proyecto y luego ver qué medidas técnicas son necesarias para corregir o prevenir estos impactos". Los estudios realizados para esta EIA dieron como resultado un documento de 530 páginas para el "componente técnico" y unas 130 páginas para el "componente social", así como numerosos apéndices con mapas, estadísticas, resultados de encuestas, guías de entrevista y otros datos adicionales.

Por lo tanto, una de las principales funciones de la EIA es la de mapear el terreno. En sentido literal, esto implica la producción de mapas que indiquen la ubicación de las fuentes de agua, canales, estaciones de monitoreo y sitios arqueológicos. Otros mapas indican los tipos de suelo y patrones de uso del suelo, calidad del aire, flujos de agua superficial y subterránea, y otras características del paisaje. Estos mapas (más de cincuenta en total) se basan en estudios llevados a cabo por la empresa minera y sus consultores. A pesar de que son producidos para —y son propiedad de— Minera Yanacocha, la información obtenida a través del mapeo, medición y clasificación de elementos del paisaje contribuye a la noción de rigor técnico que se pretende que la EIA transmita, y eso permite que circule como una fuente "objetiva" de conocimiento científico (cfr. Latour 1988, 1999).

Además del mapeo del terreno físico, los estudios de línea de base realizados para la EIA proveen un inventario de los recursos naturales de la zona y de las comunidades locales, y establecen las características del lugar antes de que empiece el proyecto minero. Los estudios sociales de línea de base son un inventario de las comunidades de la zona de influencia del proyecto y de sus características socioeconómicas: postas médicas, instituciones educativas, enfermedades comunes, disponibilidad de servicios básicos y otras. Los estudios de línea de base biológicos enumeran las especies animales y vegetales e identifican hábitats sensibles y especies vulnerables o en peligro de extinción. Los estudios de línea de base del agua determinan los niveles de flujo en los canales de riego y en los arroyos, los niveles de agua subterránea (basados en tecnología de modelación) y la presencia de metales pesados en el agua.

Según Michael Goldman, las evaluaciones ambientales pueden "delimitar con precisión los parámetros de un proyecto, su impacto medible y la responsabilidad de los promotores" (2005: 119). Determinan dónde comienza y termina la zona del proyecto, definen lo que se considera un activo natural y establecen lo que constituye un impacto. De esta manera, permiten que las empresas reduzcan al mínimo el riesgo del proyecto —por ejemplo, al establecer que una zona ya estaba degradada—. Esta información puede ser de importancia crucial en las disputas con las comunidades locales. Para contrarrestar las demandas sobre la contaminación del agua, Minera Yanacocha ha recurrido a los estudios de línea de base para argumentar que las concentraciones de cobre, hierro, plomo y otros oligominerales encontrados en los ríos y arroyos no son efecto de la mina, sino que ocurren de manera natural, pues ya estaban presentes antes del desarrollo del proyecto minero. La producción de este inventario hace que el panorama socionatural sea cuantificable e inteligible en términos científicos y, por lo tanto, sujeto a los mecanismos de auditoría ambiental (e. g., monitoreo periódico del agua), lo que contribuye a una imagen de responsabilidad empresarial y riguroso control gubernamental.

### *Los impactos y el manejo del riesgo*

Una segunda función de una EIA es identificar los "impactos" que producirá una actividad. El término "impacto" se ha vuelto omnipresente en las discusiones acerca del medioambiente, pero ha adquirido un significado específico en el contexto de las operaciones de Minera Yanacocha. En las presentaciones públicas y en los materiales educativos sobre el medioambiente, los especialistas ambientales de la mina establecen una diferencia entre "contaminación" e "impactos". Ellos señalan que toda actividad humana genera un impacto; en contraste, definen la contaminación como un efecto nefasto, crítico e irreversible sobre el ambiente:

> La palabra "contaminación" tiende a ser confundida con el concepto "impacto". Este último es un cambio provocado por cualquier tipo de

actividad humana, el cual, si no es significativo, puede ser absorbido por la naturaleza. Es posible hablar de contaminación cuando un impacto se torna significativo o crítico, el punto en el que la naturaleza misma no puede hacer frente a los cambios producidos en su entorno y estos tienen una repercusión negativa en el "orden natural" establecido. (Minera Yanacocha 2007: 4)

Un diagrama de una publicación de Minera Yanacocha muestra un espectro que va desde los "impactos irreversibles" (en el extremo izquierdo), pasando por los "impactos significativos y críticos", hasta el "control de los impactos significativos" (véase imagen 5.2). Avanzando hacia el lado derecho del espectro, tenemos "no contaminación", es decir, impactos "no significativos" e "impacto cero" (en el extremo derecho). Minera Yanacocha afirma operar dentro del rango de "impactos" que no son considerados "contaminación" porque caen dentro de los límites máximos legales permisibles (el umbral de la "contaminación"). Sin embargo, incluso aquellas actividades que generan un "impacto significativo", y que a veces sobrepasan los límites máximos permisibles, pueden controlarse o revertirse a través de sus programas de gestión ambiental. Según la empresa, los casos en los que se sobrepasan los límites máximos constituyen eventos aislados que no implican un nivel sostenido de contaminación y, por lo tanto, estos "impactos" no se consideran críticos o irreversibles. Desde esta perspectiva, los cambios producidos por la actividad minera no se consideran "contaminación", sino riesgos manejables, y para cada riesgo potencial descrito en la EIA existe un plan de mitigación vigente.

En el componente técnico de la EIA, los "impactos potenciales" identificados incluyen cosas como "alteración del hábitat de la flora y fauna", "cambios en los niveles del agua subterránea", "cambios en la calidad del agua subterránea" y "erosión del suelo" (MWH 2006b). Cada uno de estos impactos es clasificado como de importancia "mayor", "moderada" o "menor" ("sin importancia"). Esta denominación se basa en una serie de criterios que incluyen probabilidad, magnitud, duración y reversibilidad. Ninguno de los cincuenta y siete impactos potenciales del PYSO es clasificado como

*Imagen 5.2.* Definición de "contaminación" de Minera Yanacocha. Adaptada a partir de Minera Yanacocha 2007. Programa de Manejo Ambiental de Yanacocha.

de importancia "mayor", mientras que solo ocho de ellos son considerados como de importancia "moderada".

Tal como he mostrado en el capítulo IV, los agricultores campesinos que viven de la producción lechera y de la agricultura de pequeña escala, sostienen que la actividad minera reduce el nivel del flujo en sus canales y en las fuentes de agua que los alimentan. Estas controversias en torno a los canales de riego pueden ayudar a ilustrar cómo los "impactos potenciales" se hacen visibles y se neutralizan a través de la EIA. En el componente técnico de la EIA, los "cambios en los flujos de agua" son identificados como un impacto probable, pues para que la minería sea segura se debe bombear agua subterránea de los pozos que están por debajo de la mina para bajar el nivel freático y prevenir inundaciones. La disminución de los niveles freáticos reduce la cantidad de agua subterránea que se descarga en los cursos de agua superficial, tales como los manantiales, humedales y arroyos (MWH 2006b: 385). Sin embargo, este potencial impacto es clasificado como reversible en la medida que la empresa promete devolver a la cuenca afectada el mismo volumen de agua que bombeó desde el subsuelo. Esta agua provendría de la planta de tratamiento de la mina, y tendría que cumplir con los estándares legales de calidad de agua establecidos a fin de ser vertida en el ambiente. Puesto que "devolver" el agua hace que este impacto sea "reversible", este es considerado como de "poca importancia".

El que la "contaminación" se convierta en "impacto" descansa en una lógica de la equivalencia que da forma a los planes de mitigación ambiental de la empresa. Para Yanacocha, reponer el agua y cumplir con los límites legales permitidos constituyó una exitosa estrategia de gestión ambiental que coloca a sus operaciones dentro de la gama de "no contaminación" —el rango en el que las equivalencias son posibles—. Se supone que estos límites legales máximos permitidos, respaldados por la autoridad de la ley, son transparentes y objetivos, y establecen el umbral entre "contaminación" e "impacto".

### *Consumo versus manejo*

Además de la distinción entre "contaminación" e "impacto", las campañas de información de Minera Yanacocha también diferenciaron entre "consumo de agua" y "manejo del agua". En una entrevista, un ingeniero de Yanacocha y especialista en agua, al subrayar esta distinción, dijo: "Nosotros manejamos el nivel del agua, no consumimos el agua". Además de los aspectos técnicos de su trabajo, estuvo un tiempo hablando con los campesinos y el público con el fin de disipar lo que llamó "malentendidos" sobre el agua. Uno de los argumentos de los activistas es que la minería reduce el nivel freático. El ingeniero explicó que el proceso de minería requiere sacar agua de los pozos alrededor de los tajos con el fin de realizar una explotación en forma segura. Sin embargo, dado que la empresa trata esta agua y luego la descarga aguas abajo, él no considera esto como consumo de agua, sino un "asunto de manejo del agua". Es más, argumentó que la reducción de los niveles de agua subterránea no es en sí misma una preocupación, ya que esto no significa que la mina esté reduciendo la cantidad de agua que usa la gente para las actividades agrícolas y domésticas: "Mi preocupación no es que el agua subterránea esté disminuyendo. Mi preocupación es que el agua subterránea disminuya, y que haya menos agua que sale del subsuelo aguas abajo de la mina. Por lo tanto, tiene que haber un plan de mitigación, un plan de manejo del agua puesto en marcha, para asegurar que esa actividad no esté reduciendo el flujo de agua río abajo".[5]

En las presentaciones públicas y en los materiales publicados, Minera Yanacocha negó rotundamente la afirmación de que sus operaciones estaban privando de agua a las comunidades campesinas y a los habitantes de la ciudad. Minera Yanacocha contrarrestó esta afirmación con la siguiente explicación:

> Yanacocha bombea agua subterránea para llevar a cabo las actividades mineras, pero no consume esta agua. Yanacocha tiene permisos de las autoridades correspondientes para utilizar aproximadamente 900 litros por segundo de agua subterránea; sin embargo, esto no significa que la empresa minera consume o utiliza toda esta agua, ya que la mayor parte de esta agua se bombea, se trata y se descarga directamente en la misma cuenca de agua. El uso anual total de agua es de aproximadamente 52 litros por segundo… esta agua se consume para controlar el polvo, es decir, en el riego de los caminos en las zonas de operación con el fin de garantizar [buena] calidad del aire alrededor de la mina y no generar molestias en la población vecina. El agua para todos los demás usos (procesos de minería, cocina, campamentos) se maneja, se trata y se descarga al medio ambiente: esta es agua que no se pierde, que no se consume. (Minera Yanacocha s. f.)

Esta explicación sobre el uso del agua asume equivalencias entre entradas y salidas, o entre el agua que se extrae de fuentes

5. Entrevista con un especialista en aguas de Minera Yanacocha, grabada el 11 de julio de 2006.

subterráneas y lo que se descarga a la cuenca una vez que ha pasado por el proceso minero. En la medida que esta agua se devuelve al medioambiente, no está afectando el balance global del agua en la cuenca —y, por lo tanto, no cuenta como "consumo"—.

Algunos escépticos vieron este tipo de explicación como una simple manipulación del lenguaje para engañar al público y le reprochaban esto a la empresa. Sin embargo, yo diría que lo que está en juego son formas divergentes de hacer equivalencias que revelan una comprensión fundamentalmente diferente de los flujos de agua. Para los ingenieros de la empresa, la gestión del agua desestima cualquier problema potencial que pueda acompañar a las operaciones de la mina. Los planes de mitigación están destinados a mantener el equilibrio hidrológico de la cuenca y asumen que la equivalencia podría lograrse si el agua es retenida y se descarga en las cantidades correctas.

Para los críticos de la empresa minera, sin embargo, el agua subterránea extraída por Minera Yanacocha afectó directamente al nivel de agua de los acuíferos, ríos y flujos subterráneos. Según las organizaciones de activistas como Grufides (Arana 2006), la actividad minera alteró sustancialmente el ciclo del agua: no solo cambió la cantidad de agua, sino también su calidad (a través del proceso de tratamiento) y ubicación (por ejemplo, por la desviación deliberada de corrientes o por alterar los flujos de agua superficial o subterránea a través del movimiento continuo de tierras que requieren las minas modernas).

Los hidrólogos, a menudo, conceptualizan el ciclo del agua como actuando de manera constante, uniforme (Budds 2009), y las empresas mineras requieren un flujo regular de agua con el fin de mantener sus operaciones. Los campesinos, por el contrario, son muy conscientes de la incertidumbre, la imprevisibilidad y la irregularidad de los flujos de agua. Las necesidades de agua de una mina exigen una presión adicional durante la estación seca, cuando la escasez de agua plantea un grave problema para las comunidades rurales. Esta toma de conciencia de la variabilidad estacional, los cambios en la calidad del agua y las interrupciones en el ciclo del agua causadas por los procesos mineros está en contradicción con la lógica de la equivalencia implícita en el material didáctico de la empresa y las estrategias de mitigación.

Siguiendo una lógica similar de equivalencias, el consultor ambiental que presentaba la EIA en la audiencia pública aseguró a los presentes que, en caso se produjera una disminución en el flujo de un canal de riego, la empresa bombearía agua de su planta de tratamiento y haría que el flujo regresara a los niveles previos (tal como estaban definidos por mediciones fijas e irrefutables, registradas en los estudios de línea de base). Otro plan de mitigación que presentó fue la construcción del reservorio San José (hecho sobre la base de un antiguo tajo minero que ya no era explotado), el cual acumularía agua durante la estación de lluvias para que esté disponible en la estación seca.

Tal como muestran estos ejemplos, la EIA es un instrumento a través del cual los riesgos se hacen visibles y son presentados al público. Sin embargo, los riesgos que son mencionados en el documento son aquellos que los ingenieros consideran que son técnicamente manejables. Tal como sostiene Beck (1992: 29) al referirse a los reactores nucleares, los estudios de seguridad "se restringen a la estimación de ciertos riesgos cuantificables sobre la base de accidentes probables. Las dimensiones del peligro se limitan desde un inicio al manejo técnico". Al vincular cada riesgo a la disponibilidad de un plan de mitigación, la forma que tiene la EIA de diagnosticar posibles problemas depende de los tipos de soluciones e intervenciones que los expertos tienen para ofrecer (Murray Li 2007, Ferguson 1997). Pero, tal como han señalado los críticos, la EIA oculta otros riesgos que son más difíciles de confirmar, cuantificar y controlar. Los campesinos se quejan por la desaparición de las fuentes de agua en las que ellos confían y de que los flujos de los canales no han regresado a sus niveles previos. Otros críticos se preocupan por los efectos que tendrán a largo plazo las pilas de lixiviación con cianuro y los depósitos de deshechos, y se preguntan cómo es que la empresa continuará el tratamiento químico del agua y el bombeo a los canales "a perpetuidad" (como promete la EIA) luego del cierre de la mina.

El propósito de la EIA es garantizar la rendición de cuentas ambiental de la empresa para las comunidades locales. Sin embargo, al confiar a las empresas el inventario del paisaje socionatural y el establecimiento de las características de la línea de base del lugar, así como al vincular cada riesgo potencial con un plan de mitigación, la forma de la EIA implícitamente facilita la eventual aprobación del proyecto. Además, ya que los estudios financiados por la empresa son una de las pocas fuentes públicas de datos técnicos, ecológicos y demográficos, estos se convierten frecuentemente en proveedores de información técnica acerca de una región. Las EIA y los estudios correspondientes realizados para un proyecto se transforman en referencias para proyectos futuros, reforzando, de esta manera, la información que se convierte en parte de la biblioteca de publicaciones de la empresa. Estas bibliotecas son "abiertas" y accesibles al público, como lo demuestra el Centro de Documentación (Cendoc) de Minera Yanacocha, localizado en el centro de la ciudad de Cajamarca. El Cendoc es frecuentado por estudiantes de las escuelas primarias, secundarias y el público en general. Alberga presentaciones académicas y relacionadas con la minería; contiene una colección de libros, documentos de la EIA, informes y revistas, y tiene computadoras para acceder a la biblioteca digital de la empresa. Estos materiales son también usados por investigadores académicos, periodistas y ONG.

El Cendoc y otras estrategias de difusión de información forman parte de los esfuerzos de la empresa para lograr que las operaciones mineras sean más transparentes. Al mismo tiempo, estas prácticas posibilitan que la empresa defina y finalmente imponga los términos de la rendición de cuentas. La EIA establece los parámetros que las instituciones reguladoras del Estado utilizarán para evaluar su desempeño ambiental, el cual será comparado con los datos producidos por los estudios que la empresa minera financia y supervisa. La función explícita de la EIA de establecer un plan de manejo ambiental "da forma a la percepción pública de los mismos problemas para los cuales tiene la solución" (Power 1994: 7). En la EIA, la ciencia se convierte en un instrumento que permite a las empresas la creación de una imagen de minería moderna "limpia" y el establecimiento de estándares de "buena práctica" en la industria, a la vez que proclama neutralidad.

Al hacer explícitas las formas en las que la empresa manejará los riesgos mostrados en el documento, la EIA genera las condiciones necesarias para que las empresas se revisen a sí mismas —en los términos que ellas mismas crean—. Esto es un efecto de la gobernanza neoliberal, en la cual la preocupación del Estado no es imponer una orientación cotidiana, sino más bien asegurar que se establezcan los controles internos —por ejemplo, bajo la forma de técnicas de monitoreo— (Strathern 2000b: 4). Las prácticas de rendición de cuentas, desde las audiencias públicas hasta los estudios participativos y la difusión de información, deben ser explicitadas con el fin de que la gente (y, en este caso, las empresas) se monitoreen a sí mismas. Esto no significa que el Estado esté ausente, dado que su intervención ya se ha llevado a cabo "en el ajuste social que las empresas, organismos públicos e individuos han hecho a estas prácticas de automonitoreo ahora redescritas como evidencia de su rendición de cuentas al Estado" (Strathern 2000b: 4).

La EIA sirve como un ordenamiento autorregulatorio que contribuye a la legitimidad del Estado, a la vez que limita las responsabilidades regulatorias de sus instituciones (Szablowski 2007). A través de mecanismos participativos como las audiencias públicas, el rol de asegurar el cumplimiento se traslada del Estado hacia las empresas y, eventualmente, hacia las comunidades e individuos, quienes son los llamados a monitorear y salvaguardar "sus" recursos naturales. La responsabilidad de cuidar el ambiente se convierte en una preocupación compartida. Mientras tanto, las empresas mineras tienen la posibilidad de dar forma a los términos de la rendición de cuentas, dejándole al Estado el "rol rutinario de revisar indicadores de desempeño" (Strathern 2000b) que la EIA ayuda a definir.

### *Colaborando en la elaboración de la EIA*

Con la esperanza de prevenir el tipo de conflictos generados por la actividad minera, las instituciones del Estado han puesto un énfasis particular en la participación pública, y Minera Yanacocha la ha convertido en un aspecto clave de sus programas sociales y ambientales. La naturaleza participativa de la EIA fue parte de los esfuerzos mayores realizados para incorporar la participación pública en las prácticas empresariales y estatales. Una resolución ministerial del MEM perfila los requisitos participativos de cada etapa del proceso: antes de la elaboración de la EIA, el MEM era el responsable de llevar a cabo sesiones informativas para comunicar a los ciudadanos sus derechos y obligaciones, la legislación ambiental y las tecnologías que deberían usarse en el proyecto propuesto. Durante la elaboración de la EIA, los proponentes del proyecto tenían la obligación de informar al público acerca de su progreso, mientras que la oficina regional del MEM tenía la responsabilidad de informar acerca de los marcos legales pertinentes. Después de que la EIA era presentada al MEM, el proponente del proyecto tenía que informar a las autoridades y al público en general acerca de los contenidos del estudio. Para la EIA del PSYO, Minera Yanacocha organizó cuarenta y nueve talleres (treinta y dos en la ciudad y diecisiete en comunidades rurales, que involucraron a un total de 1676 participantes), previamente a la elaboración de la EIA. Además, otras 3489 personas asistieron a setenta y siete talleres participativos durante la elaboración de la EIA.

Como parte del enfoque participativo, Minera Yanacocha organizó un taller en Cajamarca para presentar los hallazgos preliminares de la EIA del PSYO. La reunión tuvo lugar en octubre de 2005, aproximadamente seis meses antes de que la EIA se terminara y presentara en audiencia pública. Este taller específico se llevó a cabo en uno de los hoteles más grandes de la ciudad y estaba dirigido a las ONG (incluyendo a algunas de las más críticas), instituciones educativas, organizaciones del gobierno con sede en la ciudad y otras invitadas por la empresa. Asistieron cuarenta y dos personas y estuvo ahí un equipo de cerca de doce ingenieros de Yanacocha para presentar la EIA y responder a las preguntas de la audiencia. La dinámica en cuanto a consideraciones de género de la reunión fue similar a la de otros eventos relacionados con la minería: los participantes clave (e. g., ingenieros de minas, representantes del gobierno y líderes de la comunidad) fueron predominantemente hombres, pero las mujeres jugaron un papel importante en muchas ONG.[6] En este taller,

6. En Grufides, en particular, las mujeres estaban bien representadas como miembros fundadores, personal a tiempo completo, voluntarias y colaboradoras de

en particular, el público estaba compuesto casi en su totalidad por profesionales citadinos. En otros talleres destinados a un público rural, las tasas de alfabetización bajas (sobre todo entre las mujeres) añadían otra barrera a la difusión de información técnica de la EIA.

El taller empezó con una presentación del recientemente nombrado director regional de Energía y Minas, quien habló acerca de los requisitos legales de los proyectos mineros y resaltó las nuevas leyes que habían dado lugar a estándares ambientales más rigurosos. Visiblemente nervioso, el director admitió que no era muy articulado pero sí bueno con los números. Procedió a ilustrar sus temas con una serie de fórmulas e hizo comentarios acerca de la dependencia que tenía el Estado de los ingresos de la minería. Aunque el director regional dio inicio al evento, resultaba evidente el predominio del equipo de Minera Yanacocha —no solo en la dinámica de la reunión, sino también por el contraste entre los representantes del Estado (profesionales locales) y el personal de la mina (en su mayoría de Lima y un ingeniero de Canadá y, por lo tanto, de un estatus mayor en la jerarquía socioeconómica racializada del Perú)—.

Usando diapositivas de PowerPoint, el equipo de ingenieros describió la nueva tecnología modeladora para medir cambios en los niveles de agua subterránea y el progreso con el monitoreo del agua y los estudios de línea de base. Sin embargo, estas explicaciones no impresionaron favorablemente a la audiencia, la cual incluía al padre Marco Arana y a otros miembros de Grufides. El padre Arana inició el intercambio de preguntas y respuestas con el siguiente comentario:

> Tengo entendido que mi participación es para que me escuchen, anoten, pero lo que los ciudadanos e instituciones puedan decir no es para nada vinculante [...] Ustedes dicen que todo está dentro de los límites permisibles, entonces, ¿quién miente? Recientemente, se acaban de publicar los resultados del programa de monitoreo del agua de la

---

la Iglesia. Como parte de los movimientos activistas y las ONG, en general, las profesionales mujeres (abogadas, científicas, ingenieras, periodistas, etc.) también jugaron un papel importante.

CAO [Compliance Advisor Ombudsman] que muestra que hay metales pesados en el agua, y ustedes acaban de decir que no existen estos problemas [...] Nuestra Constitución garantiza el derecho a un ambiente saludable. ¿Cómo nos pueden garantizar esto, cuando, en este momento, sabemos que las aguas de diversos canales de riego han desaparecido o están siendo contaminadas? Si hasta ahora el Ministerio no ha podido garantizar la cantidad y calidad de agua, ¿cómo pueden ustedes garantizarla con este nuevo proyecto? Estos problemas solo se van a agudizar y se van a intensificar. Si no se cambian las normas, si no se cambian las leyes, este proyecto no constituirá una oportunidad para el desarrollo sino una amenaza ambiental.[7]

Un ingeniero de la empresa respondió:

Este es un espacio en el cual necesitamos que todos participen. De repente la reunión nos va a tomar cuatro horas en total, pero esa es la idea. La única manera de lograr la participación es conversando con todos. Sobre el estudio de la CAO que se ha mencionado [...] este es el resultado de un trabajo conjunto que se está haciendo. Está muy bien que se haya publicado. Esto abre espacios donde se puede conversar sobre esos temas. Lo raro sería que no se publique nada, lo malo sería que no tengamos ese acceso a la información. Pero [en este estudio del agua] tal vez hay muchos puntos que necesitan aclararse: un punto importante es que los problemas que se citan son problemas puntuales, y se especifica el mes en el cual ocurrieron. Hubiera sido bueno observar que esos problemas se solucionaron de inmediato… Pero, lo rescatable de este estudio es que la información se está dando, no se está ocultando. Ahora, ¿si es conveniente o no para Minera Yanacocha? Eso no interesa, realmente, lo que interesa es que la información se está publicando y nos está permitiendo resolver problemas que pueden existir.

7. La Compliance Advisor Ombudsman fue creada por la Corporación Financiera Internacional (CFI) y la Agencia Multilateral de Garantía de Inversiones (AMGI) para responder a las demandas de las comunidades afectadas por los proyectos en los que la CFI tiene participación, tales como la mina Yanacocha. Los intercambios del periodo de preguntas y respuestas han sido transcritos a partir de un registro de las actas del taller.

El comentario del padre Arana era una crítica directa al proceso participativo de la EIA, ya que este implicaba que los representantes de la empresa y del Estado estaban ahí para "escuchar y anotar", pero que la participación del público no tenía ningún efecto concreto. Sus preguntas estaban dirigidas simultáneamente a la empresa y al Estado, y acusaba a Minera Yanacocha de presentar información falsa acerca de la calidad del agua a la vez que criticaba la incapacidad del Estado para proteger el derecho de los ciudadanos a un ambiente saludable.

La respuesta del ingeniero a la pregunta evadió la crítica al proyecto minero, enfatizando la importancia de la participación pública: todos deben ser escuchados e incluidos en el proceso, sin importar cuánto tiempo tome. De manera significativa, el ingeniero no le prestó atención al problema de la calidad del agua, como si este fuera un incidente aislado ya manejado y no un motivo de preocupación. Sobre la base de la definición de "impactos" que tenía la empresa, exceder los límites permisibles de metales pesados en el agua era un evento aislado que, debido a que podía ser revertido, no constituía "contaminación". El ingeniero nunca respondió a la crítica que hizo un miembro de la audiencia al proyecto (de que se trataba de una "amenaza ambiental"), prefiriendo centrarse, en cambio, en elogiar los esfuerzos de transparencia de la empresa. Lo que era importante, según el ingeniero, era que la información (favorable o no para la empresa) estaba siendo difundida.

Las nuevas prácticas de rendición de cuentas como la EIA se basan en el supuesto de que la difusión de la información ayudará a construir una relación más positiva entre el Estado, las empresas y los actores comunales (y, por lo tanto, le permitirá a la empresa continuar sin impedimentos). La entrega de información es equiparada con "participación", y la "transparencia" con confianza. Sin embargo, como señala Strathern, el término "rendición de cuentas" implica que las "personas quieren saber cómo confiar entre sí para hacer que su confianza sea visible, si bien [saben que] el mismo deseo de hacerlo señala la ausencia de confianza" (2000a: 310).[8] En el

8. Véase también West y Sanders 2003.

Perú, precisamente es la falta de confianza en las empresas mineras y en el Estado lo que ha llevado al énfasis en la transparencia. Por ello, los constantes intentos de Minera Yanacocha de producir más información (bajo la forma de revistas, boletines, programas de radio, recursos de internet, programas de monitoreo participativos, talleres y otros) no han sido correspondidos con un aumento de la confianza. En cambio, para mucha gente con una opinión crítica a la minería, la pregunta que se mantiene es: ¿qué es lo que la transparencia oculta? El explicitar la información enmascara la ausencia de confianza y hace visible la incertidumbre con respecto a los riesgos y el rechazo absoluto de los proyectos mineros expresado por los críticos de la minería. El proceso participativo de la EIA invalida estas críticas, aun cuando tiene como propósito mostrar la apertura de la empresa a estas y el deseo de mejorar su desempeño.

El uso de la EIA como una práctica de rendición de cuentas tiene consecuencias múltiples. Se podría argumentar que la búsqueda del manejo de riesgos conduce a las empresas hacia mejoras en sus prácticas ambientales. No hay duda de que las empresas están prestando una atención sin precedentes al manejo ambiental, en gran medida debido a la presión pública. También es cierto que la creciente conciencia sobre las regulaciones de la EIA ha ayudado en la movilización de las comunidades locales, ya sea para demandar oportunidades de empleo y mejores garantías ambientales, o para oponerse del todo a la actividad minera. Al mismo tiempo, sin embargo, el lenguaje de "impactos" y "manejo del riesgo" crea un proceso en el cual la forma misma de participación y crítica se ve limitada desde el momento en el que los riesgos se hacen visibles a través de la EIA. Después de todo, mientras sean riesgos "manejables" no son un impedimento para el desarrollo minero. Pero, ¿cómo así la EIA —desde su misma concepción— adquiere la autoridad para definir una región, predecir las consecuencias de la actividad minera y "manejar los riesgos que involucra"?

Sugeriría que la legitimidad científica y política de los resultados de la EIA es, en parte, resultado del proceso de colaboración que tiene lugar en su elaboración, el cual involucra la participación de instituciones del gobierno, empresas, ONG, comunidades locales e, incluso de los críticos más severos a la empresa minera. La colaboración a la que me refiero no implica simplemente el compartir información; tampoco asume que todos los participantes tienen los mismos intereses y objetivos (Tsing 2005: 13). En todo caso, la colaboración se refiere a la manera en la que la EIA envuelve en torno a sí misma a los individuos e instituciones, aun cuando ellos estén o no de acuerdo con su contenido. En lugar de —o quizá debido a— los intereses diversos y algunas veces conflictivos de los actores involucrados, el lenguaje de participación pública, transparencia y manejo del riesgo contribuye a una imagen de consenso.

En el taller, este proceso de colaboración se hizo evidente en la manera en que las preguntas y críticas fueron incorporadas en la EIA. Durante la fase de preguntas, los más elocuentes críticos a la Minera Yanacocha no dudaron en verbalizar sus preguntas y preocupaciones: ¿cuánta agua se usará para este nuevo proyecto?, ¿cómo se verán afectados los canales de riego?, ¿qué implica realmente la "participación"? Uno de los objetivos de los talleres es registrar todas las preguntas, preocupaciones y demandas del público, de tal forma que sean tomadas en cuenta en la elaboración del documento final presentado al MEM. Cada persona que asistió a esta reunión recibió un CD que contenía 122 preguntas seleccionadas de talleres anteriores, junto con las respuestas de la empresa. Las preguntas estaban agrupadas por temas (agua, aire, productos químicos, impactos sociales, empleo, proyectos de desarrollo, entre otros), y cada pregunta especificaba el nombre de la institución o comunidad que la había planteado. Las regulaciones de la EIA estipulan que las preguntas recopiladas en los talleres participativos deben ser incluidas como un apéndice. De esta manera, cada intento de cuestionar u oponerse a la información presentada corre el riesgo de transformarse en otra página del documento.

Las preguntas presentadas en los talleres ilustran cómo la EIA ha contribuido a nuevas maneras de hablar acerca de la minería en el Perú. Flujos de agua, límites máximos permisibles, impactos, estudios de línea de base y la propia EIA han sido incorporados en los debates políticos sobre la minería e incluso han influenciado en el lenguaje de la protesta en su contra. De manera creciente, los activistas y las ONG cuestionan a las empresas mineras sobre temas que ellos han ayudado a poner en debate pero que, en última instancia, son las empresas quienes los definen (como la calidad del agua y los programas participativos de monitoreo). Para los críticos de la minería, la EIA tiene el potencial para ser utilizada como herramienta política y puede proporcionar la base para lo que Ulrich Beck (1992) llama "ciencia de la solidaridad". Por ejemplo, los activistas usaron información de la EIA de Yanacocha para calcular la cantidad de agua que requieren los procesos mineros, y esas estimaciones se convirtieron en un argumento clave de los materiales de campaña y en las protestas antimineras.

## Activismo y ciencia de la solidaridad

En Cajamarca, organizaciones como Grufides se han visto obligadas a responder a la información técnica presentada por las empresas mineras. En el proceso de la EIA, estas organizaciones son, a menudo, los únicos actores externos que pueden proporcionar una revisión de los estudios realizados por la industria minera. Por otra parte, con el fin de mostrar de manera convincente los impactos de la actividad minera, ellas deben producir sus propios estudios y publicaciones. Durante el tiempo que pasé como voluntaria informal y visitante frecuente de las oficinas de Grufides, observé algunas de las maneras en las que la ONG participa en la ciencia de la solidaridad. Vigilando de manera constante los planes de expansión en curso de la empresa, el personal de Grufides dedicaba una cantidad cada vez mayor de esfuerzo al proceso de revisión de la evaluación ambiental. Estando aún pendiente la EIA del PSYO, la ONG se vio enfrentada a otro reto.

En diciembre de 2005, Minera Yanacocha presentó simultáneamente dos proyectos de exploración minera para la aprobación gubernamental: los Proyectos de Exploración Yanacocha Este y Yanacocha Oeste, denominados PEYZE y PEYZO. Según la legislación peruana, los proyectos en la etapa de exploración requieren la presentación de un estudio ambiental (EA). El EA es similar en forma a la EIA, y el proceso de revisión también incluye un periodo en el que el público puede presentar observaciones al Ministerio de Energía y Minas (MEM). La respuesta de Grufides y su trabajo de revisión de estos proyectos muestran las posibilidades y limitaciones que tiene la participación en una crítica técnica a los documentos empresariales.

La Municipalidad de Baños del Inca (una de las municipalidades de la zona de los proyectos) le encargó a Grufides que llevara a cabo una evaluación de los EA. El personal elaboró un informe que describe los proyectos de exploración (Grufides 2006) y proporcionó una serie de observaciones técnicas para que fueran presentadas al MEM. Desde el principio, el proceso de revisión del EA estuvo cargado de frustraciones. El tiempo del que se disponía para hacer las observaciones —veinticinco días calendario a partir de la fecha de presentación del proyecto al MEM— era demasiado corto, al igual que los recursos de la ONG. El análisis de los materiales del EA era una tarea onerosa, que implicaba revisar cientos de páginas en búsqueda de vacíos, información faltante y errores de cálculo, así como examinar mapas y gráficos.

También requería hacer nuevos mapas, ya que se consideraba que los que se habían presentado no eran fiables. Los mapas se pueden utilizar para cambiar las delimitaciones territoriales, invisibilizar comunidades (al no identificar todas las zonas habitadas), o eludir requisitos legales. Por ejemplo, uno de los puntos de controversia en este caso fue la afirmación de Minera Yanacocha de que los proyectos de expansión estaban dentro de una propiedad suya ya titulada (y, por lo tanto, no requería nuevos acuerdos o títulos de propiedad). Los mapas de Grufides y su análisis de las coordenadas del proyecto demostraron que este no era realmente el caso: el 51% del área total correspondiente al PEYZE no era propiedad de Minera Yanacocha, y el 42% del área total del PEYZO pertenecía a campesinos (Grufides 2006: 5). La revisión de los mapas también reveló que la información sobre los sitios arqueológicos no coincidía con los permisos de remoción del Instituto Nacional de Cultura (INC). Los cuerpos de agua también se pueden "ocultar" en los mapas y en la información hidrológica. Grufides afirmó que varios manantiales de agua y canales no habían sido considerados.

Para los miembros de Grufides, las graves deficiencias en los documentos —incluyendo el hecho de que los dos EA eran copias virtuales, hasta el punto de que algunas coordenadas geográficas eran idénticas en los dos proyectos— reflejaba la falta de profesionalismo de Minera Yanacocha y un desprecio por el medioambiente y las preocupaciones comunales. Ellos argumentaron que las omisiones, los errores técnicos identificados y los riesgos potenciales planteados por los proyectos debían llevar al MEM a descalificar los EA. Al final, el PEYZO y PEYZE fueron aprobados, y esto podría sugerir que apuntar a los aspectos técnicos y científicos de un proyecto no era una estrategia eficaz. Indirectamente, sin embargo, se podría argumentar que el aumento de la vigilancia de las ONG y el público en general puede —a largo plazo—conducir a un mayor rigor en la elaboración y revisión de las evaluaciones ambientales.

La evaluación llevada a cabo por Grufides también podría ser vista como una herramienta educativa. El informe buscaba resumir las características generales del proyecto y hacer que el proceso básico de exploración minera fuera comprensible para el público en general. El personal de Grufides llevó a cabo sesiones de información sobre el PEYZO y PEYZE, y la información difundida contribuyó a mayores discusiones en contra de la expansión minera que fueron más allá de estos proyectos específicos. El aspecto educativo del trabajo de la ONG, sin duda, dio forma a los términos del debate y a los argumentos que la gente podría utilizar para cuestionar las afirmaciones científicas que la empresa presentaba. Al mismo tiempo, confirmó la desconfianza que la gente ya percibía con respecto a la empresa y a las instituciones gubernamentales. Por lo tanto, se podría decir que la evaluación ambiental, en efecto, involucra al público y abre espacios para la participación, la discusión y la oposición —pero no en las formas esperadas, y no dentro de los espacios legalmente establecidos, creados por los procesos de EA y EIA—.

No quisiera descartar estas posibilidades como formas creativas de activismo y la importancia de la ciencia como una herramienta estratégica en manos de las ONG locales e internacionales. De hecho, las ONG y los activistas confían cada vez más en la experticia científica para fortalecer su trabajo de solidaridad. Sin embargo, el uso de la ciencia para producir contrainformación crea, de manera inherente, un campo de juego disparejo en el que las organizaciones pequeñas con recursos limitados enfrentan a empresas que gastan sumas de dinero incomparables realizando estudios científicos. La única opción para las ONG locales es la de confiar en la asistencia voluntaria de estudiantes practicantes y profesionales dispuestos a trabajar por tarifas reducidas. Cuando las ONG internacionales más grandes o las universidades extranjeras financian estudios ambientales o revisiones independientes de la EIA, estos estudios (debido a restricciones presupuestales y de recursos humanos) pueden no ser capaces de alcanzar el nivel de inversión que se destina a la producción de información por parte del sector minero.

La EIA, incluidos los estudios de línea de base y el monitoreo ambiental, utiliza cada vez más el lenguaje y las herramientas de una ciencia de gran escala e intensiva en capital. La necesidad de estudios científicos costosos y conocimiento experto ha cambiado los términos del debate en torno a la minería, canalizando al activismo hacia contraargumentos científicos. Como consecuencia, con frecuencia, los campesinos y las ONG quedan en desventaja, puesto que sus argumentos pueden ser descartados como "desinformados" y "no científicos" en el caso de los campesinos, o como "sesgados" o "inexactos" en el caso de las ONG. Tanto los campesinos como las ONG pueden verse forzados a reducir un amplio rango de demandas y descontentos políticos, económicos y sociales a argumentos que serán evaluados en función de su validez "científica".

El predominio de la ciencia como una herramienta de rendición de cuentas ha contribuido a dirigir las acciones de ONG y activistas locales hacia contraargumentos científicos de maneras que podrían limitar la eficacia de sus esfuerzos. Al mismo tiempo, el énfasis participativo de los nuevos procesos de rendición de cuentas deja a los activistas con pocas alternativas de acción, ya que el no participar puede tomarse como una afrenta a los principios democráticos que estos procesos afirman promover.

## Los límites de la "participación"

En las comunidades afectadas por la actividad minera en el Perú, las personas sienten con frecuencia que los propios procesos que incitan su participación, en realidad, los desempoderan y los excluyen. Es en estos casos que ellos buscan formas alternativas de expresar su oposición, aun cuando estos caminos son considerados más radicales y, en algunos casos, más violentos. En el centro de convenciones Ollanta, las confrontaciones entre quienes protestaban y la Policía ocasionaron la demora del inicio de la audiencia pública (véase imagen 5.3). En los disturbios, un policía golpeó a una de las manifestantes en la cabeza con su cachiporra, aumentando el enojo de la multitud al ver la cabeza de la mujer cubierta de sangre. Cuando la gente empezó a ingresar al auditorio, los manifestantes no lo hicieron. El representante del MEM que estaba presidiendo la audiencia salió personalmente a invitarlos a la reunión, pero ellos se rehusaron a participar —no con el auditorio lleno de mineros, decían ellos, refiriéndose no solo a los trabajadores de la mina sino a quienes apoyaban a Minera Yanacocha de manera más general—.

Mientras, adentro, las personas presentaban los aspectos técnicos del proyecto minero, quienes se mantuvieron afuera continuaban la protesta. Hubo, incluso, un intento de instalar parlantes para trasmitir las diligencias a la gente que estaba afuera, pero la respuesta de los manifestantes fue tirar piedras hasta que estos fueron desinstalados. El mensaje de los manifestantes era claro: no estaban interesados en la información que sería presentada ni en las diligencias de la reunión, porque nada de lo que dijeran impediría que la EIA fuera aprobada. No solamente consideraban que su intervención en la reunión sería en vano, sino que la empresa usaría su asistencia para legitimar la EIA con el argumento de que esta fue democráticamente aceptada. Ellos decidieron que el mejor curso de acción era el de dejar de lado el documento. He elegido esta frase para señalar la necesidad de los manifestantes de eludir los límites establecidos por el proceso de la EIA así como su rechazo a involucrarse con la información presentada en el documento.

*Imagen 5.3.* Los manifestantes son invitados a ingresar al auditorio, pero ellos prefieren permanecer en el exterior mientras la audiencia pública se pone en marcha.

Al dejar de lado el documento, los manifestantes estaban rechazando la manera como la EIA los definía tanto a ellos como a sus comunidades de acuerdo con lo que les hace falta: educación, servicios básicos y oportunidades de empleo. Para elaborar el componente social de la EIA, los consultores visitan las comunidades locales para preguntar a las personas acerca de su "visión de desarrollo", sus "expectativas" y sus "sugerencias para mejorar la relación con la Compañía Minera Yanacocha" (MWH 2006a). Así como cada uno de los "impactos" puestos de manifiesto en la EIA corresponde a un plan de manejo ambiental, las necesidades de las personas son definidas por lo que la empresa minera puede ofrecer. Los estudios de línea de base sociales describen, cuantifican y mapean las condiciones socioeconómicas en las comunidades locales de maneras que llegan a definir la pobreza extrema, las prácticas agrícolas insostenibles y la ineficiente organización social; en otras palabras, una forma de vida que inevitablemente deberá ceder el paso al progreso minero.

Dentro del auditorio, la presentación de la EIA estuvo seguida por una ronda de preguntas escritas. Algunas personas también se anotaron para hacer preguntas en forma oral, y se turnaban para tomar el micrófono a medida que iban siendo llamadas por nombre, afiliación institucional y lugar de residencia. Algunos de los oradores (incluido el alcalde de uno de los distritos ubicados dentro de la zona de influencia del PSYO) suplicó a la empresa que cumpla sus promesas, pero enfatizó los beneficios económicos y oportunidades de empleo que podrían derivarse de la minería responsable. Una de las pocas preguntas críticas fue hecha por un participante habitual en las protestas antimineras, quien planteó el tema de la cantidad de agua y la desaparición de los manantiales. Su pregunta fue abruptamente descartada por un ingeniero de Yanacocha: "Es muy fácil decir eso, pero no ha sido comprobado", replicó el ingeniero, y repitió que la mina no estaba afectando la calidad del agua en las comunidades. Pocos oradores hicieron referencia a la información de la EIA que había sido presentada, y muchos no hicieron preguntas, en cambio, aprovecharon la oportunidad para hablar de manera favorable de los logros de la mina hasta ese momento. Dirigiéndose a la audiencia más que a los presentadores, uno de los oradores hizo el siguiente comentario: "Hoy, nosotros, los cajamarquinos tenemos la enorme responsabilidad de decidir si [...] Cajamarca se convertirá en una ciudad próspera, con educación y empleo, o si le negaremos esta oportunidad. Lo que ha pasado afuera es lamentable y vergonzoso. Si [los manifestantes] hubieran entrado y escuchado, ellos habrían entendido; habría habido [sic] diálogo".[9]

El aspecto participativo de la EIA es más que una oportunidad para hacer preguntas. Lo que la EIA "mapea" también son las relaciones de individuos y organizaciones frente a la empresa: su asistencia a las reuniones, sus preocupaciones y su disposición a cooperar. Junto

9. Transcripción a partir del video de la audiencia.

con otros mecanismos de vigilancia (tales como hojas de asistencia, la filmación de eventos de la empresa, el fotografiar a las personas en las protestas y otros), la información recolectada y hecha pública a través de la EIA es esencial para el establecimiento de alianzas. Estas estrategias empresariales son frecuentemente consideradas coercitivas e intimidatorias, y mucha gente siente que hablar en contra de Minera Yanacocha podría poner en riesgo su trabajo o tener otras repercusiones negativas. Más aún: el hacer visibles al público estas alianzas refuerza la polarización entre aquellos que tienen una opinión "a favor" o "en contra" de la mina, enfrentando a estos grupos entre sí. Como resultado, el rol de las empresas y el Estado pasa a un segundo plano mientras que los individuos y las organizaciones locales toman el rol de monitorear las actividades de los ciudadanos y de disciplinarlos.

Pasada la audiencia pública, el departamento de Relaciones Institucionales y Comunicaciones de Minera Yanacocha emitió un comunicado que describía los eventos del día de la siguiente manera: "Desde muy temprano, las personas se reunieron en el centro de convenciones Ollanta. Grupos que se oponen a la actividad minera trataron de empañar la audiencia, sin éxito... Cerca de un millar de personas llenó el edificio. El evento se puso en marcha a 10 a. m. debido a un retraso causado por un grupo de manifestantes que se negó a entrar en el edificio... Este grupo no quería participar en la audiencia. Por otra parte, generaron actos de violencia, ya que atacaron a algunos individuos e intentaron causar daños al teatro". Los periódicos locales también informaron que el evento había sido un éxito, y que solo un puñado de manifestantes (presentados como agitadores con intereses políticos) intentó violentamente perturbar el proceso. Estas representaciones de las protestas fabricaron una oposición entre el "sujeto irracional" (conducido por intereses personalistas, la ignorancia o la información errada) y el "sujeto informado" que adoptó prácticas participativas de creación de conocimiento con el fin de llegar a una decisión informada.

En respuesta a estas representaciones de la audiencia pública, circuló por correo electrónico una parodia escrita de forma anónima sobre el Comunicado de Minera Yanacocha. Decía: "La audiencia fue un 'éxito' total, porque en menos de cinco horas la EIA de PSYO de 5098 páginas fue explicada a los campesinos y a los subcontratistas de Yanacocha... Los campesinos y subcontratistas plantearon decenas de preguntas, lo que demuestra su inteligencia prodigiosa y excepcional, así como su total comprensión de todo lo que se presentó en una forma extremadamente simple, lo cual solo los campesinos ignorantes manipulados por las ONG que protestaron afuera no comprendieron". El correo electrónico burlón abordaba precisamente las críticas al proceso de EIA presentadas por los campesinos y las ONG, así como la imagen estereotipada de los campesinos como sujetos pasivos manipulados por intereses externos.

En el contexto de la minería moderna, las empresas, los gobiernos y otros actores operan siguiendo la lógica de que más información equivale a más conocimiento público, lo que lleva a más transparencia. Pero los documentos públicos y las audiencias hacen más que crear una imagen de transparencia. Sus efectos son dobles. Por un lado, refuerzan las alianzas de la empresa al darle a las personas los argumentos y el lenguaje para responder a las críticas contra la mina. Por otro lado, los críticos, tales como las ONG, pueden usar esta misma información para generar activismo. Si bien esta contrainformación es fundamental para las campañas antimineras, algunos lugareños sienten que la respuesta a través de los canales existentes de participación pública es en gran medida inefectiva. En ocasiones, su mejor oportunidad para expresar su oposición es llevar este contraconocimiento fuera del documento. En estos casos, el rechazo a comprometerse en el diálogo y la postura de no participación se convierten en la forma más atractiva de acción política.

En el Perú, las controversias acerca de la actividad minera han generado mucha discusión acerca de la promoción de la participación ciudadana y la transparencia como una forma de resolver conflictos. Sin embargo, la introducción de mecanismos de rendición de cuentas como la EIA, incluyendo las recientes modificaciones para incorporar la participación pública y la consulta comunitaria, no han eliminado las tensiones generadas por la continua expansión de la actividad extractiva. En las comunidades afectadas por la minería, algunas personas sostienen que la EIA solo les da una oportunidad de hacer preguntas y comentarios, que pueden llevar a ciertas modificaciones en los planes de mitigación ambientales de la empresa, pero no pueden detener la aprobación de un proyecto propuesto.

La EIA del PSYO fue, en efecto, aprobada por el MEM el 4 de septiembre de 2006. Dado que el proyecto implicaba la expansión de una mina ya existente (en lugar de la construcción de una nueva), la aprobación de la EIA atrajo poca atención más allá de Cajamarca. En un boletín, Minera Yanacocha afirmó que la aprobación de la EIA le daba a las comunidades una garantía de que los compromisos de la empresa serían cumplidos y le otorgaba al Estado una herramienta para el monitoreo y control ambiental. La expansión propuesta se hizo tal como se planeó, y el reservorio San José, que era central en el plan de manejo de agua de la empresa, fue inaugurado por el presidente Alan García en abril de 2008.

Los conflictos todavía emergen en forma reiterada en las comunidades vecinas a la mina Yanacocha, y los críticos continúan refiriéndose a la falta de transparencia de la empresa, a los inadecuados procesos de consulta comunal y a la ausencia del Estado. En su crítica del proceso de EIA, los activistas ambientales en el Perú y en otros lugares se centran en los beneficios de la participación y en las formas de hacerla más significativa. Los investigadores también sugieren que la participación pública tiene beneficios tanto directos como indirectos, entre los que se incluyen el empoderamiento y el aprendizaje social individual y de la comunidad (Fitzpatrick y Sinclair 2003). En términos prácticos, los cambios en el proceso de la EIA podrían hacerse mediante una adecuada notificación cuando se presenta un proyecto para su aprobación, facilitando el acceso a la información, proporcionando financiación gubernamental para que el público participe en forma adecuada en el proceso de revisión e involucrando a las comunidades en la toma de decisiones desde las primeras etapas de la planificación del proyecto (Sinclair y Diduck 2009). En el Perú, la presión pública ha llevado a cambios en el proceso de la EIA, tales como un mayor énfasis en los impactos sociales de un proyecto minero y en los requisitos para realizar sesiones de información en las comunidades afectadas por el proyecto. Estos cambios son deseables, y no estoy sugiriendo que la solución sería menos participación pública, transparencia y rendición de cuentas.

Lo que he argumentado en este capítulo, sin embargo, es que los mecanismos de rendición de cuentas requieren un análisis diferente del rol del Estado, las empresas, las ONG y los actores comunales. He sostenido aquí que la EIA encomienda a las empresas la tarea de crear un inventario de los recursos naturales y de las comunidades locales que establezca las características de un lugar y lo haga concebible en términos científicos. La EIA pone de manifiesto los riesgos potenciales de un proyecto propuesto, pero el que estos riesgos se hagan visibles depende de la capacidad de la empresa para hacerlos técnicamente manejables. Una vez que la empresa ha establecido un plan de gestión, le deja al Estado el rol rutinario de monitorear indicadores ambientales y verificar estándares de desempeño que las mismas empresas han ayudado a definir. No obstante, la forma de la EIA y el proceso de hacerlo público crean una imagen de consenso, cooperación con las comunidades locales y afirmación del Estado.

Esta es la esencia de la colaboración que la EIA encarna, en la medida que incorpora en su elaboración y evaluación a instituciones del Estado, empresas, consultores, comunidades y organizaciones civiles. Al incluir una amplia gama de "participantes", la colaboración desvía la autoría y traslada el foco de la rendición de cuentas empresarial hacia una responsabilidad compartida. El participante se convierte en cómplice de la coproducción del documento y, por lo tanto, se espera que comparta los beneficios —y los riesgos— del conocimiento que este contiene.

# CONCLUSIONES

## La expansión de las fronteras de extracción

*Yo quisiera que no sea una marcha política sino técnica, que realmente los líderes hagan ver cuál es el problema que ellos ven en el agua.*[1]

*Cuentan que si un ministro dice "técnico" tres veces frente al espejo aparece un duende que soluciona conflictos sociales.*[2]

Cuando volví para una visita en mayo de 2012, Cajamarca era la sede de un conflicto más que añadir a la empañada imagen empresarial de Minera Yanacocha (véase imagen C.1). Se estaban llevando a cabo protestas en las provincias de Cajamarca y Celendín, las que se verían afectadas por el más reciente proyecto de la empresa: Minas Conga. Los depósitos minerales de Conga fueron descubiertos en 1990, y

1. Primer ministro Óscar Valdés, 9 de febrero de 2012 (Agencia de Noticias Reuters).
2. Gregorio Santos, presidente regional de Cajamarca, marzo de 2012 (publicado en Twitter).

Minera Yanacocha inició los trabajos de exploración en 2004. En 2011, la empresa anunció una inversión de $4800 millones, lo que la convertía en la más grande inversión realizada en la historia de la minería peruana. Se había definido que la producción se iniciaría en 2014, y las actividades de preproducción estaban en curso cuando se intensificaron las protestas en contra del proyecto. Al igual que en muchos conflictos recientes, las protestas en contra de la minería se centraron en el tema del agua. Para llegar al depósito mineral, la empresa tendría que drenar dos lagunas y convertir otras dos en depósitos de roca de desecho.

En muchos sentidos, el conflicto Conga parecía una repetición de las múltiples protestas que se habían dado en Cajamarca y otros lugares del país, pero existían también algunos cambios significativos. Un nuevo presidente, Ollanta Humala, había juramentado a su cargo en julio de 2011. El señor Humala, un exoficial del Ejército, condujo su campaña sobre la base de una plataforma de centro-izquierda que reconocía la necesidad de redistribuir la riqueza del país de manera más equitativa, manteniendo al mismo tiempo una economía abierta. En la segunda vuelta electoral logró una estrecha victoria sobre su oponente, Keiko Fujimori, la hija del expresidente Alberto Fujimori. El respaldo a Humala provino, en parte, de los sectores pobres y marginados de la población, muchos de ellos campesinos insatisfechos con las promesas incumplidas de la actividad extractiva. A inicios de 2011, durante su campaña en la ciudad de Cajamarca, el señor Humala le prometió a su audiencia en la plaza de Armas que defendería los recursos hídricos frente a la actividad minera, "Porque ustedes no toman ni comen oro, pero nosotros tomamos agua, nuestros hijos toman agua… la agricultura necesita agua". La multitud ovacionó al señor Humala, y su respaldo se tradujo en votos que contribuyeron a que ganara las elecciones presidenciales más tarde, ese mismo año.

El presidente regional de Cajamarca, Gregorio Santos, sumó fuerzas con grupos opuestos al proyecto Conga. En diciembre de 2011, su gobierno aprobó la Ordenanza Regional n.° 036 para proteger la tierra frente al desarrollo del sitio minero propuesto. La

*Imagen C.1.* Los manifestantes y la policía se encuentran nuevamente en las calles de Cajamarca durante las protestas por Conga en 2012.

postura crítica del gobierno regional marcó un giro con respecto a gobiernos previos que tenían una posición más favorable o ambigua con relación a la actividad minera, y brindaba recursos y respaldo institucional para las movilizaciones en contra de Conga. Cuando estalló el conflicto, la minería era un asunto nacional clave, y había logrado acaparar una atención sin precedentes de los políticos y la prensa. Existía también una mayor conciencia popular acerca de los temas mineros en el Perú y más allá, en la medida en que los conflictos habían pasado a ser el centro de atención de documentales, medios alternativos y campañas internacionales. En febrero de 2012, el conflicto Conga inspiró una marcha nacional por el agua que partió simbólicamente desde las lagunas. El padre Arana fue uno de los principales organizadores del evento, el cual atrajo a personas de diversas partes del país que se congregaron en el centro de la ciudad de Lima. Además, Conga inspiró un conjunto de acciones de protesta, incluidas peticiones internacionales y activismo solidario que involucró a algunas ONG de España y Bélgica.

El conflicto Conga condensa la política de la extracción que he descrito en este libro. Al igual que los otros conflictos discutidos en capítulos previos, la controversia Conga era una mezcla de ciencia y política; no obstante, los esfuerzos realizados para abordar los problemas intentaron separar lo técnico de lo político. En el epígrafe inicial, el entonces primer ministro Óscar Valdés expresa su deseo de que los manifestantes se centren en la evidencia "técnica" para respaldar sus demandas acerca de la contaminación del agua, en vez de poner en escena una marcha "política". Mientras tanto, el comentario irónico de Gregorio Santos en el segundo epígrafe se mofa del supuesto de que los argumentos técnicos resolverán los conflictos, apuntando a una dependencia excesiva de la experticia científica en desmedro de las demandas morales y políticas (véase Grieco y Salazar-Solier 2013).

Uno de los aspectos más destacables del conflicto Conga fue la manera en la que el proyecto de evaluación de impacto ambiental (EIA) llegó a monopolizar los debates referidos a la expansión minera. La respuesta del gobierno ante el malestar en Cajamarca fue doble: por un lado, encargó a una comisión de expertos la revisión de la EIA de Conga y la evaluación de los potenciales impactos ambientales del proyecto; de otro lado, desplegó personal militar y policial en las áreas de conflicto y declaró el estado de emergencia en un intento de sofocar las protestas. Al igual que en conflictos previos, en el caso de Conga, la controversia también se centró en el agua, lo que contribuyó a movilizar a las comunidades y a generar solidaridad pública. Específicamente, las lagunas eran el meollo del conflicto, por lo que se formularon argumentos en pro y contra del proyecto. En este capítulo final, quiero dilucidar las maneras en las que los argumentos en pro y en contra fueron desplegados como "ciencia" o "creencia", y cómo los conocimientos expertos y no-expertos se integraron y diferenciaron en los debates acerca del proyecto Conga. Prosigo explorando la construcción de equivalencias en las controversias ambientales y la naturaleza de la política en un contexto de continua expansión minera. Por último, reflexiono acerca de lo que nos pueden decir los conflictos discutidos en este libro con respecto al futuro de la extracción de recursos y el activismo político en la región latinoamericana.

## El agua en los conflictos sobre la minería

Una de las fotografías que más circuló durante las protestas por Conga mostró a la gente reunida alrededor de la laguna El Perol. Algunos de los hombres usan sombreros de paja y ponchos, la indumentaria distintiva de las comunidades campesinas de Cajamarca. Un bloguero limeño la tituló "el abrazo de la laguna", señalando el poderoso impacto de la imagen y la importancia de una protesta tan distinta a las que se dan en las calles y plazas urbanas, las cuales les son más familiares a los habitantes citadinos (Ilizarbe 2011). Las lagunas de Conga (lagunas Azul, El Perol, Chica y Mala) se convirtieron en emblemáticas en el conflicto, y surgieron los "guardianes de las lagunas" como sus heroicos protectores. Estos guardianes eran campesinos provenientes de las provincias de Bambamarca y Celendín para protestar en contra del proyecto minero, e incluían a un pequeño grupo que había acampado cerca de las lagunas para garantizar que la empresa minera no procediese con ninguna de las obras en el área. Grupos de policías pertenecientes a la División Nacional de Operaciones Especiales (DINOES) fueron enviados para proteger el área que Minera Yanacocha consideraba que era propiedad privada. Los observadores han señalado la problemática amalgama de intereses estatales y empresariales, y la medida en que las empresas mineras contratan a empresas de seguros, las que, a su vez, contratan a policías que se encuentran fuera de servicio y a quienes se les permite utilizar propiedad del Estado, tal como armas, uniformes y municiones (Kamphuis 2011). Alrededor de la laguna, los policías guardaron precariamente su distancia con los campesinos, observándose entre sí.

Las lagunas se convirtieron en un lugar de peregrinaje a medida que los activistas organizaban manifestaciones e invitaban a periodistas y observadores a ver de primera mano el área que sería destruida por la mina. Una de estas visitas fue organizada para dos sacerdotes, Gastón Garatea y Miguel Cabrejos, quienes fueron designados por el gobierno para que faciliten el diálogo con la intención de poner punto final al conflicto. Ellos emprendieron viaje en una caravana de treinta vehículos que transportaban a representantes del gobierno local y a organizaciones de activistas, y se reunieron con unos 3000 campesinos provenientes de las comunidades aledañas, quienes los esperaban en las lagunas para expresar sus preocupaciones acerca del proyecto. "La gente defiende lo que Dios ha creado, no cambiaremos el agua por todo el dinero del mundo", dijo un residente de El Tambo, subrayando que sus canales de riego se verían afectados por el proyecto (Matta Colunche 2012). El alcalde de Bambamarca les ofreció a los sacerdotes trucha pescada en las lagunas para así refutar las afirmaciones de la empresa sobre que el agua no era apta para el uso y consumo humanos.

Con antelación al viaje de la delegación a las lagunas, otras visitas fueron facilitadas por el gobierno regional y por grupos de activistas, que ofrecieron transporte para llevar a la gente desde la ciudad y otras comunidades a un área que la mayoría jamás había visto. A través de esta experiencia de atestiguamiento, los visitantes obtuvieron una mayor sensación de conexión con el área. Las lagunas de Conga pasaron a ser centrales en el conflicto, como había sucedido con el cerro Quilish durante las protestas del año 2004 en contra del proyecto de expansión de Yanacocha. Tal como describí en el capítulo III, en ese caso, los debates acerca de la minería se centraron en si el cerro Quilish era un *Apu* o una montaña acuífera "sagrada". Mucha gente, incluidos representantes de la empresa, acusaron a los activistas de introducir la idea del *Apu* donde nunca antes había existido. He sostenido que el cerro Quilish no fue ni "inventado" ni preexistente; más bien, su identidad como *Apu*-acuífero-montaña sagrada apareció y adquirió relevancia política de modos que ayudaron al movimiento en contra de la mina. El agua es un entramado de relaciones entre humanos y otros-seres-no-humanos que son sostenidos a través de las prácticas cotidianas. Si el agua es analizada como un conjunto de relaciones, antes que como una sustancia estable con propiedades inherentes, podemos ver cómo son construidos los recursos y cómo cambian su forma, reconfigurando así a los colectivos en torno a ellos. Las lagunas, las cuencas, los ríos, los canales y los contaminantes no son características fijas, inmutables, del paisaje. Su importancia —y sus propiedades físicas— cambió a medida que la empresa alteró el paisaje y a medida que cambió también la relación de la gente con el paisaje y con Minera Yanacocha.

De manera similar, en el caso Conga, las lagunas emergieron como entidades importantes a lo largo del curso de las interacciones y confrontaciones entre la gente y la empresa minera. Al igual que el cerro Quilish, las lagunas eran cosas diferentes para diferentes actores. En las campañas de los activistas, las lagunas aparecían prominentemente por su rol como una fuente de agua y praderas para los animales. El área del proyecto, señalaban los activistas, se encontraba en las cabeceras de cinco cuencas. Por la forma en la que la gente se refería al proyecto Conga también fue evidente la importancia afectiva de las lagunas —su belleza, su significado para la vida en el campo y otras propiedades intangibles las hacían merecedoras de protección—.

Para la empresa minera, por otro lado, las lagunas eran un depósito de agua que podía ser sustituido por reservorios artificiales y un sistema de gestión del agua. En respuesta a esta propuesta, los activistas argumentaron que el valor de las lagunas no podía ser compensado con reservorios o beneficios económicos. Los materiales educativos producidos por las ONG, incluidos calendarios, panfletos y páginas web, presentaban fotografías de una laguna de azul intenso y flores silvestres, imágenes que coincidieron con las narrativas de una naturaleza prístina que no había sido manchada por el desarrollo industrial. Sumadas a estas narrativas de los activistas, estaban las experiencias vividas de los campesinos y sus interacciones con un paisaje agentivo. Me contaron que los habitantes de las comunidades aledañas, cuando viajaban largas distancias a pie, tenían miedo de pasar la noche cerca de las lagunas debido al murmullo de voces en medio de la noche. Al traducir tales relatos, los activistas invocaban el significado especial de las lagunas para los pobladores locales. Al igual que con las campañas por el cerro Quilish, el lenguaje de lo "sagrado" aparecía ocasionalmente en la cobertura mediática y en los escritos de los activistas para describir las lagunas. De este modo, con los intereses de los activistas y las narrativas en contra de la mina confluyeron varias formas de conocimiento y experiencia. Estos encuentros de conocimientos fueron producidos a medida que estos diversos actores se reunieron en respuesta a la expansión minera.

Al igual que en el caso de las protestas por el cerro Quilish, el conflicto Conga podría ser comprendido en función de diferencias ontológicas, donde las lagunas y las montañas no son tan solo meros depósitos de agua y minerales, sino que son seres agentivos que exigen respeto. Sin embargo, el núcleo del conflicto acerca de las lagunas también nos debe recordar que lo que con frecuencia es glosado como "conocimiento local" no es una entidad fija. Más bien, los argumentos que apelan al "conocimiento indígena" y a las "tradiciones andinas" son siempre producidos a partir de encuentros locales-globales. Los argumentos de las personas acerca de las lagunas y montañas no se basan en conocimientos o prácticas culturales ya establecidos, sino que emergen a partir de sus interacciones con otros actores (incluidos los ambientalistas, los políticos y las empresas). Sus demandas son esfuerzos destinados a hablar a través de la diferencia e involucrarse con un público más amplio que pueda abordar sus preocupaciones (Brosius 2006).

Al mismo tiempo, lo que se glosa como "ciencia" en las campañas de los activistas y de las empresas debe también entenderse como formas de conocimiento que son coproducidas en el curso del conflicto. Al igual que el "conocimiento local", las afirmaciones científicas no son preestablecidas, objetivas y fijas. Por el contrario, la información relativa a los impactos de la actividad minera —ya sea acerca de la contaminación, la gestión del agua o el ciclo hidrológico— fue permanentemente reevaluada y desafiada. Las campañas de relaciones públicas de la empresa tuvieron que abordar las preguntas y preocupaciones planteadas por los activistas, y la información difundida por la empresa, a su vez, dio forma a la manera como las organizaciones estructuraron sus propias campañas en contra del proyecto. Este proceso incrementó la dependencia de todas las partes —incluidas las instituciones estatales— de los argumentos científicos y técnicos en torno a cuestiones relativas al agua.

La centralidad del agua en los conflictos recientes atrae la atención sobre los efectos materiales específicos de las tecnologías de la minería moderna, las cuales contribuyeron también a los debates emergentes. A medida que el conflicto Conga empezaba a tomar forma, circularon historias acerca de campesinos que se percataron de que los manantiales en el área de las lagunas se habían secado. La gente no hablaba de las lagunas en la misma forma que antes del conflicto, al igual que el cerro Quilish, que adoptó varias formas a lo largo del curso de la disputa con Minera Yanacocha. No obstante, la relación de la gente con las lagunas estuvo influida por cómo ellos experimentaron los efectos de la mina en el paisaje. A lo largo de casi veinte años de coexistencia con la empresa minera, la gente había escuchado acerca de la usurpación de tierras, los daños a los canales de regadío y las muertes de animales y peces. Ellos habían sido también testigos directos de la gradual expansión de la mina sobre el terreno, la reducción de los caudales de agua y la desaparición de los manantiales. Las operaciones de la mina abarcaban antiguas praderas, manantiales e infraestructura de riego; el agua proveniente de todas las fases del proceso minero tenía que ser tratada antes de ser soltada en el medioambiente. Estas actividades reconfiguraron la relación de la gente con los recursos hídricos, y las comunidades amenazadas por el proyecto Conga temían que ellas también pudiesen llegar a experimentar los mismos efectos en sus modos de vida.

Estos cambios muy tangibles, ocasionados por las modernas tecnologías mineras, produjeron un tipo diferente de conflicto en comparación con los experimentados previamente en otras regiones mineras del país. A diferencia de las minas de socavón o de la minería informal a pequeña escala, la minería química a tajo abierto interrumpió los cursos de agua, lo que introdujo al mismo tiempo nuevos elementos en el debate: sustancias tóxicas, escorrentías, y manantiales y lagunas amenazados. Las particulares características del paisaje de Cajamarca no eran tan solo un telón de fondo de los conflictos sino que los animaron de maneras inesperadas.

## Conocimiento, experticia y evaluación de impacto ambiental

En la memoria popular, el movimiento en contra de la minería en el cerro Quilish fue descrito como la expresión de una movilización de base, horizontal en su organización y sin un líder central. Amigos activistas que estuvieron involucrados durante las protestas, recordaron el encuentro de campesinos y citadinos, de estudiantes y sindicatos de maestros, de jóvenes y ancianos. Para el conflicto Conga, el panorama de la protesta portaba algunas similitudes con las movilizaciones por el cerro Quilish, pero, asimismo, las diferencias eran evidentes. Esta vez, las rondas campesinas jugaron también un rol clave en la movilización del campo. Los maestros sindicalizados y otros habitantes urbanos se unieron igualmente a las marchas en la ciudad, pero los participantes rurales fueron considerados como los actores centrales. Día tras día, desde el comienzo de la huelga general del 31 de mayo, los delegados de los campesinos se congregaron en la plaza central de Cajamarca, mientras otros se reunían en la ciudad de Celendín y en la zona de las lagunas.

El clima político en Cajamarca había atravesado algunos cambios significativos, entre los cuales el principal era la creación de un partido político denominado Tierra y Libertad, fundado por el padre Marco Arana. El paso del padre Arana de la Iglesia a la política organizada disgustó a mucha gente —no solo a las autoridades católicas, sino también a su familia, amigos cercanos y a quienes lo respaldaban—. Las pretensiones nacionales del partido convertían al padre Arana en un potencial candidato presidencial, aunque sus intenciones de lanzar su candidatura tan solo fueron sugeridas (especialmente por sus detractores) y no fueron confirmadas cuando el conflicto Conga irrumpió en la escena política. Cuando él les solicitó a sus superiores permiso para involucrarse en la actividad política fue revocado su privilegio de celebrar misa en la iglesia de la parroquia de Guadalupe. Gradualmente, sus actividades con Tierra y Libertad lo alejaron de sus obligaciones religiosas y él redujo su participación en Grufides.

Bertha, una abogada que dirigía una pequeña ONG y que había estado participando del activismo en contra de Minera Yanacocha desde que llegó la mina, se sintió desilusionada con lo que ella percibía como la politiquería que acompañaba al conflicto Conga. "Los intereses políticos se han vuelto más visibles", dijo, y las divisiones entre partidos políticos ahora eran más evidentes que durante las movilizaciones por el cerro Quilish. Otros amigos que habían estado en las protestas del anterior conflicto realizaron las mismas observaciones, y muchos dejaron de participar en las protestas, aun cuando se oponían al proyecto Conga. Al igual que otras personas que habían sido cercanas a él, Bertha siguió respetando al padre Arana, pero tras respaldar la inscripción del partido, ella se distanció del mismo. Algunos miembros de Grufides y de la comunidad de las ONG optaron, también, por no participar en el partido, aun cuando antes habían puesto sus esperanzas en la construcción de un movimiento político que pudiera desafiar el *statu quo*. Lo que desanimó a Bertha fue la asociación de Tierra y Libertad con lo que ella llamó "la política tradicional y su conexión con la vieja guardia de los partidos izquierdistas". Tampoco estaba convencida de que su plataforma representara un cambio significativo en temas como los derechos de las mujeres y el medioambiente. Bertha y otros que originalmente habían prestado su apoyo, ahora criticaban la decisión del partido de volverse nacional en vez de construir una base de apoyo y tener candidatos que se lancen en las elecciones locales y regionales (en las que muchos creían que el padre Arana podría haber logrado una fácil victoria). Muchos percibieron esto como un error de juicio, como una señal de que el padre Arana y los altos rangos del partido tenían la mirada puesta en la presidencia.

El padre Arana fue una de las tres personas identificadas en los medios de comunicación como "liderando" las protestas de Conga. Otro era un abogado que había estado en la cárcel por su asociación con el grupo subversivo MRTA (Movimiento Revolucionario Túpac Amaru) durante la década de 1980. Finalmente, estaba Gregorio Santos, el presidente regional, quien tenía una historia de participación en los sindicatos de maestros, las rondas campesinas y el partido comunista Patria Roja. En varias versiones del conflicto (desde los informes de los medios, pasando por los comunicados de la empresa, hasta los comentarios de los habitantes de la ciudad), los intereses políticos de estos líderes clave fueron puestos en primera plana. Se decía que los tres abrigaban ambiciones políticas que iban más allá de detener el proyecto minero. En algunos casos, las versiones que pusieron en la mira la personalidad de estos líderes fueron un intento de deslegitimar a los manifestantes al establecer una oposición entre la "política" y una aproximación técnica al conflicto basada en el análisis de estudios ambientales y las estrategias de mitigación planteadas. El lenguaje de la experticia fue utilizado para alejar el debate de la "política" y dirigirlo hacia sus dimensiones técnicas, algo que se hizo buscando concentrar la atención en la evaluación de impacto ambiental del proyecto propuesto.

La EIA de Conga fue aprobada por el gobierno del presidente Alan García en 2010, más de un año antes que los activistas llamaran a un paro general indefinido para el 24 de noviembre de 2011. Cuando empezaron a surgir las tensiones, el presidente Ollanta Humala declaró un estado de emergencia de sesenta días en tres zonas de Cajamarca. También en noviembre de 2011, fueron filtrados a la prensa los comentarios críticos del ministro del Ambiente, Ricardo Giesecke, haciendo públicas algunas deficiencias metodológicas y técnicas de la EIA. El informe señalaba que el proyecto Conga "[transformaría] de manera significativa e irreversible la cabecera de cuenca, desapareciendo varios ecosistemas y fragmentando los restantes, de tal manera que los procesos, funciones, interacciones y servicios ambientales serán afectados de manera irreversible" (Gorriti 2011). Un tema clave de disputa fue el impacto de la mina en cuatro pequeñas lagunas ubicadas en el área del proyecto. El informe señalaba que usar dos de estas lagunas como depósitos de roca de desecho sería más económico para la empresa, pero que no era la única alternativa disponible.

Con el fin de calmar a los manifestantes y reducir la oposición pública al proyecto, el gobierno pidió un peritaje, un informe de expertos que revisaría los resultados de la evaluación de impacto ambiental de Conga. Tres consultores provenientes de Portugal y España tuvieron cuarenta días para revisar los contenidos de la EIA y produjeron un informe que contenía algunas recomendaciones, aunque, en última instancia, respaldaba las afirmaciones de la empresa. El informe fue presentado al público en abril de 2012. Por la misma época, las ONG contrataron al hidrólogo Robert Morán para que planteara sus observaciones a la EIA. Este informe alternativo fue encargado y financiado por el Environmental Defender Law Center, con sede en los Estados Unidos, y el respaldo logístico de Grufides. El señor Morán basó su informe en un viaje de veinte días al Perú, el cual incluyó una visita a la zona del proyecto y la revisión de entre 9000 y 10.000 páginas contenidas en la EIA (Morán 2012), y presentó sus hallazgos en marzo de 2012.

¿Por qué estos instrumentos (la EIA y los informes relacionados) se convirtieron en actores clave del conflicto? ¿Por qué la gente apoyó la idea de revisar la EIA? ¿De quién fue la idea de realizar el peritaje? El peritaje podría ser visto simplemente como la manera en la que el gobierno buscó justificar el proyecto y "comprar" el respaldo de los consultores internacionales. Los hallazgos (predecibles) de los informes —según el señor Morán, estos, en esencia, reflejaban los de la empresa— no fueron una sorpresa. Los activistas, sin darse cuenta, contribuyeron a la idea del peritaje y ayudaron a colocarlo en la agenda del gobierno. La EIA terminó ubicándose en el centro del conflicto, aun cuando los opositores reconocieron que los temas no podían ser abordados a través de sus dimensiones técnicas. El Estado, la empresa y los activistas emplearon la EIA y los estudios relacionados con diferentes fines y con diferentes expectativas.

La EIA le permitió al Estado afirmar que el proyecto era adecuado en términos ambientales y que el informe de los expertos fortalecía la legitimidad del documento. Tal como he demostrado en el capítulo V, las prácticas de rendición de cuentas y transparencia, tales como las evaluaciones y auditorías ambientales, independientemente del contenido de documentos tales como la EIA, pueden tener el efecto de facilitar la extracción de recursos. A través del proceso de la EIA, las empresas establecen las características físicas de un proyecto y los estándares de desempeño, colocando así al Estado en un rol secundario. Los ministerios del gobierno deben mostrar que las empresas están cumpliendo las medidas ambientales y otros estándares de buenas prácticas, pero esos son estándares que las empresas han contribuido a definir a través de sus propios estudios de línea de base, códigos voluntarios de conducta y planes de mitigación ambiental. La EIA de Conga le permitió a la empresa presentar información acerca de los impactos del proyecto y los planes de mitigación previstos para tratarlos.

En el conflicto Conga, la excesiva dependencia en la experticia técnica condujo a una situación en la que todas las partes involucradas —tanto a favor como en contra de la mina— se sintieron obligadas a presentar sus demandas en el lenguaje técnico de la gestión ambiental. Desde hace mucho, los activistas han criticado las EIA debido a su inadecuación y siguen pidiendo que se realicen informes independientes. Cuando hablé con un miembro de Grufides, él reconoció que, en algún punto del camino, también su organización podría haber contribuido a la idea de realizar el peritaje. Recordó que en las múltiples reuniones realizadas con el gobierno y representantes de la empresa antes del conflicto, Grufides y otras organizaciones comunitarias sugirieron que la EIA debía ser reexaminada, y que esta propuesta fue interpretada literalmente. Varias organizaciones locales formaron un comité para proponer soluciones al conflicto, y sus recomendaciones terminaron siendo el anteproyecto del peritaje. La producción colectiva del peritaje constituye un ejemplo de la forma en la que se dan las colaboraciones no previstas en el contexto de los conflictos mineros, congregando a actores con puntos de vista divergentes y posibilitando que sus intereses se aglutinen.

El énfasis puesto en la EIA, el monitoreo del agua y otros estudios ambientales han canalizado las energías de los activistas hacia los contraargumentos técnicos. Esta no siempre es una buena vía para el activismo, puesto que requiere recursos y experticia de los que las ONG con frecuencia carecen. Al mismo tiempo, los activistas están obligados a responder a los argumentos técnicos presentados por las empresas y a utilizar sus propios datos para darle mayor validez a su posición. A pesar de su escepticismo acerca del proceso de la EIA y la ciencia auspiciada por la empresa, muchos activistas colocaron sus esperanzas en el conocimiento experto y contaron con aliados que pudiesen fortalecer sus afirmaciones en contra de la empresa. Dicho en términos más específicos, la fe en el uso de la contraciencia estuvo basada en las experiencias exitosas previas, tales como la revisión realizada por Robert Morán (2001a) de la EIA de Tambogrande. Desde esa época, el señor Morán había adquirido una reputación internacional por su trabajo con las comunidades opositoras a la actividad minera y empezó a ofrecer sus servicios a un conjunto de ONG que trataban temas mineros.

La *performance* del conflicto a través de la EIA les ofreció a todas las partes involucradas la legitimidad del dato técnico y el lenguaje de la experticia. Para aquellos que se opusieron al proyecto, la EIA representó una oportunidad para desafiar la viabilidad de la mina. La ciencia requerida por el movimiento anti-Conga y los estudios alternativos como el de Robert Morán fueron una *performance* equivalente al peritaje. Los activistas no creían necesariamente que un informe independiente modificaría el resultado del conflicto, ni que produciría observaciones y recomendaciones confiables. En efecto, para muchos, el proyecto era simplemente inviable, y ninguna cantidad de datos técnicos podría haber cambiado eso. Para los activistas, la revisión de la EIA era una manera de detener el proyecto, una medida desesperada ante la presencia de una amenaza apremiante y aparentemente imparable.

Mientras tanto, la empresa tenía la esperanza de que, al centrarse el conflicto en los aspectos técnicos, podría convencer al público acerca de los beneficios del proyecto. Los esfuerzos de relaciones públicas de la empresa reflejaron el supuesto de que dando mayor información se disiparía lo que ellos percibían como medias verdades e ideas equivocadas —en otras palabras, "creencias" que no se basaban en una ciencia sólida—. Esto fue específicamente evidente tras la publicación del informe Morán, al cual la empresa respondió en detalle en su página web. Los funcionarios de la empresa con los que hablé atribuyeron también la difusión de la desinformación a la intervención de actores locales e internacionales. Al igual que los funcionarios de la empresa, el gobierno de Humala tenía la esperanza de ganar la confianza del público brindándole más información, pero, de hecho, la manera en la que se desarrolló el conflicto resalta la falta de confianza de la gente en la autoridad del Estado. Tal como anota Wynne, "Las respuestas públicas a los riesgos y a la información sobre estos se basa racionalmente en su experiencia y juicio acerca de la credibilidad y confiabilidad de las instituciones que afirman estar a cargo" (1992: 281). Incluso antes que los resultados del peritaje fueran difundidos, la falta de confianza de la gente en el gobierno hizo que fuera poco probable que se aceptaran como legítimas las observaciones de los expertos.

Dado que los críticos y aliados de la empresa ya habían establecido posiciones, los informes técnicos no brindaron ninguna información nueva o diferente, sino que terminaron reforzando aquellas posiciones, abonando así a su inconmensurabilidad. En vez de conducir al diálogo y a una resolución del conflicto, tal como el gobierno esperaba que sucediera, la dependencia de los estudios e informes técnicos contribuyó a solidificar los puntos de vista opuestos. Ambas partes se atrincheraron aún más en sus posiciones en vez de encontrar un terreno intermedio (Wynne 1992).

El proceso de la EIA y el enfoque del conflicto Conga en los aspectos técnicos del proyecto se cimienta en lo que he denominado la "lógica de la equivalencia". La mitigación ambiental supone la posibilidad de entradas y salidas equivalentes, y una conciliación de resultados positivos y negativos. La creciente atención puesta en los aspectos ambientales de un proyecto, incluyendo las disputas sobre la calidad y cantidad del agua, han hecho que, a menudo, las soluciones técnicas tengan prioridad y se presenten como evidencia de la responsabilidad social. En el caso de Conga, el debate giró en torno a las lagunas en el sitio del proyecto y la cantidad de agua que aportan a las comunidades locales aguas abajo. Para la empresa, la solución al problema era presentar un programa de gestión del agua que incluía la construcción de cuatro reservorios en función de la cantidad de agua que contenía cada laguna. Los argumentos presentados por la empresa, así como sus críticas, se basaban en diferentes formas de aprehender el significado de las lagunas, su vinculación con otros cuerpos de agua y la cantidad de agua que aportaban a la cuenca y a las comunidades de los alrededores. Cada una de estas ópticas fue respaldada por los estudios técnicos y los documentos producidos por los actores a favor y en contra del proyecto.

Las poblaciones locales y las ONG y ambientalistas que las respaldaban sostenían que el proyecto destruiría los manantiales cuenca abajo que eran cruciales para las comunidades. Estas también percibían las lagunas como parte de un sistema mayor, antes que como entidades aisladas, tal como eran descritas en la EIA. Un panfleto distribuido por Grufides, producido con la colaboración de dos ONG españolas, enfatizaba las amenazas para los recursos hídricos en un sistema de alta montaña caracterizado por la presencia de ichu y bofedales. El área del proyecto es descrita como sigue: "Este ecosistema actúa como una esponja hídrica, puesto que permite la captura y filtración de agua de lluvia y la humedad de la niebla, recargando el nivel freático y generando manantiales y ríos cuenca abajo. Por lo tanto, este sistema está completamente interconectado y cualquier afectación en un punto singular implica a todo el sistema". Las ideas de un sistema interconectado y de una "esponja hídrica" que mantienen el agua fueron también esgrimidas durante las campañas del cerro Quilish, y estos argumentos en contra de la mina fueron comúnmente repetidos en los conflictos subsiguientes.

La revisión alternativa de la EIA realizada por Robert Morán enfatizaba también que las aguas superficiales y las aguas subterráneas, así como los manantiales, están interconectados. En su informe se expresa así: "La geología de buena parte del área del proyecto es de rocas volcánicas y kársticas, con fallas y fracturas, junto con sedimentos glaciales, los cuales son conductores de agua. Imágenes de satélite y estudios geológicos estructurales indican que muchas de las lagunas de la zona están ubicadas sobre fallas y fracturas, algunas posiblemente relacionadas a estructuras volcánicas colapsadas (calderas). Toda esta información indica que las aguas de superficie y del subsuelo estarían interconectadas, y se verían afectadas si es que son sometidas a un estrés hidráulico a largo plazo" (Morán 2012: 3). En oposición a este punto de vista de un sistema interconectado, la EIA de Conga sugirió que la roca que se encontraba por debajo de los depósitos de deshecho propuestos era impermeable. El señor Morán sostuvo que la EIA no proporcionaba una evidencia adecuada para probar este punto. No obstante, este fue el argumento repetido en los materiales de relaciones públicas de la empresa y por los ingenieros de Yanacocha.

En una entrevista, el especialista en agua de Minera Yanacocha cuestionó la veracidad de las afirmaciones hechas por los opositores al proyecto Conga. Él sostuvo que alguna gente piensa que existen manantiales por todos lados, cuando, de hecho, son tan solo "charcos de agua". Durante la estación lluviosa hay muchos charcos, pero esto no los convierte en una fuente de agua. Tras un mayor debate, él reconoció que existen algunos manantiales en la zona, pero volvió al argumento manidamente repetido por la empresa acerca de que todo genera un impacto, y que estos impactos simplemente requieren ser manejados. La pérdida de algunos manantiales que él consideró insignificantes (en cuanto a caudales de agua) no significa que la gente cuenca abajo se quedaría sin suficiente agua. En efecto, el especialista enfatizó que el propósito de la empresa era el de mejorar las condiciones para la gente local mediante el abastecimiento de "más agua, más riego, más pastos, más animales y mayores ingresos". Él percibía tanto a las lagunas como a los manantiales como agua estancada que de otro modo no sería utilizada, o que simplemente desaparecería durante la estación seca.

Desde su punto de vista, las lagunas existen independientemente del ecosistema mayor, una perspectiva que aísla el agua de sus conexiones y relaciones. Dijo que las lagunas se asientan encima de un material impermeable de tipo arcilloso, lo que impedía que se filtrara el agua hacia la capa freática. De este modo, las lagunas están desconectadas de otros cuerpos de agua, y de las relaciones humanas y no-humanas que conforman la vida en el campo, y de las que la gente depende con el fin de sostener ese modo de vida. La imagen de las lagunas como entidades aisladas contradice la manera en la que la población local presentó a las lagunas en las campañas en contra de la mina. Aislar el agua de sus relaciones (ya sea en el caso de las lagunas, los manantiales o los canales de riego) era algo necesario para establecer equivalencias técnicas (o monetarias). Sin embargo, tales equivalencias no dieron cuenta de las diferencias subyacentes que hacían que fuera imposible reconciliar puntos de vista opuestos.

Las equivalencias tienen el efecto de descalificar los argumentos discrepantes, los cuales son rebajados a "creencias", al mismo tiempo que se privilegia el conocimiento de los expertos (aun si la información que presentan es necesariamente parcial). Una manera usual de presentar argumentos críticos a la actividad minera es desestimándolos, ya sea como "política" o como "creencia". En el primer caso, el activismo antiminero es un intento de manipulación para obtener ventajas políticas, personales o económicas. En el segundo caso, los argumentos en contra de la mina son un rechazo empecinado a lo que la empresa presenta como hechos indiscutibles. Durante nuestra conversación, el especialista en agua de Minera Yanacocha me hizo una pregunta hipotética: "¿Crees en Dios?", preguntó. Lo que él quería decir era que las afirmaciones de los manifestantes se encontraban más allá de la razón —la creencia no es algo acerca de lo cual pueda argumentarse, dado que no se basa en información factual o evidencia empírica—. Sin embargo, para él, la evidencia técnica está libre de política y de creencia.

La retórica empresarial y estatal se centró en la idea de que la ignorancia y los intereses políticos invalidaban los argumentos de los activistas en contra de la expansión minera. Más aún, los representantes de la empresa no percibían todo conocimiento "experto" como equivalente, puesto que ellos también consideraban que los argumentos técnicos presentados por los activistas y las ONG estaban teñidos de sesgos y manipulación política. Al mismo tiempo, por las mismas razones, los activistas dudaban de la validez de la información empresarial y del peritaje auspiciado por el Estado. Pero, independientemente del escepticismo acerca del conocimiento experto expresado de diversas maneras por los activistas y los actores empresariales, la prevalencia de un discurso técnico influyó en sus respectivos argumentos y en la configuración del conflicto. Lo que el caso Conga ilustra, por lo tanto, es que el conocimiento experto que es considerado científico (y, por ende, opuesto a la "creencia") no forma parte de una cosmovisión estable, preestablecida, sino que es emergente, disputado y moldeado por la interacción de diferentes actores.

## Futuros extractivos

Andrew Barry argumenta que los investigadores, al centrarse en los movimientos sociales y el conflicto ideológico, tienden a dejar de lado los objetos, las tecnologías y las prácticas de la acción política que tienen el potencial de "abrir o cerrar el espacio de lo político" (2001: 196). Los capítulos de este libro han analizado cómo es que los objetos, las tecnologías y las prácticas relativas a la actividad minera provocan la acción política y redefinen sus terrenos. He escrito acerca de cómo el agua y la contaminación movilizaron a los manifestantes a través de todo el país y contribuyeron a la organización de grupos políticos. La gente se organizó no solo a través de asociaciones y partidos políticos, sino que estuvo también conectada con los sistemas de irrigación y vinculada a través de cursos de agua compartidos. En Cajamarca, algunos voceros de Yanacocha percibieron la oposición urbana al proyecto Conga como una evidencia de la manipulación de "foráneos", es decir, de gente desconectada de las comunidades directamente afectadas por la mina. Sin embargo, en términos reales, la ciudad llegó a conectarse con el campo debido a los impactos de la mina sobre el agua. Las cuencas hidrográficas pasaron a ser las nuevas unidades relevantes de organización, y los impactos de la mina (manifestados como cambios en la cantidad y calidad del agua) llegaron a definir el territorio de acción. El agua conectó y dividió a los pobladores, los lugares y los temas, impulsando las metas de diferentes actores, incluida la empresa, que también fue capaz de movilizar el agua para impulsar sus propios intereses.

Tal como he demostrado, el centrarse en el agua hizo que las equivalencias fueran posibles y desplazaron el debate sobre Conga hacia sus dimensiones políticas. Como resultado, las soluciones tecnocráticas del conflicto sustituyeron una crítica más explícita del modelo extractivo de desarrollo, que impulsaban la economía y las políticas en el Perú (y más allá). Al mismo tiempo, este énfasis en lo técnico podría haber contribuido a una intensificación de las protestas antes que a su disolución. Luego del peritaje y las observaciones independientes a la EIA, uno de los líderes de la protesta contra Conga me habló acerca del inminente paro general, al que los organizadores estaban denominando como paro "indefinido" regional. Al reconocer que esta movilización masiva podía llevar a la violencia, él argumentó: "Ya tenemos cinco informes, ¿qué más hay? Hemos hecho todo lo posible, no tenemos otra opción [que convocar a un paro]". Finalmente, cinco personas fueron asesinadas con disparos de la Policía durante los enfrentamientos entre los policías y los manifestantes.

En palabras de un amigo y antiguo activista local, "las armas son el actor no humano más poderoso". Él reconoció el poderoso papel que el agua desempeñaba en los conflictos y en función de movilizar a la gente para protestar en contra de la actividad minera. El agua y otros actores no humanos habían permitido a los manifestantes lograr que sus demandas fueran escuchadas, pero Conga ofreció un recordatorio evidente acerca de los límites de estas estrategias. Aun cuando prestemos atención al poder movilizador del agua, no podemos desconocer la fuerza del Estado y el rol de la violencia auspiciada por este y por la empresa para suprimir a la oposición y limitar las posibilidades de la acción política.

Durante los años previos al conflicto Conga, los activistas habían estado cada vez más preocupados con las estrategias empleadas por las empresas mineras y sus aliados en el gobierno para contener la oposición a la minería. Muchos sintieron que la dura respuesta del presidente Humala a las protestas y el estado de emergencia fueron inapropiados, y eran una reminiscencia de la época de Sendero Luminoso. En efecto, las acusaciones de terrorismo y de presuntos vínculos entre los activistas opuestos al proyecto Conga y los grupos insurgentes fueron empleados para justificar la respuesta del Estado y para intimidar a los residentes locales.

Sumada a la constante presencia de las fuerzas de seguridad empresarial y policial, los activistas se quedaron atónitos por el descubrimiento, a fines de 2006, de una operación de vigilancia que hacía seguimiento a los movimientos del personal de Grufides y a otros críticos de Minera Yanacocha. El padre Arana y otros activistas fueron sometidos a "reglaje", filmados y fotografiados como parte de una compleja operación denominada "El Diablo" ("El Diablo" fue el apodo dado al padre Arana por quienes seguían sus movimientos). De acuerdo con un informe de investigación que apareció en *La República* (Cruz y Romero 2006), los correos electrónicos vincularon las actividades de vigilancia a un empleado de Forza, la empresa subcontratada para brindar seguridad a Yanacocha. La operación de vigilancia fue desmantelada luego de una investigación policial, pero amenazas ocasionales, llamadas telefónicas misteriosas y la creciente polarización en Cajamarca continuaron creando una sensación de inseguridad en los activistas. Según el padre Arana, la operación de vigilancia fue una señal del doble juego la Minera Yanacocha para impedir el conflicto: aparentemente, se centra en los programas de responsabilidad social y ambiental empresarial; pero, en forma encubierta, está dispuesta a participar de otras tácticas para eliminar la oposición.

En el conflicto Conga, la ciencia y la ley parecían, inicialmente, ofrecer los caminos para tratar los desacuerdos acerca del proyecto propuesto. Sin embargo, la sensación de optimismo de la gente fue aplastada por los mecanismos que invalidaron a la oposición local. En última instancia, la ciencia, la ley, el Estado y la seguridad empresarial funcionaron al unísono con el fin de cerrar las vías disponibles para que la gente exprese su oposición a la actividad minera. El peritaje buscó impedir cualquier desafío posterior a los aspectos técnicos del proyecto, mientras que la EIA cerró las vías legales para oponerse al mismo. Al no contar con otras opciones, los manifestantes tomaron las calles. La Policía respondió con una fuerza excesiva para dispersar las manifestaciones, aportando, así, un clima de intimidación que incrementó la desconfianza de la gente con respecto a la empresa y el Estado. El resultado fue una explosiva mezcla de intereses, incluidos aquellos de los grupos de base y los nuevos partidos políticos dispuestos a forzar la apertura de un espacio de oposición.

El caso Conga muestra dos lados de los conflictos que han surgido en el país a lo largo de las dos décadas pasadas. Por un lado, ilustra los espacios que se abrieron posibilitando la visibilización de nuevos actores en la esfera política, la dinamización de movimientos de base y la colocación de nuevos temas en la agenda política. Por otro lado, la respuesta del Estado muestra un giro hacia la criminalización de la protesta y un avance contundente de la actividad extractiva a pesar de la resistencia local. A medida que la minería siga expandiéndose hacia nuevas fronteras, la proliferación del conflicto continuará, también, sin tregua.

La dinámica de las controversias mineras ha demarcado el terreno político en el Perú a lo largo de las últimas dos décadas. Si bien los eventos que he descrito en este libro —desde las campañas en contra de la contaminación con plomo en La Oroya hasta el conflicto en Cajamarca— surgen del legado histórico específico de la minería en el Perú y de las tendencias políticas y económicas presentes en el país, algunas de las características de los conflictos se han reproducido en varias partes de Latinoamérica y el mundo. Por lo tanto, lo que estamos viendo son procesos que se extienden más allá de las fronteras nacionales y han sido impulsados por la demanda global de minerales, el alto precio de los metales, los giros tecnológicos en la industria minera y los cambios institucionales y de políticas favorables a la actividad extractiva (Bridge 2004b). Tal como han señalado Bebbington y Bebbington (2012), la extracción minera, gasífera y petrolera en Latinoamérica muestra continuidades a través de diferentes tipos de regímenes y del tiempo y el espacio. A lo largo de toda la región, desde el Perú y Colombia hasta Bolivia y el Ecuador, los gobiernos de diferentes tendencias políticas han promovido la extracción como un pilar del crecimiento económico. A lo que estos investigadores apuntan es a una narrativa regional común de extracción en la que la minería representa una fuente crucial de ingresos para el gobierno.

No obstante, a pesar de los permanentes esfuerzos realizados por los Estados y las empresas para promover la inversión en las industrias extractivas y criminalizar cualquier forma de oposición, las campañas en contra de la actividad minera han planteado un importante desafío a la narrativa predominante de la extracción. La respuesta de las comunidades afectadas por la actividad minera también ha reverberado a través de las fronteras, dándole a la minería una visibilidad sin precedentes en el debate público. En términos más específicos, la creciente visibilidad del agua y los contaminantes en los debates públicos en torno a la minería han influido en la formación de alianzas y creado nuevas formas de organización política. El activismo en torno a las cuestiones mineras no se ciñe a líneas partidarias o posiciones ideológicas, en la medida en que los movimientos de base han expresado sus demandas en cuanto a derechos indígenas, ciudadanía y democracia, ambientalismo o sentimientos anticapitalistas. Esta diversidad de agendas constituye un desafío para la organización política convencional, abriendo, en algunas ocasiones, nuevos espacios para formas inéditas de resistencia y transformación social y, en otras, fragmentando y desestabilizando los movimientos.

Si bien el resultado de las campañas de los activistas ha sido variado, algunos observadores sostienen que los conflictos mineros juegan un rol constructivo y constituyen un aspecto esencial de la democracia, aportando cambios progresivos a la gobernanza en el ámbito del Estado, la sociedad civil y el sector privado (Bebbington y Bebbington 2012). Las empresas que operan hoy en día ya no pueden ignorar las cuestiones sociales y han puesto un mayor énfasis en las relaciones comunitarias. Simultáneamente, podría decirse que los conflictos están fortaleciendo a la sociedad civil y a la capacidad de las comunidades para negociar e involucrarse en el diálogo con el Estado y la industria.[3]

---

3. Para un análisis más detallado acerca del rol de la sociedad civil en los conflictos relativos a la extracción, véase Bebbington, Scurrah y Chaparro 2013.

Sin duda, es necesario ser conscientes de las limitaciones de las estrategias de los activistas y de las maneras en las que la retórica de la transparencia y la responsabilidad empresarial podrían contribuir a la hegemonía del modelo extractivo de desarrollo. Independientemente de si los activistas han tenido éxito en lograr que sus demandas sean satisfechas, no hay duda de que los movimientos de base han tenido un profundo impacto en la esfera política. Más allá de las demandas específicas de grupos y personas involucradas en las movilizaciones en contra de las empresas mineras, estos colectivos de actores han desestabilizado los puntos de vista predominantes sobre la naturaleza como un recurso inerte a ser controlado y gestionado. A medida que la demanda global por minerales siga expandiendo las fronteras de la extracción, los conflictos que acompañan a la expansión minera seguirán desafiando —y quizás ayudarán a transformar— las comprensiones predominantes acerca de la naturaleza, la política, la economía y el desarrollo.

# BIBLIOGRAFÍA


AGRAWAL, Arun

2005 *Environmentality: Technologies of Government and the Making of Subjects*. Durham, N. C.: Duke University Press.

ALAYZA MONCLOA, Alejandra

2007 *No pero sí: comunidades y minería: consulta y consentimiento previo, libre e informado en el Perú*. Lima: Oxfam.

ALVARADO MERINO, Gina

2008 "Políticas neoliberales en el manejo de los recursos naturales en Perú: el caso del conflicto agrominero de Tambogrande". En *Gestión ambiental y conflicto social en América Latina*, por Gina Alvarado Merino, Gian Carlo Delgado Ramos, Diego Dominguez, Cecilia Campello do Amaral Mello, Iliana Monterroso, y Guillermo Wilde, eds., pp. 67-103. Buenos Aires: Consejo Latinoamericano de Ciencias Sociales (CLACSO).

ANDERS, G.

2008 "The Normativity of Numbers: World Bank and IMF Conditionality". *Political and Legal Anthropology Review (Polar)* 31: 187-202.

Apoyo Consultoría
2009 *Study of the Yanacocha Mine's Economic Impact: Final Report.* Prepared for the IFC. Lima: Apoyo Consultoría.

Arana, Marco
2007 *La defensa del cerro Quilish: una cuestión romántica?* Cajamarca: Grufides.

2006 *La crisis del Quilish, la afirmación de los derechos ciudadanos y la construcción de la democracia.* Cajamarca: Grufides.

2002 *El cerro Quilish y la minería del oro en Cajamarca.* Cajamarca: Grufides.

Arzobispado de Huancayo y St. Louis University
2005 *Estudio sobre la contaminación ambiental en los hogares de La Oroya y Concepción y sus efectos en la salud de sus residentes: informe de primeros resultados biológicos.* Huancayo: Arzobispado de Huancayo.

Asociación Civil Labor
2008 *Primer Encuentro Nacional de Comités de Monitoreo y Vigilancia Ambiental Participativo en Ámbitos de Influencia Minera.* Lima: Asociación Civil Labor.

Ballard, C. y G. Banks
2003 "Resource Wars: The Anthropology of Mining". *Annual Review of Anthropology* 32: 287-313.

Barry, Andrew
2009 "Visible Invisibility". *New Geographies* 2: 67-74.

2001 *Political Machines: Governing a Technological Society.* Londres: Althone Press.

Basso, Keith
1996 *Wisdom Sits in Places.* Albuquerque: University of New Mexico Press.

BAVINGTON, Dean
2010 "From Hunting Fish to Managing Populations: Fisheries Science and the Destruction of Newfoundland Cod Fisheries". *Science as Culture* 19, n.° 4: 509-28.

BEBBINGTON, Anthony
2009 "The New Extraction: Rewriting the Political Ecology of the Andes?". *NACLA* 42, n.° 5: 12-20.

BEBBINGTON, Anthony (ed.)
2007 *Una ecología política de la minería moderna: movimientos sociales, empresas y desarrollo territorial*. Lima: Instituto de Estudios Peruanos.

BEBBINGTON, Anthony y Denise BEBBINGTON
2010 "An Andean Avatar: Post-Neoliberal and Neoliberal Strategies for Securing the Unobtainable". *New Political Economy* 16, n.° 1: 131-45.

2012 "Post-What? Extractive Industries, Narratives of Development and Socio-Environmental Disputes across the (Ostensibly Changing) Andean Region". En *New Political Spaces in Latin American Natural Resource Governance*, por H. Haarstad, ed., pp. 17-38. Basingstoke: Palgrave Macmillan.

BEBBINGTON, Anthony, Martin SCURRAH y Anahí CHAPARRO
2013 *La sociedad civil y las industrias en el Perú: un mapeo y análisis preliminar. Proyecto Industrias Extractivas, conflictos sociales e innovaciones institucionales en la región andinoamazónica*, Documento de trabajo 3, agosto. <http://innovacionesinstitucionales.files.wordpress.com/2013/08/dt-3-la-sociedad-civil-y-las-industrias-extractivas.pdf>.

BEBBINGTON, Anthony y Mark WILLIAMS
2008 "Water and Mining Conflicts in Peru". *Mountain Research and Development* 28, n.° 3/4: 190-95.

BECK, Ulrich
1992 *Risk Society: Towards a New Modernity*. Londres: Sage.

BENDELL, Jeremy

2004 *Barricades and Boardrooms: A Contemporary History of the Corporate Accountability Movement*. Technology, Business and Society Programme Paper 13. Ginebra: UNRISD.

BENNETT, Jane

2010 *Vibrant Matter: A Political Ecology of Things*. Durham: Duke University Press.

BLACKSMITH INSTITUTE

2006 *The World's Worst Polluted Places*. Nueva York: Blacksmith Institute.

BLASER, Mario

2009 "The Threat of the Yrmo: The Political Ontology of a Sustainable Hunting Program". *American Anthropologist* 111, n.° 1: 10-20.

2010 *Storytelling Globalization from the Chaco and Beyond*. Durham: Duke University Press.

BONILLA, Heraclio

1974 *El minero de los Andes*. Lima: Instituto de Estudios Peruanos.

BORDEWICH, Fergus M.

1997 *Killing the White Man's Indian: Reinventing Native Americans at the End of the Twentieth Century*. Nueva York: Anchor Books.

BOYD, Stephanie

1998 "Moving Mountains". *New Internationalist*, n.° 299.

BRAUN, Bruce y Sarah WHATMORE (eds.)

2010 *Political Matter: Technoscience, Democracy, and Public Life*. Mineápolis: University of Minnesota Press.

BRIDGE, Gavin

2004a "Contested Terrain: Mining and the Environment". *Annual Review of Environment and Resources* 29: 205-59.

2004b "Mapping the Bonanza: Geographies of Mining Investment in an Era of Neoliberal Reform". *Professional Geographer* 56, n.° 3: 406-21.

BROSIUS, Peter

2006 "What Counts as Local Knowledge in Global Environmental Assessments and Conventions?". En *Bridging Scales and Knowledge Systems: Concepts and Applications in Ecosystems Assessment*, por Walter Reid, Fikret Berkes, Thomas Wilbanks, y Doris Capistrano, eds., 129-44. Washington, D. C.: Island Press.

BRYANT, Raymond L. y Sinead BAILEY

1997 *Third World Political Ecology*. Londres: Routledge.

BUDDS, Jessica

2009 "Contested $H_2$0: Science, Policy and Politics in Water Resources Management in Chile". *Geoforum* 40, n.° 3: 418-30.

BUDDS, Jessica y Leonith HINOJOSA-VALENCIA

2012 "Restructuring and Rescaling Water Governance in Mining Contexts: The Co-Production of Waterscapes in Peru". *Water Alternatives* 5, n.° 1: 119-37.

BUNKER, Stephen G.

1985 *Underdeveloping the Amazon: Extraction, Unequal Exchange, and the Failure of the Modern State*. Urbana: University of Illinois Press.

BURY, Jeff

2005 "Mining Mountains: Neoliberalism, Land Tenure, Livelihoods, and the New Peruvian Mining Industry in Cajamarca". *Environment and Planning* A 37, n.° 2: 221-39.

CALLON, Michel

1999 "Some Elements of a Sociology of Translation: Domestication of the Scallops and the Fishermen of St. Brieuc Bay". En *The Science Studies Reader*, por M. Biagioli, ed., pp. 67-83. Nueva York: Routledge.

CAO (COMPLIANCE ADVISOR OMBUDSMAN)

2013 2013 *Annual Report*. Washington, D. C.: Office of the Compliance Advisor Ombudsman.

2005 *Evaluation of Water Quality in Cajamarca, Peru*. Annual Monitoring Report 2004-2005. Cajamarca: Mesa de Diálogo y Consenso CAO.

2006 Notes from the Information Sharing Meeting of Canal Users from COMOCA Sur and COMOCA Este and Representatives of Minera Yanacocha. Cajamarca, Peru, July 24-25. Washington, D. C.: Office of the Compliance Advisor Ombudsman. <http://www.cao-ombudsman.org/cases/document-links/documents/InfoSharingMeetingNotesFinal.pdf>.

Caso, Teófilo
2004 "Protests Continue against Gold Prospecting on Sacred Peruvian Mountain". Associated Press, 15 de septiembre.

Cederstav A. y A. Barandiarán
2002 *La Oroya Cannot Wait*. Oakland, CA.: Inter-American Association for Environmental Defense (AIDA) y Lima: Peruvian Society of Environmental Law (SPDA).

Centers for Disease Control and Prevention (CDC), National Center for Environmental Health, Agency for Toxic Substances and Disease Registry, and Division of Emergency and Environmental Health Services
2005 *Development of an Integrated Intervention Plan to Reduce Exposure to Lead and Other Contaminants in the Mining Center of La Oroya, Perú*. Report prepared for United States Agency for International Development, Peru Mission. <http://www.cdc.gov/nceh/ehs/Docs/la_oroya_report.pdf>.

Centromin
1975 *Informativo Centromin Perú*. n.° 42, 15 de noviembre. Lima: Centromin.

Cerro de Pasco Corporation
1957 *El serrano*. Lima: Cerro de Pasco Corporation.

Chauvin, Lucien
2009 "Heroes of the Environment 2009-Marco Arana". *Time*, 22 de septiembre.

Choy, Timothy
2011 *Ecologies of Comparison: An Ethnography of Endangerment in Hong Kong*. Durham: Duke University Press.

CISNEROS, Luis Jaime
2004 "Agua y oro crean discordia entre campesinos y gigante Minera Yanacocha en Perú". AFP, septiembre.

CLARÍN
1996 "El cerro Quilish". *Clarín* (Cajamarca), 29 de junio, p. 2.

COLES, Kimberley
2007 *Democratic Designs: International Intervention and Electoral Practices in Postwar Bosnia-Herzegovina.* Ann Arbor: University of Michigan Press.

COMISIÓN DE LA VERDAD Y RECONCILIACIÓN (CVR)
2003 *Informe final.* Lima: CVR.

CONACAMI (CONFEDERACIÓN NACIONAL DE COMUNIDADES AFECTADAS POR LA MINERÍA)
2004 *Las 5 "trampas" de la minería en el Perú.* Lima: CONACAMI.

CONAM
2007 *Estudio de factibilidad sobre la reubicación de La Oroya Antigua.* Lima: CONAM.

COOPERACCIÓN
2006 *Informe de conflictos mineros: los casos de Majaz, Las Bambas, Tintaya y La Oroya.* Lima: CooperAcción.

CRUIKSHANK, Julie
2005 *Do Glaciers Listen? Local Knowledge, Colonial Encounters, and Social Imagination.* Vancouver: University of British Columbia Press.

DE ECHAVE, José y Víctor TORRES
2005 *Hacia una estimación de los efectos de la actividad minera en los índices de pobreza en el Perú.* Lima: CooperAcción.

DEFENSORÍA DEL PUEBLO
2005 *Minería, desarrollo sostenible y derechos ciudadanos: una aproximación desde la Defensoría del Pueblo.* Lima: Defensoría del Pueblo.

De la Cadena, Marisol
2010 "Indigenous Cosmopolitics in the Andes: Conceptual Reflections beyond Politics". *Cultural Anthropology* 25, n.° 2: 334-70.

De la Torre, Ana
1986 *Los dos lados del mundo y del tiempo: representaciones de la naturaleza en Cajamarca indígena*. Lima: CIED.

Descola, Philippe, y Gisli Palsson (eds.)
1996 *Nature and Society: Anthropological Perspectives*. Londres: Routledge.

DeWind, Josh
1987 *Peasants Become Miners: The Evolution of Industrial Mining Systems in Peru, 1902-1974*. Nueva York: Garland.

Deza, Nilton
2002 *Oro, cianuro y otras crónicas ambientales*. Cajamarca: Universidad Nacional de Cajamarca.

De Zutter, Pierre
1992 *Le Paysan, l'expert et la nature: Sept fables et récits sur l'écologie et le développement dans les pays andins*. París: Éditions-Diffusion Charles Léopold Mayer.

DIGESA
1999 *Estudio de plomo en sangre en una población seleccionada de La Oroya*. Lima: DIGESA.

Doe Run Perú
2001 *Form 10-K*. Washington, D. C.: U. S. Securities and Exchange Commission.

2002 *Estudio de niveles de plomo en la sangre de la población en La Oroya 2000-2001*. La Oroya: Doe Run Perú.

2006 *La Oroya: Report to Our Communities*. Lima: Doe Run Perú.

Dore, Elizabeth
1988 *The Peruvian Mining Industry: Growth, Stagnation, and Crisis*. Boulder: Westview Press.

EARTHWORKS
2010 "Denver-Based Newmont Mining Co. Fined Millions for Cyanide Spill at Ghanaian Mine". Comunicado de prensa de Earthworks (USA) y WACAM (Ghana), 21 de enero. <http://www.earthworksaction.org/>.

EL COMERCIO
2004 "Cajamarca acata paro provincial". *El Comercio*, 8 de setiembre.

2005 "El 2005 se podrían incrementar problemas sociales con la minería". *El Comercio*, 15 de enero

EPA (UNITED STATES ENVIRONMENTAL PROTECTION AGENCY)
2013 *EPA Main Page*. <http://www.epa.gov/>.

ESCOBAR, Arturo
2008 *Territories of Difference: Place, Movements, Life, Redes*. Durham, N. C.: Duke University Press.

ESPELAND, Wendy Nelson
1998 *The Struggle for Water: Politics, Rationality and Identity in the American Southwest*. Chicago: University of Chicago Press.

ESPELAND, Wendy Nelson y Mitchell STEVENS
1998 "Commensuration as a Social Process". *Annual Review of Sociology* 24: 313-43.

FARRELL, Hunter
2007 "Cleaning Up La Oroya: How American and Peruvian Christians Teamed Up When Factory Pollutants Were Poisoning Children". *Christianity Today* 51, n.° 4: 70.

FERGUSON, James
1997 *The Anti-Politics Machine: Development, Depoliticization, and Bureaucratic Power in Lesotho*. Mineápolis: University of Minnesota Press.

2006 *Global Shadows: Africa in the Neoliberal Order*. Durham: Duke University Press.

FERRY, Elizabeth Emma
2005 *Not Ours Alone: Patrimony, Value, and Collectivity in Contemporary Mexico*. Nueva York: Columbia University Press.

FERRY, Elizabeth Emma y Mandana E. LIMBERT (eds.)
2008 *Timely Assets: The Politics of Resources and Their Temporalities*. Santa Fe: School for Advanced Research Press.

FITZPATRICK, P. y A. J. SINCLAIR
2003 "Learning through Public Involvement in Environmental Assessment Hearings". *Journal of Environmental Management* 67, n.° 2: 161-74.

FLORES GALINDO, A.
1974 *Los mineros de Cerro de Pasco, 1900-1930: un intento de caracterización social*. Lima: Pontificia Universidad Católica del Perú.

FORTUN, Kim
2001 *Advocacy after Bhopal: Environmentalism, Disaster, New Global Orders*. Chicago: University of Chicago Press.

FRYNAS, Jedrzej George
2005 "The False Developmental Promise of Corporate Social Responsibility: Evidence from Multinational Oil Companies". *International Affairs* 81, n.° 3: 581-98.

GARCÍA, Alan
2007 "El perro del hortelano". *El Comercio*, 27 de octubre.

GARCÍA, María Elena
2005 *Making Indigenous Citizens: Identities, Education, and Multicultural Development in Peru*. Palo Alto: Stanford University Press.

GEDICKS, Al
1994 *The New Resource Wars: Native and Environmental Struggles against Multinational Corporations*. Boston: South End Press.

GELLES, Paul
2000 *Water and Power in Highland Peru: The Cultural Politics of Irrigation and Development*. New Brunswick: Rutgers University Press.

GIL, Vladimir
2009 *Aterrizaje minero: cultura, conflictos, negociaciones y lecciones*. Lima: Instituto de Estudios Peruanos.

GODOY, Ricardo
1985 "Mining: Anthropological Perspectives". *Annual Review of Anthropology* 14: 199-217.

GOLDMAN, Michael
2005 *Imperial Nature: The World Bank and Struggles for Social Justice in the Age of Globalization*. New Haven: Yale University Press.

GORRITI, Gustavo
2011 "De Lagunas a Desmontes". *IDL Reporteros*, 25 de noviembre. <http://idl-reporteros.pe/2011/11/25/de-lagunas-a-desmontes/>.

GRAEBER, David
2001 *Toward an Anthropological Theory of Value: The False Coin of Our Own Dreams*. Nueva York: Palgrave.

GRIECO, Kyra, y Carmen SALAZAR-SOLER
2013 "Les enjeux techniques et politiques dans la gestion et le contrôle de l'eau: Le cas du projet Minas Conga au nord du Pérou". *Autrepart*, n.° 65: 151-68.

GRUFIDES
2006 *Estudio descriptivo sobre las evaluaciones ambientales de los proyectos de exploración: Yanacocha Zona Este (PEYZO) y Yanacocha Zona Oeste (PEYZO)*. Reporte preparado para la municipalidad de Baños del Inca. Cajamarca: Grufides.

GUTIERREZ, Zulema y Gerben GERBRANDY
1999 "Distribución de agua, organización social y equidad en el pensamiento andino". En *Buscando la equidad: concepciones sobre justicia y equidad en el riego campesino*, por Rutgerd Boelens y Gloria Dávila, eds., pp. 259-268. Assen: Royal Van Gorcum.

GUYER, Jane
2004 *Marginal Gains: Monetary Transactions in Atlantic Africa*. Chicago: University of Chicago Press.

GUYER, Jane, et ál.
2010 "Introduction: Number as Inventive Frontier". Special Section. *Anthropological Theory* 10: 36-61.

HALPERIN, Rhoda
1994 *Cultural Economies Past and Present*. Austin: University of Texas Press.

HARAWAY, Donna
1997 *Modest_Witness@Second_Millenium.FemaleMan©_Meets_Oncomouse™: Feminism and Technoscience*. Nueva York: Routledge.

HETHERINGTON, Kregg
2011 *Guerrilla Auditors: The Politics of Transparency in Neoliberal Paraguay*. Durham: Duke University Press.

HILSON, G., y A. J. MONHEMIUS
2006 "Alternatives to Cyanide in the Gold Mining Industry: What Prospects for the Future?". *Journal of Cleaner Production* 14: 1158-1167.

HIMLEY, Matthew
2010 "Global Mining and the Uneasy Neoliberalisation of Sustainable Development". *Sustainability* 2, n.° 10: 3270-3290.

2013 "Regularizing Extraction in Andean Peru: Mining and Social Mobilization in an Age of Corporate Social Responsibility". *Antipode* 45, n.° 2: 394-416.

HOLT-GIMENEZ, Eric
2008 *Territorial Restructuring and the Grounding of Agrarian Reform: Indigenous Communities, Gold Mining and the World Bank*. Ámsterdam: Transnational Institute and 11.11.11 (Coalition of the North-South Movements).

HOROWITZ, L. S.
2010 "'Twenty Years Is Yesterday': Science, Multinational Mining, and the Political Ecology of Trust in New Caledonia". *Geoforum* 41, n.° 4: 617-26.

HULL, Matthew

2003 "The File: Agency, Authority, and Autography in an Islamabad Bureaucracy". *Language and Communication* 23: 287-314.

2012 "Documents and Bureaucracy". *Annual Review of Anthropology* 41: 251-267.

IAIA (INTERNATIONAL ASSOCIATION FOR IMPACT ASSESSMENT)

1999 *Principles of Environmental Assessment Best Practice*. Fargo, N. D.: IAIA. <http://www.iaia.org/publicdocuments/special-publications/Principles%20of%20IA_web.pdf>.

ILIZARBE, Carmen

2011 *El abrazo a la laguna: Conga en el imaginario político*. Por las ramas (blog). <http://carmenilizarbe.lamula.pe/>.

INGOLD, Tim

2000 *The Perception of the Environment: Essays on Livelihood, Dwelling and Skill*. Londres: Routledge.

JENKENS, Heledd

2004 "Corporate Social Responsibility and the Mining Industry: Conflicts and Constructs". *Corporate Social Responsibility and Environmental Management* 11, n.° 1: 23-34.

JOHNSON, Bob

2013 *Gold Production History*. GOLDSHEET Mining Directory. <http://www.goldsheetlinks.com/production.htm>, (consultado el 30 de diciembre de 2013.

KAMPHUIS, Charis

2011 "Foreign Investment and the Privatization of Coercion: A Case Study of the Forza Security Company in Peru". *Brooklyn Journal of International Law* 37, n.° 2: 529-78.

KINCHY, Abby

2012 *Seeds, Science and Struggle: The Global Politics of Transgenic Crops*. Cambridge: MIT Press.

KIRSCH, Stuart

2006 *Reverse Anthropology: Indigenous Analysis of Social and Environmental Relations in New Guinea*. Palo Alto: Stanford University Press.

2010 "Sustainable Mining". *Dialectical Anthropology* 34, n.° 1: 87-93.

KOSEK, Jake

2006 *Understories: The Political Life of Forests in Northern New Mexico*. Durham: Duke University Press.

KRUIJT, Dirk y Menno VELLINGA

1979 *Labor Relations and Multinational Corporations: The Cerro de Pasco Corporation in Peru (1902-1974)*. Assen: Van Gorcum.

KUECKER, Glen David

2007 "Fighting for the Forests: Grassroots Resistance to Mining in Northern Ecuador". *Latin American Perspectives* 34, n.° 2: 94-107.

LA REPÚBLICA

2004 "Alan puso calma en bases de Cajamarca". *La República*, 22 de agosto.

LAITE, Julian

1981 *Industrial Development and Migrant Labour*. Manchester: Manchester University Press.

LAKOFF, Andrew

2005 "Diagnostic Liquidity: Mental Illness and the Global Trade in DNA". *Theory and Society* 34: 63-92.

LANEGRA, Iván

2008 *El (ausente) Estado ambiental*. Lima: Realidades.

LATOUR, Bruno

1988 *Science in Action: How to Follow Scientists and Engineers through Society*. Cambridge: Harvard University Press.

1993 *We Have Never Been Modern*. Cambridge: Harvard University Press.

1999 *Pandora's Hope: Essays on the Reality of Science*. Cambridge: Harvard University Press.

2004 *Politics of Nature: How to Bring the Sciences into Democracy*. Cambridge: Harvard University Press.

2005 "From Realpolitik to Dingpolitik or How to Make Things Public". En *Making Things Public: Atmospheres of Democracy*, por Latour y P. Weibel, eds. 14-41. Cambridge: MIT Press.

2008 *What Is the Style of Matters of Concern?* Ámsterdam: Van Gorcum.

LAW, John
2004 *After Method: Mess in Social Science Research*. Nueva York: Routledge.

LEYVA VALERA, Ana y Javier JAHNCKE BENAVENTE
2002 *Crónica de la presencia de la Minera Yanacocha en Cajamarca*. Lima: Fedepaz.

LONG, Norman y Bryan R. ROBERTS
1984 *Miners, Peasants, and Entrepreneurs: Regional Development in the Central Highlands of Peru*. Cambridge: Cambridge University Press.

LOWE, Celia
2006 *Wild Profusion: Biodiversity Conservation in an Indonesian Archipelago*. Princeton: Princeton University Press.

LYNCH, Barbara
1991 "Women and Irrigation in Highland Peru". *Society and Natural Resources* 4, n.° 1: 37-52.

MALLON, Florencia
1983 *The Defense of Community in Peru's Central Highlands*. Princeton: Princeton University Press.

MARTINEZ-ALIER, J.
1991 "Ecology and the Poor: A Neglected Dimension of Latin American History". *Journal of Latin American Studies* 23: 621-39.

MATTA COLUNCHE, Segundo
2012 *Crónica de una visita anunciada: sacerdotes en Conga*. Sitio web del Gobierno Regional de Cajamarca, publicado el 18 de julio. <http://www.regioncajamarca.gob.pe/noticias/>.

MAURER, Bill
2006 "The Anthropology of Money". *Annual Review of Anthropology* 35: 15-36.

MCKAY, Ramah
2012 "Documentary Disorders: Managing Medical Multiplicity in Maputo, Mozambique". *American Ethnologist* 39, n.° 3: 545-61.

MELLADO, Tania
2005 *Peru Mine Town Stone Residents for Probe*. 16 de agosto. <http://www.RedOrbit.com/>.

MILLER, Daniel
2008 "The Uses of Value". *Geoforum* 39, n.° 3: 1122-32.

MINERAL POLICY CENTER
2000 *Cyanide Leach Mining Packet*. Washington, D. C.: MPC.

MINERA YANACOCHA
2002 *Yanacocha: responsabilidad social*. Lima: Minera Yanacocha SRL.

2004 *Yanacocha: responsabilidad social y ambiental*. Lima: Minera Yanacocha SRL.

2006 *Yanacocha: balance social y ambiental*. Lima: Minera Yanacocha SRL.

2007 *La gestión del agua en Yanacocha: cuidados, controles y generación de activos ambientales*. Lima: Minera Yanacocha SRL.

s. f. *Cantidad del agua*. Sitio web de Minera Yanacocha. <http://www.yanacocha.com.pe/cantidad-del-agua/>.

MINISTERIO DE ENERGÍA Y MINAS (MEM)
1973 Decreto Ley n.° 20493.

MINSA-DOE RUN
2006 *Trabajamos por la Salud de la población Oroína: Convenio de Cooperación MINSA_Doe Run*. La Oroya: MINSA-Doe Run.

MITCHELL, Timothy
1991 "The Limits of the State". *American Political Science Review* 85, n.° 1: 77-96.

2002 *Rule of Experts: Egypt, Techno-Politics, Modernity*. Berkeley: University of California Press.

MOL, Annemarie
2002 *The Body Multiple: Ontology in Medical Practice*. Durham: Duke University Press.

MORÁN, Robert
2001a *An Alternative Look at a Proposed Mine in Tambogrande, Peru*. Reporte comisionado por Oxfam America (Washington, D. C.), Mineral Policy Center (Washington, D. C.), y Environmental Mining Council of British Columbia (Vancouver, Canadá).

2001b *More Cyanide Uncertainties: Lessons from the Baia Mare, Romania, Spill–Water Quality and Politics*. MPC *Issue Paper* 3. Washington, D. C.: Mineral Policy Center.

2012 *El proyecto minero Conga, Perú: comentarios al Estudio de Impacto Ambiental (EIA) y temas relacionados*. Bozeman: Environmental Defender Law Center.

MUÑÍZ, Pedro

1935 *Penetración imperialista: minería y aprismo*. Santiago de Chile: Ediciones Ercilla.

MURPHY, Michelle
2006 Sick *Building Syndrome and the Problem of Uncertainty: Environmental Politics, Technoscience, and Women Workers*. Durham: Duke University Press.

MURRAY LI, Tania
2007 *The Will to Improve: Governmentality, Development, and the Practice of Politics*. Durham: Duke University Press.

MWH (MONTGOMERY WATSON HARZA)
2006a *Componente social del EIA del Proyecto Suplementario Yanacocha Oeste*. Preparado por Minera Yanacocha. Lima: MWH.

2006b *Componente técnico ambiental del EIA del Proyecto Suplementario Yanacocha Oeste*. Preparado por Minera Yanacocha. Lima: MWH.

2009 *Modificación del Estudio de Impacto Ambiental del Proyecto Carachugo Suplementario Yanacocha Este*. Lima: MWH.

NASH, June
1993 *We Eat the Mines and the Mines Eat Us: Dependency and Exploitation in Bolivian Tin Mines*. Nueva York: Columbia University Press.

OBARRIO, Juan
2010 "Beyond Equivalence: The Gift of Justice (Mozambique, 1976, 2004)". *Anthropological Theory* 20, n.° 1-2: 163-170.

OBSERVATORIO DE CONFLICTOS MINEROS
2007 *Primer Informe del Observatorio de Conflictos Mineros*. Lima: Fedepaz, CooperAcción, Grufides.

ORLOVE, Ben, Ellen WIEGANDT y Brian H. LUCKMAN (eds.)
2008 *Darkening Peaks: Glacial Retreat in Scientific and Social Context*. Berkeley: University of California Press.

PALEY, Julia (ed.)
2001 *Marketing Democracy: Power and Social Movements in Post-Dictatorship Chile*. Berkeley: University of California Press.

2008 *Democracy: Anthropological Approaches*. Santa Fe: SAR Press.

PASCÓ-FONT, Alberto, Ajejandro DIEZ HURTADO, Gerardo DAMONTE, Ricardo FORT y Guillermo SALAS CARREÑO
2001 "Peru: Learning by Doing". En *Large Mines and the Community: Socioeconomic and Environmental Effects in Latin America*,

*Canada, and Spain*, por Gary McMahon y Félix Remy, eds., pp. 143-197. Washington, D. C.: World Bank Publications.

PATRIAU, Enrique
2007 "El Perú seguirá siendo un país minero" (entrevista a Antonio Brack). *La República*, 23 de septiembre.

PEET, Richard y Michael WATTS (eds.)
1996 *Liberation Ecologies: Environment, Development, Social Movements*. Nueva York: Routledge.

PELUSO, Nancy Lee
1992 *Rich Forests, Poor People Resource Control and Resistance in Java*. Berkeley: University of California Press.

PERLEZ, Jane
2005 "Cause of Mystery Ills Splits Indonesian Fishing Village". *New York Times*, March 27th.

PERREAULT, Thomas
2008 "Popular Protest and Unpopular Policies: State Restructuring, Resource Conflict and Social Justice in Bolivia". En *Environmental Justice in Latin America*, por David Carruthers, ed., pp. 239-262. Cambridge: MIT Press.

PERU SUPPORT GROUP
2007 *Mining and Development in Peru*. Londres: Peru Support Group.

PETRYNA, Adriana
2002 *Life Exposed: Biological Citizenship after Chernobyl*. Princeton: Princeton University Press.

POVINELLI, Elizabeth
2001 "Radical Worlds: The Anthropology of Incommensurability and Inconceivability". *Annual Review of Anthropology* 30: 319-334.

POWER, Michael
1994 *The Audit Explosion*. Londres: DEMOS.

Raffles, Hugh
2002 En *Amazonia: A Natural History*. Princeton: Princeton University Press.

Rajak, Dinah
2011 *In Good Company: An Anatomy of Corporate Social Responsibility*. Palo Alto: Stanford University Press.

Raman, Ravi, and Ronnie D. Lipschutz (eds.)
2010 *Corporate Social Responsibility: Comparative Critiques*. Basingstoke: Palgrave Macmillan.

Richardson, Tanya, and Gisa Weszkalnys
2014 "Introduction: Resource Materialities". *Anthropological Quarterly* 87, n.° 1: 5-30.

Riles, Annelise
2006 *Documents: Artifacts of Modern Knowledge*. Ann Arbor: University of Michigan Press.

Sachs, Jeffrey D. y Andrew M. Warner
2001 "The Curse of Natural Resources". *European Economic Review* 45: 827-838.

Sadler, Barry
1996 *Environmental Assessment in a Changing World: Evaluating Practice to Improve Performance. Final Report, International Study of the Effectiveness of Environmental Assessment*. Ottawa: Minister of Supply and Services Canada.

Salas Carreño, Guillermo
2008 *Dinámica social y minería: familias pastoras de puna y la presencia del proyecto Antamina*. Lima: Instituto de Estudios Peruanos.

Sandoval, Wilfredo
2004 "Quilish: ícono sagrado de los cajamarquinos". *El Comercio*, 10 de septiembre.

Sawyer, Suzana
2004 *Crude Chronicles: Indigenous Politics, Multinational Oil, and Neoliberalism in Ecuador*. Durham: Duke University Press.

SAWYER, Suzana y Edmund Terence GOMEZ
2008 *Transnational Governmentality and Resource Extraction: Indigenous Peoples, Multinational Corporations, Multilateral Institutions and the State. UNRISD Identities, Conflict and Cohesion Paper 13*. Ginebra, United Nations Research Institute for Social Development (UNRISD).

SCURRAH, Martin
2008 *Defendiendo derechos y promoviendo cambios: El Estado, las empresas extractivas y las comunidades locales en el Perú*. Lima: Oxfam/IEP/IBC.

SEIFERT, Reinhart
2003 *Yanacocha: ¿el sueño dorado?* Cajamarca: ECOVIDA.

SHERBONDY, Jeanette
1998 "Andean Irrigation in History". En *Buscando la equidad: concepciones sobre justicia y equidad en el riego campesino*, por Rutgerd Boelens y Gloria Dávila, eds., pp. 210-215. Assen: Royal Van Gorcum.

SHIPLEY HILES, Sara, y Marina WALKER GUEVARA
2006 "Lead Astray". Mother Jones, noviembre/diciembre. <http://www.motherjones.com/politics/2006/10/lead-astray>.

SHNAYERSON, Michael
2003 "Devastating Luxury". *Vanity Fair*, julio, n.° 515.

SINCLAIR, A. J. y Alan DIDUCK
2009 "Public Participation in Canadian Environmental Assessment: Enduring Challenges and Future Directions". En *Environmental Impact Assessment Processes and Practices in Canada*, por K. S. Hanna, ed., pp. 56-82. Toronto: Oxford University Press.

STAR, Susan Leigh y James R. GRIESEMER
1989 "Institutional Ecology, 'Translations' and Boundary Objects: Amateurs and Professionals in Berkeley's Museum of Vertebrate Zoology, 1907-39". *Social Studies of Science* 19, n.° 3: 387-420.

STARN, Orin
1999 *Nightwatch: The Politics of Protest in the Andes*. Durham: Duke University Press.

STRATHERN, Marilyn (ed.)
1996 "Cutting the Network". *Journal of the Royal Anthropological Institute* 2, n.° 3: 517-35.

2000a *Audit Cultures: Anthropological Studies in Accountability, Ethics, and the Academy*. Londres: Routledge.

2000b "The Tyranny of Transparency". *British Educational Research Journal* 26, n.° 3: 309-21.

STRATUS Consulting
2003 *Report on the Independent Assessment of Water Quantity and Quality near the Yanacocha Mining District, Cajamarca, Peru*. Boulder: Stratus Consulting.

SZABLOWSKI, David
2007 *Transnational Law and Local Struggles: Mining, Communities, and the World Bank*. Oxford: Hart.

TAUSSIG, Michael T.
1980 *The Devil and Commodity Fetishism in South America*. Chapel Hill: University of North Carolina Press.

TSING, Anna
2005 *Friction: An Ethnography of Global Connection*. Princeton: Princeton University Press.

TURNBULL, David
2000 *Masons, Tricksters and Cartographers: Comparative Studies in the Sociology of Scientific and Indigenous Knowledge*. Londres: Harwood Academic Publishers.

UNEP-UNICEF
1997 *Childhood Lead Poisoning: Information for Advocacy and Action*. Nairobi: UNEP y UNICEF.

VELÁSQUEZ, Teresa A.
2012 "The Science of Corporate Social Responsibility (CSR): Contamination and Conflict in a Mining Project in the Southern Ecuadorian Andes". *Resources Policy* 37, n.° 2: 233-40.

VERRAN, Helen
2001 *Science and an African Logic*. Chicago: University of Chicago Press.

VIVEIROS DE CASTRO, Eduardo
1998 "Cosmological Deixis and Amerindian Perspectivism". *Journal of the Royal Anthropological Institute* 4: 469-88.

WALKER GUEVARA, Marina
2005 "Los niños de plomo". *Gatopardo*, agosto, n.° 60: 58-69.

WELKER, Marina
2009 "Corporate Security Begins in the Community: Mining, the Corporate Social Responsibility Industry, and Environmental Advocacy in Indonesia". *Cultural Anthropology* 24, n.° 1: 143-79.

WEST, Harry G. y Todd SANDERS
2003 *Transparency and Conspiracy: Ethnographies of Suspicion in the New World Order*. Durham: Duke University Press.

WYNNE, Brian
1992 "Misunderstood Misunderstanding: Social Identities and Public Uptake of Science". *Public Understanding of Science* 1, n.° 3: 281-304.

YANACOCHA CAJAMARCA
2008 *Yanacocha: agua hay en Cajamarca*. YouTube. <http://www.youtube.com/watch?v=uILSGrSEnlk/>.

ZÁJEC, Lenka
2005 "Conflictos mineros son por ausencia del Estado" (entrevista a José de Echave). *La República*, 7 de agosto.

ZELIZER, Viviana
1989 "The Social Meaning of Money: 'Special Moneys'". *American Journal of Sociology* 95, n.° 2: 342-77.

# ÍNDICE ANALÍTICO

D

## N



## O

## P



## Q



## R

**W**



**Z**

Made in the USA
Monee, IL
12 November 2026

68341141R00203